David Lemler

L'invention du judaïsme

Comment les Juifs se définissent eux-mêmes

Albin Michel

Collections « Présences du judaïsme »
Dirigées par Menorah/F.S.J.U.
Collection « Présences du judaïsme » grand format :
David Lemler et Pierre Savy

À Orah, Perle et Amos

Introduction

Le nom d'Israël suscite les passions. Il est à la fois le point de ralliement et de ligne de partage polémique. Depuis 1948, il est largement identifié à un État qui provoque des réactions puissantes et contradictoires, entre amour inconditionnel et haine viscérale, tout en se situant au cœur des jeux d'alliance et de division géopolitiques. Pour comprendre pleinement la portée politique actuelle de ce nom, il faut revenir sur son histoire longue. Contribuer à l'écriture de cette histoire est l'objet de ce livre.

« Israël » a été au cœur de la discorde entre Juifs et chrétiens. Dans les textes juifs traditionnels, à commencer par le Talmud, ce terme désigne les Juifs, à la fois comme peuple et comme individus. La tradition chrétienne a quant à elle hérité de Paul de Tarse l'idée que le « véritable Israël » (*verus Israel*), l'Israël spirituel et sauvé de la faute, est l'Église, l'assemblée des chrétiens. L'arrivée de Jésus marque ainsi l'avènement d'un Israël messianique, tandis que les Juifs continuent à exister comme un Israël d'avant le Messie. « Israël » devient ainsi un nom double : il désigne à la fois l'humanité rédimée (le « vrai » Israël, selon l'Esprit) et en même temps la trahison de cette humanité nouvelle (le « faux » Israël, selon la chair).

Au sein même de l'histoire des Juifs et des chrétiens, des conflits ont opposé ceux qui se disputaient la légitimité d'en porter le nom[1]. L'accusation de « judaïser », lancée de manière récurrente entre chrétiens, est une manière d'assimiler le rival au faux Israël et de se tenir pour le vrai. Au sein du monde juif, la polémique médiévale entre rabbins – tenants du Talmud et de la loi orale – et karaïtes – qui les rejettent – a vu également de part et d'autre la revendication d'être les uniques représentants authentiques d'« Israël ».

Revendiquer ce nom, c'est toujours s'inscrire dans une filiation, réelle ou symbolique, de Jacob. Le troisième patriarche biblique acquiert en effet le nom « Israël », après avoir lutté avec un « homme » angélique toute une nuit : « Jacob ne sera plus désormais ton nom, mais bien Israël ; car tu as jouté (*śarita*) contre des puissances célestes et humaines et tu es resté fort » (Gn 32, 29)[2]. Ce nom est ainsi, dès l'origine, un nom polémique : celui d'une confrontation acharnée à la lisière du réel et du rêve éveillé, d'un corps à corps maintenu avec une puissance divine. Polémique, il est aussi un nom électif, celui d'une relation singulière avec Dieu et le revendiquer implique en même temps de se prononcer – explicitement ou implicitement – sur ce qui justifie cette relation particulière. Paul par exemple fonde cette relation par la foi au Christ ressuscité, en opposition avec l'attachement mortifère à la lettre de la Loi.

Se dire « Israël » ne revient pas seulement à affirmer une identité ou une généalogie. Cela engage une position sur ce que signifie « vivre humainement », associée avec une revendication d'incarner – de façon exclusive ou non, mais en tout cas exemplaire – cette signification. Cette revendication fait fond sur la réalité empirique d'une communauté portant ce nom. Cela peut se faire à la manière chrétienne en dissociant l'Israël idéal de l'Israël réel. Au sein de la tradition juive, cela se fait en intégrant cet écart à l'intérieur même de soi. En d'autres termes, Israël existe sur deux plans distincts à la fois dans le christianisme et dans le judaïsme. Ce livre s'attache à montrer comment la pensée juive a constamment redéfini la compréhension de ce terme, en l'associant à une réflexion toujours relancée sur ce qu'être juif veut dire. Cette interrogation, je la nomme, faute de mieux, « la question de l'essence du judaïsme ».

Cette expression mérite d'emblée quelques mises en garde. Elle est de nature à susciter une légitime méfiance face au danger de toute essentialisation. Soutenir que le judaïsme a une essence, chercher à l'identifier, peut dès lors s'apparenter à une opération d'essentialisation des Juifs eux-mêmes, parce que le judaïsme est indissociable des Juifs, en lui religion – notion sur laquelle il conviendra de revenir – et peuple s'entremêlent. C'est sans doute moins le cas de son pendant, « essence du christianisme ». La leçon inaugurale d'Ernest Renan au Collège de France, *De la part des peuples sémitiques dans l'histoire de la civilisation* (1862), met bien en exergue cette ambiguïté. Renan identifie deux « individualités[3] » ou deux « races[4] » : les peuples sémitiques et les peuples indo-européens, dont le « mélange » a produit la civilisation (européenne). Il évoque le caractère sémite « en général dur, étroit, égoïste[5] », qui explique la grande et unique contribution des Sémites à l'histoire mondiale : la religion monothéiste. Prenant soin de préciser que l'expression « mélange des races » vise en réalité le mélange des idées, il n'en conclut pas moins que l'avenir est « à l'Europe et l'Europe seule ». « Dans tous les ordres, le progrès pour les peuples indo-européens consistera à s'éloigner de plus en plus de l'esprit sémitique. Notre religion deviendra de moins en moins juive ; de plus en plus elle repoussera toute organisation politique appliquée aux choses de l'âme. Elle deviendra la religion du cœur, l'intime poésie de chacun[6]. » Assurément, dans la perspective de Renan, les Juifs peuvent participer de la civilisation. Mais à mesure que celle-ci deviendra de moins en juive, les Juifs civilisés, privés de leur « part sémite », finiront par disparaître comme tels.

Essence

L'expression « essence du judaïsme » est certes glissante, elle a néanmoins une utilité heuristique, au-delà même du seul contexte *moderne* dans lequel elle est apparue. Elle provient du titre d'un ouvrage du rabbin réformé allemand Leo Baeck, *Das Wesen des Judentums* (1905)[7], rédigé en réponse à celui du théologien protestant libéral Adolf von Harnack, *Das Wesen des Christentums*, paru en 1900[8]. Ce dernier reprenait lui-même le titre d'un célèbre ouvrage de Ludwig Feuerbach (1841), une critique radicale de la religion[9]. Baeck et Harnack s'inscrivent dans la filiation d'un long XIXe siècle, auquel Renan appartient également, qui introduit par divers canaux l'idée d'une histoire universelle de l'humanité, à laquelle participent les différents peuples, les différentes cultures et religions. Dans sa version progressiste, héritée des Lumières, chacune de ces entités exprime une version plus avancée que la précédente de l'universel humain. À l'inverse, la version dite des « anti-Lumières » – incarnée par Herder et les romantiques – conçoit chacune de ces entités comme des totalités cohérentes et signifiantes en elles-mêmes, indépendamment de tout « grand récit ». L'expression « essence du judaïsme » est inenvisageable en dehors de cette *epistèmè* moderne et idéaliste qui assigne à chaque « peuple », notion indissociable de celle de culture et de religion, une « part de l'Esprit absolu ». L'esprit du peuple (*Volksgeist*) constitue ainsi son essence spirituelle[10]. La raison d'être de chaque peuple consiste à donner à cette essence une expression concrète dans le monde. Dès lors que celle-ci est pleinement réalisée, le peuple peut disparaître en tant que tel, léguant sa contribution spirituelle à l'histoire universelle. Ces appropriations juives de la notion d'« essence », particulièrement chez Baeck, apparaissent comme une réponse apologétique à Hegel, pour qui le judaïsme est comme une forme dépassée de la religion. Dans la perspective hégélienne, les Juifs, qui demeurent juifs malgré l'avènement du christianisme, constituent une anomalie dans l'histoire de la progression de l'Esprit[11] – conclusion inadmissible pour le Juif moderne qui entend précisément rester juif dans la modernité politique et philosophique.

Judaïsme

La notion de judaïsme, qui semble aller de soi, s'avère également problématique et surtout historiquement située. Dans un ouvrage récent, Daniel Boyarin avance que le judaïsme est une notion moderne[12]. Le terme « judaïsme » en tant que tel bien sûr n'est pas moderne : il a des antécédents antiques – le grec *iudaismos* – et médiévaux – le terme hébraïque *yahadut*. La thèse provocatrice de Boyarin consiste toutefois à affirmer que ce n'est qu'à l'époque moderne, à partir de la fin du XVIIIe siècle avec le début de l'Émancipation, que les Juifs eux-mêmes se mettent à employer le terme « judaïsme » – et d'abord l'allemand *Judentum* – pour désigner une doctrine religieuse de l'identité juive elle-même. L'idée que le « judaïsme » est une notion moderne rejoint celle d'une « invention moderne de la religion[13] », en particulier de la religion juive[14]. Selon Boyarin, *iudaismos* désigne l'agir des Juifs, le fait de se comporter d'une certaine façon en raison d'une

« ethnicité » particulière, tandis que *yahadut* renvoie à un statut juridique, le fait d'être juif aux yeux de la loi juive. *Judentum* en revanche désigne, selon lui, une religion : un ensemble de croyances relatives au divin, qui se traduisent dans des actes, qui s'organisent dans des synagogues. Nous verrons plus loin que ce terme s'avère toutefois plus ambigu.

Boyarin mobilise un argument tiré de la philosophie du langage ordinaire du second Wittgenstein. Si une communauté linguistique ne dispose pas d'un terme dans le langage ordinaire pour désigner une notion, alors cette notion n'existe pas au sein de cette communauté. Or, avance Boyarin, si le terme « judaïsme » existe bien dans le discours chrétien avant la modernité pour se référer aux Juifs comme à des « rivaux » du point de vue des croyances religieuses, il n'existe pas comme tel dans le discours des Juifs. Pour reprendre une distinction épistémologique employée notamment en anthropologie, « judaïsme » est, dans la période prémoderne, une notion « etic » et non « emic » : une notion exogène, appliquée aux Juifs de l'extérieur, qui n'émane pas des Juifs eux-mêmes. Avant cela, les Juifs n'ont pas de terme pour désigner l'entité abstraite qui les définit, parce que cette entité n'existe pas. Les Juifs sont Juifs au motif qu'ils le sont, qu'ils sont identifiés comme tels et s'identifient comme tels, sans se référer à un quelconque concept englobant et abstrait.

Ce livre formule de ce point de vue une double réponse à Boyarin. D'une part, en montrant que, dès le Moyen Âge, on voit poindre dans le discours des Juifs une notion de « judaïsme » qui se rapproche de la « religion juive » des modernes. D'autre part, en admettant que le judaïsme, comme religion juive, est une notion moderne ou tardive du point de vue de la longue histoire de la tradition juive, il n'en reste pas moins que des Juifs ont cherché dès l'époque talmudique à produire une *notion* qui permettrait de saisir la totalité de ce qu'ils sont. C'est cette notion et sa recherche que je vise en assumant l'anachronisme de chacun des deux termes de l'expression par « l'essence du judaïsme ».

Une précision encore. Lorsque j'écris « les Juifs » ou que je leur prête d'avoir élaboré une notion de « judaïsme », de quels « Juifs » et de quel « judaïsme » s'agit-il ? « Judaïsme », outre un terme employé de longue date par des auteurs chrétiens et plus récemment par des auteurs juifs, est un concept employé par les historiens des religions pour parler de réalités diverses. Le judaïsme qui fera l'objet de mon étude ici est celui que Jacob Neusner, l'un des rares spécialistes du judaïsme à faire l'effort de définir ce terme, nomme le « judaïsme des deux *Torot* », autrement dit le judaïsme rabbinique. C'est la conjonction de trois éléments : une vision du monde, une forme de vie et un groupe social. La vision du monde d'un groupe social qui s'identifie comme les continuateurs des « enfants d'Israël » bibliques peut être nommée judaïsme. En ce sens, le christianisme aussi est un judaïsme. Tout judaïsme produit une « métaphore sociale » qui lui permet de se saisir de son identité collective à travers le terme « Israël[15] ». Ainsi, tout judaïsme produit « un » Israël, spécifique.

Le judaïsme rabbinique se distingue par l'admission, outre la Torah écrite, d'une Torah orale. Je m'intéresserai ici à trois moments de l'histoire de la pensée juive au sein du judaïsme rabbinique. S'il pourra m'arriver de faire des incursions chez des auteurs juifs non rabbiniques, tels que Philon ou le karaïte Judah Hadassi, le fil directeur reste l'articulation de ces deux *Torot*. L'existence de la Torah orale induit la centralité de l'étude de la Torah dans la vie juive au sein du judaïsme rabbinique. L'étude n'est pas toujours – et même rarement, nous le verrons – une réflexion sur la « totalité » de la Torah ou de ce qui fait que les Juifs sont juifs. Elle est toutefois *réflexivité*. Elle implique que la vie juive (telle que pensée par les rabbins) inclut toujours un retour sur soi et une interrogation sur ce que l'on est et sur ce que l'on vit.

L'invention du judaïsme : trois moments-clés

J'ai longuement hésité à adopter le terme d'« invention » dans mon titre. Parmi les accusations portées contre les Juifs, celle d'être des manipulateurs, des usurpateurs et des mystificateurs est récurrente. Un pamphlet paru il y a une vingtaine d'années laissait entendre que le peuple juif avait été inventé non par les Juifs mais par les sionistes[16]. Or, et particulièrement ces derniers temps, les termes « Juifs » et « sionistes » ont tendance à être confondus. Il ne s'agit pas ici d'ajouter une nouvelle pièce dans le dossier à charge, en prêtant aux Juifs une nouvelle invention malicieuse – le judaïsme – mais plutôt d'affirmer que celui-ci s'est élaboré au gré d'une histoire, que des Juifs ont constamment été amenés à le redéfinir au fil du temps.

« Invention » doit aussi s'entendre en son sens plus ancien : celui de découvrir. Le « judaïsme » s'invente à mesure que des Juifs réfléchissent sur lui. Lorsqu'ils élaborent une nouvelle compréhension du « judaïsme », c'est au sein d'un donné préalable, de textes et de pratiques, qu'ils le découvrent et en renouvellent le sens.

On peut repérer, dans l'histoire de la pensée juive, un geste récurrent – comme la tension qu'il occasionne – consistant à s'efforcer de ramener le *tout* de la « chose juive », de ce qui fait que les Juifs sont juifs, à un noyau fondamental et ramassé. La question de « l'essence du judaïsme » est une histoire discontinue. Discontinue, car la question ne se pose pas partout et tout le temps, uniquement à des moments clés de l'histoire de la tradition, lorsque l'identité collective des Juifs est en crise. Au sein du judaïsme rabbinique, je repère trois moments critiques de l'histoire des Juifs, répartis dans l'Antiquité, le Moyen Âge et la modernité. Chaque moment propose une certaine formulation de la question et un certain type de réponse.

Le premier chapitre part d'un constat : dans la littérature rabbinique classique (Talmud et *midrash*), le terme « Israël » n'est jamais défini. Dans ses usages, il désigne tantôt le collectif des Juifs, soumis depuis le don de la Torah à d'autres lois que le reste de l'humanité, tantôt le statut personnel des individus soumis à ces lois. « Israël » ainsi est une catégorie juridique. La question de ce qu'il convient de croire est largement exclue de cette définition. Le concept central alors dans ce qui définit Israël est celui de « Torah », cette loi-enseignement, distinctive des Juifs. Je m'engagerai dès lors dans la recension d'une série de textes rabbiniques, où la nécessité de trouver une formule permettant de résumer « toute la Torah » se fait sentir. Je puiserai dans l'un de ces textes, un célèbre passage du Talmud[17] mettant en scène Hillel et Shammay, sommés de résumer toute la Torah en se tenant sur un pied, une « scène paradigmatique » de la longue histoire qui nous occupe dans cet ouvrage. Dans sa mise en scène talmudique, la question est présentée comme venant de l'extérieur (d'un candidat à la conversion), mais elle interpelle les plus hautes autorités juives de l'époque : la question porte sur le compréhension intime de la tradition. Et si l'un des rabbins (Hillel) propose une certaine réponse, le second refuse la question elle-même. Je proposerai une analyse des opérations discursives à l'œuvre dans ces différents textes montrant que la question de « l'essence du judaïsme » s'y pose d'une façon spécifique, en mobilisant le terme de « Torah » et le rapport entre sa totalité et ses parties. J'interrogerai également le rôle de ces passages dans l'économie du discours rabbinique montrant qu'ils représentent tout à la fois une réponse à la question de ce qui distingue les Juifs des autres collectifs et témoigne de la nécessité de fournir une intelligibilité d'ensemble de la Torah, là où le discours rabbinique tend à morceler le texte biblique qu'il commente.

Les chapitres 2 et 3 se tournent vers une résurgence de la question à l'époque médiévale, au sein du courant rationaliste. La question se pose alors dans des termes complètement renouvelés, chez des auteurs qui s'engagent à refonder de manière littéralement radicale le collectif juif. L'occasion de cette refondation est l'immersion des Juifs dans le monde musulman : pour la première fois, la culture majoritaire au sein de laquelle ils vivent se révèle monothéiste et séduisante par sa proximité avec la culture juive. À cette crise externe, s'ajoute une crise interne – la polémique entre karaïtes et rabbanites – qui porte sur l'autorité de la tradition orale. Dans ce contexte, des penseurs, qui sont à la fois des rabbins de premier plan et des philosophes, s'engagent à situer au cœur de l'identité collective d'Israël (c'est-à-dire du courant rabbanite qui nous occupera) la notion de croyance. Je retracerai l'histoire de cette notion de « croyances » spécifiquement juives, depuis Saadia Gaon jusqu'à Maïmonide en passant par Baḥya Ibn Paquda. Ce sont les opérations discursives menées par ces auteurs, dans le contexte islamique donc, qui inventent le « monothéisme juif ». Je terminerai en me tournant vers deux auteurs qui formulent à divers titres une critique de l'attitude consistant à ramener la Torah à des concepts de type philosophiques ou théologiques : Juda Halevi et Isaac Abravanel. Tous deux s'avèrent en fait admettre et confirmer le paradigme de la « croyance » monothéiste élaboré par leurs adversaires. « Israël » chez tous ces auteurs désigne un collectif certes pourvu de lois spécifiques, mais partageant surtout des croyances communes, culminant dans celle en un Dieu unique et incorporel.

Les deux chapitres suivants analysent l'élaboration d'une autre manière de définir « l'essence du judaïsme » à l'époque moderne. Je montre comment, à partir de Moses Mendelssohn, au XVIIIe siècle, s'opère une identification de plus en plus marquée, chez des auteurs appartenant à la *Wissenschaft des Judentums* ou proches du courant réformé, du judaïsme avec l'« éthique ». Quel que soit le sens qu'ils donnent à cette notion vague mais valorisée, les penseurs du « monothéisme éthique », dont le philosophe Hermann Cohen fournit la version la plus systématique, reconfigurent le « monothéisme juif » des rationalistes médiévaux. Ils y puisent une ressource pour renverser le primat que la pensée occidentale confère au théorique sur la pratique. Le monothéisme enjoint moins à croire en ou à connaître un Dieu unique, qu'à agir moralement dans le monde et dans l'histoire. Outre Mendelssohn et Cohen, ces chapitres mettront à contribution l'historien Immanuel Wolf, le philosophe Naḥman Krochmal, le rabbin Leo Baeck et le psychanalyste Sigmund Freud, pour analyser ce tournant éthique de la pensée moderne de l'essence du judaïsme. Si le judaïsme est éthique, se pose alors nécessairement de manière brûlante la question de la singularité d'Israël ou de l'« élection ». « Israël » devient, sous la plume des théoriciens du monothéisme éthique, le nom d'une humanité messianique, d'un idéal humain en devenir devant accomplir l'idée de la justice. Mais que faire alors de l'écart nécessaire du collectif empirique des Juifs réels avec cet idéal ? Comme à propos de l'époque médiévale, je m'attacherai à montrer comment deux penseurs formellement opposés à toute réduction de la totalité de la « chose juive » à une quelconque essence abstraite, Ahad Haam et Franz Rosenzweig, échouent à échapper au paradigme qu'ils entendent pourtant combattre et, en dernière instance, le consacrent.

Ces trois enquêtes portent bien évidemment sur des strates de la tradition rabbinique orientée vers la réflexion philosophique. La lecture de la littérature talmudique que je propose est elle-même « philosophante ». Elle cherche à déterminer des « constructions de concepts » – pour parler comme Deleuze –, celui d'« Israël » et celui de « Torah ». Le Moyen Âge et la modernité sont envisagés à travers le prisme de deux philosophes juifs majeurs, Maïmonide et Hermann Cohen. Est-ce que je ne cours pas là le risque de reconduire le geste problématique de ces deux auteurs qui consiste à exclure de la « chose juive » tout ce qui ne se prête pas à une lecture conceptuelle ? Dans ses réflexions déterminantes pour la suite de l'histoire de la pensée juive, Maïmonide vise entre autres à lutter contre des approches mystiques et magiques qui se développent en leur opposant une reconfiguration rationaliste de la tradition juive. En témoignent ses critiques à l'encontre du *Sefer Shi'ur Qoma* (la « Mesure de la Grandeur »), un livre ésotérique présentant les mesures du corps divin circulant depuis le IXe siècle. Cohen détermine un concept de « religion de la raison » à partir des « sources du judaïsme », parmi lesquelles il n'inclut que la Bible, le Talmud (du moins des morceaux choisis) et la philosophie juive médiévale, en excluant l'ensemble de la Kabbale.

Cette focalisation philosophique ne doit rien au hasard : après tout, je suis philosophe. Au-delà de l'appétence personnelle, elle implique une thèse quant au caractère constitutif de la rencontre des Juifs et de la philosophie dans la constitution même de la compréhension de soi de la tradition juive. Ici n'est pas le lieu d'établir plus fermement cette thèse. On se contentera de remarquer la place centrale dans l'histoire de la tradition occupée par deux philosophes (ou assimilés), Saadia Gaon et Maïmonide. Par ailleurs, le geste philosophique rejoint, voire redouble, le geste « réflexif » que constitue l'étude de la Torah au cœur de la vie juive rabbinique. Il n'y a dès lors rien d'étonnant à compter des philosophes parmi les auteurs qui, depuis la tradition rabbinique, cherchent à « réfléchir » sur la chose juive dans sa totalité : l'acte réflexif suppose tout d'abord de remettre en cause l'évidence du fait juif et de s'en abstraire pour le penser, à partir d'une position d'extériorité. Quant à ces pans de la tradition juive qui ne sont pas discutés dans ce livre, il ne s'agit pas de les exclure du judaïsme par un rationalisme autoritaire et doctrinaire. Il serait évidemment absurde et naïf de prétendre traiter de tout en partant d'une question aussi massive. Il s'agit plutôt de proposer un modèle à partir duquel les lecteurs pourront situer les textes juifs qui les occupent entre les deux pôles de la « réflexivité » et de la « facticité » que je m'efforce de déterminer, avec bien sûr tout un panel de positions intermédiaires[18].

Réflexivité et facticité

Dans un article récent, le sociologue Sébastien Tank-Storper, constatant l'échec de toute définition englobante du « judaïsme », en propose une « méta-définition ». Le judaïsme est « l'espace politique de sa propre définition » :

> Peut être tenue pour juive toute personne, toute institution ou, plus largement, toute entité, qui produit et/ou énonce et/ou s'engage envers une définition de l'identité juive, dès lors que cette personne ou cette entité s'inclut elle-même dans cette définition (permettant ainsi d'exclure les définitions de l'identité juive imposées de l'extérieur)[19].

Tank-Storper reprend à son compte les propos de Robert Misrahi : « Être juif, dans le monde moderne et notamment en France, c'est *d'abord réfléchir* à soi-même comme juif, et ensuite agir comme on réfléchit[20]. » Misrahi et Tank-Storper mobilisent cette catégorie de la « réflexivité » pour appréhender le « judaïsme » moderne et contemporain. Je l'envisage comme l'un des pôles de l'histoire longue de la pensée juive. Ce pôle se traduit par un mouvement de saisie de soi par la pensée, prenant le risque d'une réduction de la pluralité et de la multiplicité d'aspects de la vie juive à une idée englobante. En face, s'affirme ce que Levinas désignait comme « facticité juive[21] ». Ce terme est employé dans son sens sartrien : non pas la fausseté ou le caractère factice, mais le fait même d'exister en deçà et au-delà de la conscience même d'exister et de la ressaisie de soi par la pensée[22]. La « facticité juive » vise ainsi l'irréductibilité de la chose juive à l'une quelconque de ses parties ou à une notion abstraite. C'est la résistance que le tout de la « chose juive » oppose à toute tentative d'être réduit à des catégories de pensée (loi, croyance ou éthique).

Cette tension entre « réflexivité » et « facticité » trouve sans doute l'une de ses sources dans la condition dans laquelle s'exerce la pensée dans le judaïsme rabbinique. J'ai déjà souligné le caractère « réflexif » de l'étude rabbinique. La « facticité » caractérise un autre trait du judaïsme rabbinique. Centré autour du Talmud de Babylone, il intègre la condition exilique comme élément essentiel de la vie juive. L'un de ses enjeux est la survie, la continuation de la vie juive en exil. C'est cette situation d'exil qui éclaire la place centrale de la loi dans la première période que j'examine, celle du Talmud : la loi garantit l'unité et la distinction du groupe minoritaire, le protégeant de l'absorbtion au sein de la disparition. Inversement, c'est encore la condition exilique qui explique que, dans les périodes médiévale et moderne, les concepts centraux servant à penser le judaïsme sont souvent importés ou réactifs : croyance monothéiste au sein du monde musulman médiéval, ou monothéisme « éthique » dans l'Europe moderne. La réflexion rabbinique est toujours articulée à un fait : le fait de la vie juive en exil qui ne correspond jamais à ce que cette réflexion énonce ou prescrit. La facticité juive dont l'acte réflexif s'efforce de rendre compte déborde irrémédiablement toute tentative de définition ou de délimitation.

En reprenant à mon compte l'expression d'« essence du judaïsme », je ne cherche pas à prendre le parti de la réflexivité essentialisante. La récurrence de la question, la diversité de ses formulations et des réponses apportées plaident en faveur de l'irréductibilité de la chose juive et de l'absence de toute « essence » identifiable. Je me propose plutôt d'apposer une opération réflexive à cette opération réflexive même : Qu'est-ce qui se joue dans la récurrence de ces tentatives de dire le tout de la chose juive ? Si aucune des réponses apportées n'est satisfaisante – au point que la question est tout d'abord contestée, puis reposée dans d'autres termes –, à quelle nécessité l'opération réflexive totalisante vient-elle répondre et que dit-elle malgré tout de la chose juive et du fonctionnement de la pensée juive ? Il y va dans cette question et sa relance de la constitution de la tradition juive et de sa réinvention permanente.

1.

Fondation talmudique : Israël, le peuple de la « Torah »

Je m'intéresse ici au judaïsme rabbinique. Je commence donc par le commencement : le Talmud et non la Bible. Il ne s'agit pas de nier que la Bible emploie les termes « Israël » ou le terme de « Torah ». Ce chapitre s'efforce de montrer comment, à partir de ces termes hérités de la Bible, la littérature rabbinique classique construit une idée du tout de la chose juive et, par là, de ce qu'« Israël » veut dire.

Cette idée est déterminée par la notion d'alliance, centrale dans la Bible hébraïque. L'alliance biblique, qui engage réciproquement Dieu et les hommes dès l'origine de l'humanité, prend la forme politique d'une loi liant un peuple spécifique à Dieu. « Israël » est donc dans le Talmud défini comme une catégorie juridique, le statut personnel des membres d'une communauté régie par une même loi. Si « Israël » se définit par la « Torah », cette définition « juridique » d'Israël prend un relief particulier dès lors que la catégorie de « Torah » elle-même est élaborée dans quelques rares textes rabbiniques spécifiques qui proposent une compréhension d'ensemble de la « loi », qui entend, tout à la fois, régir les divers aspects de l'existence et libérer (de l'esclavage et de « l'idolâtrie », une autre catégorie construite en regard de celle de Torah). Comment le Talmud redéfinit-il la notion biblique d'Israël ? Comment fabrique-t-il la Torah en en faisant une totalité signifiante ? Comment laisse-t-il s'exprimer en même temps la voix qui s'insurge contre toute tentative de réduire Israël et la chose juive à quelque idée que ce soit ?

Le verus Israel *du Talmud*

Dans le Talmud, le terme « Israël » ne fait pas l'objet d'une véritable définition. Il est le plus souvent employé pour désigner les Juifs en tant que collectif ou qu'individu. On parle d'« un » Israël pour désigner un individu Juif singulier par différence avec un non-Juif (*goy* ou *ben Noah*, « fils de Noé »). Lorsqu'il se réfère à un individu, le mot « Israël » est généralement traduit par « Israélite » : une personne dotée d'un statut juridique spécifique au regard de la Torah, caractérisée par la soumission aux commandements donnés aux « enfants d'Israël » au mont Sinaï. Bien sûr, cette caractérisation normative est indépendante de l'accomplissement effectif de ces commandements ou même du fait qu'un ou une Israélite s'y sente ou non subjectivement soumis. « Israël » peut aussi désigner une sous-catégorie au sein du collectif génériquement appelé « Israël ». Il s'agit en quelque sorte de la sous-catégorie juridique la plus neutre, au sein de ce collectif : un « simple » Israélite par exclusion de sous-groupes associés à une « sainteté spécifique » entraînant des interdits et des obligations supplémentaires (les « prêtres », *kohanim*, et les « lévites », *levi'im*) ou d'autres sous-groupes, à qui certaines alliances conjugales sont interdites (les convertis, les enfants issus d'une union interdite, *mamzerim*).

« Israël », c'est le Juif par défaut, sans autre spécification, un Juif « nu ». Or, la tradition veut précisément qu'un Juif ne soit jamais nu : il est habillé par des commandements, y compris, pour un homme, lorsqu'il est « tout nu ». Si « Israël » désigne ainsi la situation d'un individu soumis à des obligations spécifiques, il ne recouvre pas toute la réalité du collectif juif également désigné par le terme « Israël ». Dans cette polysémie du terme, à la fois le tout et sa partie la plus neutre, s'entend que la « norme » d'Israël est débordée par le « réel » d'Israël infiniment plus complexe. Or, la partie nommée « Israël » tient lieu de cet ensemble qui le déborde.

Des connotations du terme peuvent être cernées dans divers passages du Talmud qui traitent de sa signification dans le langage commun. Une série de textes relatifs à l'institution du serment (*neder*, *shevu'ah*, la distinction entre ces deux termes n'est pas ici pertinente) s'interroge sur la signification que les gens attribuent aux mots qu'ils emploient. Lorsqu'un Juif prononce un serment, il s'impose une obligation qui a valeur de loi biblique : « Si un homme fait un vœu au Seigneur, ou s'impose, par un serment, quelque interdiction à lui-même, il ne profanera pas sa parole : tout ce qu'a proféré sa bouche, il doit l'accomplir » (Nb 30, 3). Prononcer un serment implique dès lors de se placer devant une obligation (« il doit l'accomplir ») et un interdit (« ne pas profaner sa parole ») biblique.

Dès lors, le Talmud porte une attention particulière à ce que les gens entendent par les mots qu'ils utilisent. Si quelqu'un énonce un vœu de ne plus manger de « fraises », alors il faut savoir précisément quel est ce fruit qu'il s'est interdit, ce que les gens entendent communément lorsqu'ils disent « fraise ». Attention toutefois, « ce que les gens entendent communément » est une expression trompeuse. On ne fait pas ici de la sémantique pragmatique. On ne trouvera pas dans le Talmud d'enquête empirique pour savoir ce que les gens visent par les mots qu'ils emploient. S'agissant de termes tels que « Israël », c'est une signification *normative* qui se dessine dans les réflexions rabbiniques sur le serment. Qu'est-ce que les gens *doivent vouloir dire* lorsqu'ils parlent d'« Israël » ?

Une *mishnah*[1]* du traité *Nedarim*[2] propose une définition normative d'« Israël ». Il s'agit de dissocier le collectif défini par ce terme de ses déterminations généalogiques « réelles », pour l'inscrire dans une filiation symbolique. Ainsi « quiconque s'interdit de tirer profit (de jouir des biens de) des enfants de Noé (*benei Noah*), il lui est permis de tirer profit d'Israël, mais interdit de tirer profit des Nations du monde ». Bien que le collectif Israël descende généalogiquement de Noé, comme tous les humains, il est comme soustrait à cette filiation et forme un ordre symbolique à part.

L'expression « enfants de Noé » ou « Noachides » désigne dans le Talmud le statut des membres de toutes les nations à l'exception d'Israël, régie par des lois spécifiques (les sept lois des enfants de Noé)[3]. Inversement « quiconque s'interdit de tirer de profit de la descendance d'Abraham, il lui est interdit de tirer profit d'Israël, mais permis de tirer profit des Nations du monde ». Un commentateur médiéval (le « Rosh », R. Asher ben Yeḥiel, 1250-1327) précise qu'« Israël » inclut ici les individus devenus juifs par conversion, qui ne sont donc pas de la filiation « réelle » d'Abraham. Réciproquement il sera permis de commercer avec des individus issus des nations considérées comme descendant « réellement » d'Abraham, tels que les Ismaélites (les Arabes, Ismaël étant le premier fils d'Abraham) ou les Édomites (Rome, la chrétienté, Esav/Edom étant le premier fils d'Isaac). La filiation abrahamique est donc symbolique. Elle est liée à l'alliance qui, dans la perspective talmudique, n'est pleinement assumée que par Israël.

Le même texte poursuit d'ailleurs en affirmant que « quiconque s'interdit de tirer profit des incirconcis, il

* L'astérisque suivant un chiffre signale que la note est d'ordre explicatif.

lui est permis de tirer profit des incirconcis parmi Israël et interdit de tirer profit des circoncis parmi les Nations, quiconque s'interdit de tirer profit des circoncis, il lui est interdit de tirer profit des incirconcis parmi Israël et permis de tirer profit des circoncis parmi les Nations ». La circoncision, signe de l'alliance, devient ainsi un autre nom d'Israël, de sorte que même un Juif qui n'aurait pas pu se circoncire est inclus parmi « les circoncis ».

Cette *mishnah* peut se lire comme une réponse à la condamnation de la circoncision de la chair par Paul : si la circoncision est charnelle, elle n'en est pas moins symbolique. Et seul l'Israël charnel dispose de l'alliance que la circoncision *symbolise*. Peu importe que quelqu'un soit réellement circoncis ou non, il sera désigné par le mot « circoncis » s'il est juif et par le mot « incirconcis » s'il ne l'est pas. Le nom « Israël » tel qu'il est élaboré par ce texte désigne un collectif caractérisé par une alliance qui l'abstrait des autres nations, par un ensemble de lois distinctives à commencer par la circoncision. Sa filiation est symbolique et non réelle. Toutefois, un écart est assumé entre l'Israël normatif, idéal, qui est invoqué dans le langage du serment et l'Israël réel. Dans la réalité, tout Israël n'est pas circoncis et tout circoncis n'est pas d'Israël. Or, « Israël » est circoncision, signe de l'alliance.

D'autres passages talmudiques assument cet écart entre l'Israël réel et un Israël conforme à son idée. Pour tenter de le résorber, un passage invoque la notion d'*erev rav*, le « grand mélange » : cet ensemble d'individus qui se sont agglutinés aux Hébreux au moment de leur sortie d'Égypte (voir Ex 12, 38). « Quiconque – énonce le Talmud – est miséricordieux envers les créatures atteste par là même qu'il fait partie de la descendance d'Abraham notre père et quiconque n'est pas miséricordieux envers les créatures atteste par là même qu'il n'est pas de la descendance d'Abraham [mais descend du *erev rav*][4]. »

« Israël » se caractérise par des traits moraux, notamment la miséricorde (*raḥmanut*), la honte (*bayšanut*) et la bienfaisance (*gemilut ḥasadim*)[5].

Or, certains Juifs n'agissent évidemment pas conformément à ces traits, autrement dit l'Israël empirique ne correspond pas à l'Israël idéal des rabbins. On en déduira que certains membres de l'Israël empirique descendent de l'*erev rav* et non d'Abraham. Cette notion est forte de bien des risques. Elle permet à qui le souhaite de refuser de voir le mal qui ronge les Juifs eux-mêmes et de l'attribuer à des « étrangers infiltrés ». Inversement, elle autorise à traiter tous ceux qui ne correspondent pas à une certaine idée d'Israël de « passagers clandestins » ou de constituer une « cinquième colonne ». L'*erev rav* signifie aussi précisément que ce n'est pas parce que vous appartenez à « Israël » que vous êtes un Israélite. Elle introduit l'inquiétude permanente d'une non-correspondance entre le réel Israël et ce qu'Israël est censé être[6].

D'autres textes insistent sur le fait qu'aucune faute, aucun écart de fait avec l'idéal (rabbinique) ne saurait vous soustraire à Israël. « *Israël a fauté* (Jos 4, 11), R. Abba bar Zavda dit : bien qu'il ait fauté, il reste Israël[7]. » La lecture du verset de Josué est radicale. Il énonce, à la manière de Paul, qu'Israël est toujours en faute ; par conséquent cet ensemble d'individus nommés « Israël » n'est jamais conforme à l'idée que porte ce nom. Et pourtant, dit R. Abba, ce nom, il le porte. Un collectif réel de transgresseurs porte ainsi le nom d'un idéal. Ce même énoncé appliqué à un individu (« Un Israël même s'il faute reste un Israël ») signifie qu'il est impossible de se soustraire au statut personnel d'Israël et aux obligations afférentes. On ne cesse pas d'être juif, même si l'on se convertit à une autre religion de gré ou de force. On peut ainsi être « Israélite » même si on n'a rien de juif. Sur ce point, les rabbins et les antisémites s'accordent.

On lit encore que « tout Israël a part au monde à venir », et que certains n'y ont pas part, à l'instar de « celui qui dit que la Torah n'est pas du ciel[8] ». Il nous faudra revenir plus longuement sur ce texte unique de la Mishnah qui associe le nom d'Israël à certaines croyances. Pour ce qui nous occupe à ce stade, retenons qu'il est possible d'être d'Israël, et de perdre l'accès au monde à venir, auquel « tout » Israël a part. On peut, en d'autres termes, être un Israélite sans faire partie du monde d'Israël, être un Israélite totalement étranger à l'idée d'Israël.

L'« Israël » des rabbins du Talmud est ainsi fondamentalement tendu entre un idéal construit autour de la notion d'alliance, un statut personnel qui en découle et consiste dans la sujétion aux lois de la Torah et, face à cela, le réel empirique de l'ensemble des individus portant ce nom « Israël ». La réflexivité rabbinique entend donner sa signification à la vie collective d'Israël ; celle-ci déborde toujours, dans sa facticité, cette signification normative. La dialectique du tout et de la partie que nous avons repérée à propos de l'usage du terme Israël (une partie valant pour le tout, un tout débordant la partie qui le représente) se retrouve à propos d'un autre terme, précisément lié à cette définition d'Israël comme catégorie juridique, celui de « Torah » ou de « commandement ».

Lorsque le Talmud réfléchit au tout de la chose juive

Il serait réducteur de considérer que les rabbins limitent l'appartenance à Israël à des critères purement juridiques. Si la soumission aux lois de la Torah définit bien le collectif « Israël », un certain nombre de textes témoignent du souci rabbinique de proposer une compréhension globale de la « Torah », qui vient donner un sens à cette définition juridique.

Quelques textes, en quantité négligeable au regard de l'« océan du Talmud », proposent en effet des considérations sur le tout de la « chose juive ». La rareté de ces textes ne les rend que plus remarquables : ils sont non seulement exceptionnels par leur fréquence, mais aussi par leur fonctionnement. Le régime habituel du discours talmudique consiste à isoler le sujet abordé (question juridique ou verset biblique) de l'ensemble auquel il appartient pour ensuite essayer de le resituer dans la cohérence de cet ensemble. Ici, il s'agit au contraire de tenir un propos sur cet ensemble et parfois de qualifier l'ensemble à partir de sa partie.

La scène paradigmatique : toute la Torah sur un pied

Un texte bien connu, fréquemment cité et commenté (de manière plus ou moins complète et fidèle), constitue un véritable paradigme pour notre problème. Le traité *Shabbat* du Talmud de Babylone propose un portrait élogieux du rabbin Hillel, par contraste avec son rival Shammay présenté comme un contre-modèle. Hillel et Shammay sont des sages ayant vécu au Ier siècle avant l'ère chrétienne et les fondateurs de deux écoles pharisiennes de la fin de l'époque du Second Temple qui représentent deux approches opposées de la Torah et de la *halakhah*[9]*. Le Talmud les met en scène quelques siècles plus tard dans une série d'anecdotes, dont celle qui nous intéresse ici :

> Il arriva encore qu'un non-Juif se présenta devant Shammay et lui dit : « Convertis-moi à condition que tu m'enseignes l'ensemble de toute la Torah (*kol ha-Torah kullah*), pendant que je me tiens sur un seul pied (*'al regel aḥat*). » Il le repoussa avec la règle de bâtisseur qu'il

avait dans la main. Il se présenta devant Hillel qui le convertit. Il lui dit : « Ce qui t'es haïssable, ne le fais pas à ton prochain, c'est là l'ensemble de toute la Torah, le reste est son commentaire, va étudier[10]. »

Plusieurs éléments de cette mise en scène méritent d'être relevés. D'une part, le passage se propose de déterminer un noyau fondamental de signification sur lequel l'ensemble de la Torah repose[11]. On a souvent relevé le jeu de mots entre le terme hébraïque *regel* (« pied ») et le terme latin *regula* (« règle fondamentale »), suggérant donc que c'est bien la question du principe sur lequel repose l'ensemble de la Torah que soulève le non-Juif[12]. Le jeu de mots *regel-regula* apparaît dans un autre détail de l'anecdote : la « règle de bâtisseur » (*ammat ha-binyan*) que Shammay tient dans sa main et avec lequel il repousse l'impétrant indélicat. C'est également *regula* que le latin utiliserait pour désigner une telle règle (de sorte que le jeu de mots fonctionne même en français)[13]. Hillel et Shammay représentent dès lors deux positions opposées sur la question même de savoir s'il est légitime d'isoler une règle fondamentale.

C'est à un enseignement général qui concerne d'abord les Juifs eux-mêmes que ce passage, mettant en scène un non-Juif, entend conduire. En témoigne l'énoncé inaugural de l'ensemble de récits mettant en scène Hillel et Shammay auquel le passage appartient : « Nos maîtres ont enseigné : qu'un homme s'efforce toujours d'être patient (ou humble, *'anwatan*) comme Hillel et non impatient (ou sévère, *qafdan*) comme Shammay[14]. » Il s'agit là d'un enseignement moral énoncé en premier lieu à l'adresse des Juifs.

La question posée vient toutefois de l'extérieur : ce non-Juif est peut-être le représentant de ces sympathisants méfiants du mode de vie juif de la fin du Second

Temple et du début de l'ère chrétienne (les « prosélytes de la Porte »). Peut-être exprime-t-il une forme de critique influencée par le stoïcisme qui reprocherait aux rabbins d'être incapables de formuler leur pensée de manière conceptuelle et synthétique[15]. Quoi qu'il en soit, à travers la figure du candidat à la conversion, c'est le cœur et la limite du collectif qui se trouvent interrogés.

Cet aspect ressort de manière plus marquée encore lorsque l'on prend en compte que la version devenue « canonique » de l'anecdote, celle du Talmud de Babylone, est probablement une réécriture d'une version antérieure que l'on trouve dans les *Avot de-Rabbi Natan* (version B), un recueil midrashique[16]* difficile à dater et à situer géographiquement[17].

> Il arriva qu'une personne (Ms Parma, 327 : *ḥammar*, « un ânier ») vint auprès de R. Akiva et lui dit « Maître, enseigne-moi l'ensemble de toute la Torah (*kol ha-Torah kullah*) d'un seul coup, (*ke-aḥat*). » Il lui dit : « Mon fils, Moïse notre maître a passé quarante jours et quarante nuits sur la montagne sans même parvenir à l'apprendre (*'ad še-lo lemadah*)[18]. Et tu dis "Enseigne-moi l'ensemble de toute la Torah d'un seul coup ?" Mais, mon fils, ceci est le principe (*kelal* ou « le tout ») de la Torah : "Ce qui t'es haïssable, ne le fais pas à ton prochain." Si tu ne veux pas qu'un autre te cause du tort, ne lui cause pas de tort. Si tu ne veux pas qu'un autre prenne ta part, ne prends pas celle de ton prochain[19]. »

Alors qu'ici la question provient d'un Juif ignorant, dans la version babylonienne, elle vient d'un non-Juif. La question intime est ainsi projetée vers l'extérieur par les rédacteurs du Talmud. Ce geste rhétorique classique de distanciation est un artifice qui permet qu'une question radicale sur soi-même puisse être posée[20]. Il suggère en même temps que cette question est suscitée par une forme de pression extérieure, une situation qui requiert d'interroger ce qui fait que nous sommes ce que nous sommes. Appelons cette situation, situation de crise : tant l'époque de la rédaction du Talmud, que celle de l'époque de la fin du Second Temple (avec ses divisions sectaires et la naissance du christianisme), que les épisodes ultérieurs (médiévaux et modernes) de l'histoire de notre problème, s'inscrivent dans un contexte au sein duquel les Juifs sont amenés à soulever la question de la spécificité de leur identité collective.

Lorsqu'il reformule le propos du texte dans un ouvrage de vulgarisation, le spécialiste de la littérature talmudique Jeffrey Rubenstein écrit : « Y a-t-il une essence *de la Torah*[21] ? » À le suivre, si le problème soulevé est celui de « l'essence », le Talmud pose cette question à propos de la Torah. La totalité dont il s'agit de rendre compte de manière unifiante n'est ni la vie juive ni la religion juive, mais la Torah, loi et enseignement.

Sans nous engager sur la question de l'influence possible d'un récit sur l'autre[22], on peut à cet égard renvoyer à un épisode analogue des évangiles synoptiques, bien connu lui aussi, cité ici dans la version Marc :

> 28 Un des scribes, qui les avait entendus discuter, sachant que Jésus avait bien répondu aux sadducéens, s'approcha, et lui demanda : Quel est le premier de tous les commandements ? 29 Jésus répondit : Voici le premier : *Écoute, Israël, le Seigneur, notre Dieu, est l'unique Seigneur* ; 30 et : *Tu aimeras le Seigneur, ton Dieu, de tout ton cœur, de toute ton âme, de toute ta pensée, et de toute ta force* (Dt 6, 5) 31. Voici le second : *Tu aimeras ton prochain comme toi-même* (Lv 19, 18). Il n'y a pas d'autre commandement plus grand que ceux-là[23].

On note bien sûr la proximité de la réponse apportée par Jésus et celle d'Hillel, même si ce dernier ne répond pas en citant un verset biblique, mais en invoquant une règle morale liée au commandement d'amour du prochain[24]. J'insisterais pour ma part sur la proximité de la formulation de la question : le concept cadre de la question est celui de loi – commandement (*entolē*)[25] dans l'Évangile, Torah dans le Talmud. S'il s'agit de résumer l'ensemble de la « chose juive » dans ces épisodes qui se situent dans la fin de la période du Second Temple, cela se fait dans les termes de la loi. Elle est la catégorie centrale de ce moment de la réflexion sur soi des Juifs.

Dans ce cadre conceptuel, les textes rabbiniques engagent une réflexion sur la possibilité de rendre compte de la totalité de la Torah (et non, comme dans les Évangiles, de l'ordre ou de la priorité d'importance d'un commandement vis-à-vis des autres). La version des *Avot de-Rabbi Natan* insiste sur la distinction entre la totalité (*kol ha-Torah kullah, kelal*) et l'un (*ke-aḥat*) de sorte que la demande du non-Juif (c'est-à-dire encore une fois celle que les Juifs eux-mêmes se posent par son intermédiaire) est de ramener le divers – l'ensemble hétérogène de prescriptions et d'enseignements de la Torah – à l'un d'une idée. La version babylonienne amplifie ce motif en introduisant la métaphore architecturale (à travers la règle du bâtisseur). Y a-t-il un pilier sur lequel repose la Torah ? Peut-on la faire reposer sur un tel pilier ?

Dans ce tableau, Shammay exprime le refus de la question et la présente sous un jour scandaleux. Il représente le pôle de la facticité : la chose juive est un tout irréductible à aucune essence, à aucune de ses parties, à aucun fondement. Bien sûr, sa réponse signifie que l'on ne saurait se convertir sous condition : la conversion suppose l'acceptation de la totalité de la Torah. Elle signifie aussi qu'une vie inscrite sous le signe de la Torah ne saurait reposer sur un fondement branlant. Envisagée dans sa radicalité, elle signifie que la totalité de la Torah est irréductible à un quelconque fondement, que rien d'autre que cette totalité même ne saurait rendre compte, sans reste, de sa signification globale. La règle que Shammay tient dans sa main représente sans doute l'autorité des rabbins babyloniens à décider qui convertir ou non[26]. Le fait que c'est elle qui serve à repousser le candidat malheureux signifie aussi l'incompatibilité de la quête d'une « règle » unifiante de toute la Torah et de la véritable conversion. C'est l'objet même de sa demande qui sert à chasser le non-Juif. Ce détail du récit signifie que le fait même de demander une règle unifiante témoigne d'une méprise si fondamentale sur la Torah qu'elle rend toute conversion impossible. C'est la règle qui chasse celui qui la demande.

La réponse d'Hillel – qui représente le pôle de la *réflexivité* – enfin est remarquable à la fois par son acceptation et son refus de la question. Sa réponse consiste à assimiler l'« ensemble de toute la Torah » à ce que l'on appelle la « règle d'or », principe moral de réciprocité, qui n'est pas spécifiquement juif. Proposant une histoire de la règle d'or, Albrecht Dihle en retrace l'origine chez les sophistes au Vᵉ siècle avant J.-C. et la retrouve dans diverses écoles philosophiques grecques avant qu'elle ne soit intégrée dans la littérature juive vers le IIᵉ siècle avant J.-C.[27]. Il y a lieu de s'étonner qu'un principe moral très général (qui, à la différence de la réponse de Jésus à la question du scribe, n'inclut rien qui concerne le rapport à Dieu) devienne ainsi le noyau central de la Torah. Il faut souligner également que la réponse complète d'Hillel intègre la critique de Shammay : si la Torah vise à promouvoir une relation juste au prochain, c'est sa totalité seule, irrémédiablement rétive à toute tentative de synthèse, qui permet de la réaliser. La Torah ne se résume pas, elle requiert une vie d'étude. Le moment réflexif de la question de l'un du tout est légitime, peut-être nécessaire pour entrer dans le monde juif et dans l'étude de la Torah. Il n'est précisément qu'une voie d'entrée dans un tout irréductible.

Situation de crise qui donne une impulsion réflexive, tension entre réflexivité et facticité, concept cadre, interrogation de la « chose juive » comme totalité réductible ou non à l'une de ses parties, tels sont les éléments clés de notre scène paradigmatique – éléments que l'on retrouvera prenant diverses modalités dans l'histoire longue de notre problème.

Ramener les 613 commandements à un unique principe : mutilation ou gain d'intelligibilité ?

Outre le jeu de mots *regel/regula*, le texte du traité *Shabbat* emploie un autre terme qui renvoie à l'idée d'édifice : *la-'amod* (« être debout », « se tenir », « reposer sur »...)[28]. Ce terme « porte » en lui-même, si l'on peut dire, l'ambiguïté de toute réponse apportée à la question de l'essence, qui apparaît dans la réponse paradoxale d'Hillel. Ce pilier que l'on cherche est-il l'expression du tout qu'il porte, de sorte que le reste deviendrait accessoire, ou bien constitue-t-il une simple voie d'entrée dans une totalité ? Cette ambiguïté se retrouve dans un autre passage fameux, qui conclut le traité *Makkot* du Talmud de Babylone, et mobilise le lexique du « se tenir sur ».

Le passage commente la dernière *mishnah* du traité qui souligne l'abondance du nombre de commandements : « Rabbi Ḥanina ben Aqashia dit : Dieu a voulu accorder beaucoup de mérites aux Israélites ; c'est pourquoi il leur a donné beaucoup de commandements[29]. » Cet enseignement fait suite à un énoncé de la *mishnah* précédente qui semble indiquer, à l'inverse, que l'accomplissement d'un seul commandement suffit à décider de la vie ou de la mort d'un individu : « Rabbi Ḥananiah ben Gamliel dit encore : Si celui qui commet un seul crime peut perdre la vie, à plus forte raison celui qui fait une seule bonne action gagnera sa vie[30]. » Ainsi ce traité, portant sur la sanction de la transgression des interdits ordinaires de la Torah, s'achève-t-il avec un débat sur la problématique de la rétribution, proportionnée ou non au nombre des commandements accomplis ou transgressés. Les deux enseignements de la Mishnah manifestent ainsi une tension entre deux tendances de la pensée rabbinique : l'une valorisant la multiplication des commandements et l'autre insistant sur la portée de chaque commandement.

Notre passage, un enseignement aggadique[31]*, reflète à son tour une forme d'ambivalence face à la multiplicité des lois de la Torah[32]. Ce texte est doublement singulier. D'une part, il est la source principale de l'idée devenue proverbiale selon laquelle la Torah comporte 613 commandements. D'autre part, il fait partie des textes qui mettent en scène une réduction de l'ensemble de la Torah à un nombre restreint de règles fondamentales.

Le nombre de 613 commandements est tellement ancré dans la conscience juive que l'on tend à en oublier qu'il est loin d'aller de soi. Dans ses notes sur le *Livre des commandements* de Maïmonide, où ce dernier s'efforce d'établir rigoureusement la liste des 613 commandements de la Torah, son critique Naḥmanide souligne que ce nombre n'apparaît que dans quelques textes talmudiques ou midrashiques et que tous s'appuient sur l'avis isolé de Rabbi Simlay, un rabbin galiléen du IIIe siècle, à qui notre enseignement est attribué[33]. Face à l'avis de Rabbi Ḥananiah ben Gamliel, dans la Mishnah qui semble ramener la question de la rétribution à l'accomplissement ou à la transgression d'un seul commandement, Rabbi Simlay objecte que la Torah est constituée d'un nombre conséquent de commandements, et qu'ils forment une totalité unifiée.

« Commentaire de Rabbi Simlay : 613 commandements ont été dits à Moïse, 365 interdits comme le nombre des jours de l'année solaire et 248 obligations comme le nombre des membres de l'être humain[34]. » Le nombre 613 est ainsi la composition de deux dimensions totalisantes de l'être humain[35] : le temps dans lequel il est inscrit et son corps. Le respect des interdits apparaît comme un arrière-plan comparable au cycle annuel des jours. Sur cet arrière-plan vient s'ajouter la construction positive d'une certaine façon d'habiter le monde à travers l'accomplissement d'actes impliquant le corps humain tout entier[36]. Assigner à la Torah le nombre de 613 commandements revient ainsi à dire qu'elle recouvre la totalité des dimensions de la vie humaine.

Or, dans le mouvement même qui consiste à faire de la Torah une totalité englobante, le Talmud associe l'enseignement de Rabbi Simlay à l'idée qu'il est possible de faire reposer l'ensemble des commandements de la Torah sur un nombre de plus en plus restreint d'éléments jusqu'à arriver à un élément unique.

> Vint David et il les fit se tenir (*he'emidan 'al*) sur onze, comme il est écrit : *Psaume de David. Éternel, qui séjournera sous ta tente ? Qui habitera sur ta montagne sainte ? Celui qui marche intègre, pratique la justice et dit la vérité de tout son cœur ; qui n'a pas de calomnie sur la langue, ne fait aucun mal à son semblable, et ne profère point d'outrage contre son prochain ; qui tient pour méprisable quiconque mérite le mépris, mais honore ceux qui craignent l'Éternel ; qui, ayant juré à son détriment, ne se rétracte point ; qui ne place pas son argent à intérêt, et n'accepte pas de présent aux dépens de l'innocent. Celui qui agit de la sorte ne chancellera jamais.* (Ps 15, 1-5) [...]

Vint Isaïe et il les fit se tenir sur six, comme il est dit : *Celui qui marche dans la justice, parle avec droiture, refuse le profit de la violence, secoue la main pour repousser les dons, bouche ses oreilles aux propos sanguinaires, ferme les yeux pour ne pas se complaire au mal. [Celui-là habitera dans les hauteurs.]* (Is 33, 15-16) [...] Vint Michée et il les fit se tenir sur trois, comme il est écrit : *Homme, on t'a dit ce qui est bien, ce que le Seigneur demande de toi : rien que de pratiquer la justice, d'aimer la bonté et de marcher humblement avec ton Dieu !* (Mi 6, 8) [...] Revint Isaïe et il les fit se tenir sur deux, comme il est écrit : *Ainsi parle l'Éternel : Observez la justice et faites le bien ; car mon secours est près de venir et mon salut de se manifester* (Is 56, 1). [...] Vint Habacuc et il les fit se tenir sur un, comme il est dit : *Le juste vivra par sa confiance* (Hab 2, 4)[37].

Chaque verset cité, attribué à cette succession de prophètes et d'inspirés post-mosaïques, fait dépendre la « vie » de l'observance d'un nombre de plus en plus restreint d'actions ou de dispositions. Une erreur récurrente de traduction rend le verbe *he'emid 'al* par « réduire[38] ». Selon cette traduction, il y va d'un phénomène d'amputation ou de mutilation progressive de la Torah. Des 613 commandements initiaux ne resterait à la fin du processus plus qu'un seul. La réception traditionnelle de ce texte atteste la prégnance de cette lecture. Une interprétation influente a été celle du « Rivan », Juda ben Nathan, qui vécut à la croisée du XIe et du XIIe siècle en Champagne et dont le commentaire figure, dans les éditions traditionnelles du Talmud, à la place généralement allouée à celui de son beau-père Rachi à la fin du traité *Makkot*[39].

Au départ [= à l'époque de Moïse], ils [= les Israélites] étaient des justes et pouvaient prendre sur eux le joug de nombreux commandements. Les générations ultérieures

> en revanche n'étaient pas [de] si [grands] justes et, s'ils avaient dû les observer tous [= les commandements], il n'y aurait même pas un homme méritant. Alors « vint David et il les fit se tenir, etc. » afin qu'ils obtiennent du mérite en accomplissant ces onze *commandements* et ainsi, continuellement, les générations ultérieures en réduisent de plus en plus le nombre[40].

Selon le Rivan, c'est l'idée traditionnelle de décadence des générations (*yeridat ha-dorot*) qui commande le processus de réduction progressive du nombre des *commandements*. La difficulté d'une telle interprétation est que, précisément, ces onze, six, trois, deux et un éléments invoqués par les différents protagonistes ne sont pour l'essentiel pas des « commandements ». Il s'agit plutôt de grands champs d'action morale : l'équité, la charité, l'honnêteté, la « bonté », la « justice », la « confiance »...

Littéralement, le verbe *le-ha'amid 'al* ne vise pas une réduction à l'un qui signifierait l'annulation de tous les autres commandements. Il s'agit bien de « faire reposer » l'ensemble sur un socle composé d'un nombre réduit de piliers. Les différents personnages proposent une formule qui permet d'exprimer d'une manière de plus en plus succincte ce qui assure une base stable pour l'ensemble des commandements énoncés à Moïse. Habacuc propose en dernier lieu de « faire reposer » la Torah sur la *emunah* – traduit ici par « confiance » en suivant la traduction du Rabbinat, mais que l'on rend souvent par « foi ».

En ce sens, le scénario construit par Rabbi Simlay peut se lire comme une autre réponse à Shammay : faire se tenir la Torah sur un seul socle (un seul « pied ») ne revient pas nécessairement à la rendre fragile. *Emunah* étymologiquement renvoie précisément à la « stabilité », comme il apparaît exemplairement dans ce verset : « Aaron et Hour soutinrent [l]es bras [de Moïse], l'un de çà, l'autre de là et ses bras restèrent fermes (*wa-yehi yado emunah*) jusqu'au coucher du soleil » (Ex 17, 12).

Un commentateur médiéval propose ainsi une interprétation très différente de celle de Rivan. Le texte n'est pas à lire dans le sens d'une amputation progressive de la Torah et sa réduction à des règles de plus en plus simples et de moins en moins nombreuses. À l'inverse, il s'agit de conférer une *intelligibilité* à la totalité de la Torah, en la ramenant à des grands principes et des grandes catégories. Joseph Albo, philosophe actif au XVe siècle en Espagne (que nous retrouverons dans le chapitre III), propose ainsi d'interpréter le passage comme dressant une typologie hiérarchisée des commandements : « Chacun des prophètes a cherché à établir des *principes* (*kelalim*) incluant (*kolelim*) de nombreux commandements de la Torah et de bonnes dispositions morales (*middot ṭovot*) [...], afin que grâce à [ces principes] l'homme atteigne un degré important de perfection[41]. »

Albo a un intérêt évident pour le passage du traité *Makkot*. Son interprétation vise à rallier le Talmud à sa propre démarche : comme nous le verrons, dans son *Livre des principes*, il s'engage à faire reposer l'ensemble de la Torah sur un nombre extrêmement limité de croyances fondamentales. Son interprétation n'en repose pas moins sur une lecture attentive de la lettre de l'homélie de Rabbi Simlay, qui vise *in fine* à garantir un accès à la *totalité* de la Torah. Ce sont bien les 613 *commandements* qui reposent en dernière instance sur un seul *principe*.

Une autre manière de mettre en relief cette querelle d'interprétation (amputation ou approfondissement ?) est de mettre l'enseignement de Rabbi Simlay en regard des multiples usages du verset de Habacuc dans les Épîtres de Paul[42]. Paul invoque ce verset – *Le juste vivra par sa foi* (hébreu : *emunah*, grec : *pistis*) (Hab 2, 4) – à l'appui de sa polémique contre la catégorie de « loi » en tant que telle. C'est la « foi » désormais qui assure le salut et non l'accomplissement des œuvres.

S'appuyant sur cette lecture paulinienne d'Habacuc, Martin Buber a proposé une distinction schématique entre la « conception juive » et la « conception chrétienne » de la « foi »[43]. La *emunah* biblique (« juive ») désigne une confiance, un crédit accordé à un autre : les Hébreux ont foi, confiance en leur Dieu, dont ils perçoivent la présence dans leur existence collective. La *pistis* grecque (« chrétienne ») désigne au contraire une croyance « propositionnelle », le fait d'accorder son assentiment à un énoncé : les chrétiens croient *que* Jésus est mort et ressuscité. Cette distinction a une claire puissance heuristique. Dans le chapitre II, je la ferai valoir pour souligner l'introduction au Moyen Âge de la catégorie de « croyance » ou de dogme au sein même de la tradition juive. Toutefois, David Flusser conteste que l'on puisse à partir d'elle distinguer une « foi juive » éternelle et inaltérée, d'une « foi chrétienne » tout aussi homogène. Contre Buber, il relève l'importance pour les chrétiens, depuis Paul, de la foi entendue comme croyance-*confiance* en l'événement « Jésus », l'événement de la résurrection qui assure le salut du fidèle[44]. Paul, sur la base d'une compréhension de la croyance attestée avant lui dans le judaïsme du Second Temple, propose d'envisager la *pistis* (qui traduit l'hébreu *emunah*) dans une opposition thématique avec la catégorie de la loi et en l'associant avec la question eschatologique du salut.

Dès lors, il ne faut peut-être pas lire, dans le passage talmudique, l'attestation d'une tendance interne au judaïsme à une critique de la catégorie de la « loi » similaire à celle de Paul[45]. Il faut y voir plutôt une *réponse* à Paul, dont les écrits étaient connus dans la Galilée du IIIe siècle où vivait Rabbi Simlay. Car c'est bien dans les termes mêmes de Paul que le texte du traité *Makkot* envisage le problème, mais en inversant sa proposition.

La Torah n'est pas supplantée par la « foi » : la *emunah* est au contraire une confiance accordée au législateur. Elle conditionne l'accomplissement de *l'ensemble* de la loi (ses 613 commandements) qui en retour garantit la « vie » (quelle que soit la compréhension que l'on a de celle-ci)[46].

Restituons le mouvement général de notre homélie. Au moment même où elle affirme que la Torah forme, par la multiplicité de ses commandements, un tout englobant la vie de l'homme, elle propose de le ramener à un nombre restreint de dimensions ou d'attitudes, qui lui assurent une stabilité et garantissent son unité. C'est là un trait caractérisant la position de notre problème dans le texte talmudique : on met en avant un élément pour caractériser la « Torah » comme loi et comme totalité, tout en se refusant à la réduire à l'élément en question.

Les commandements métonymiques : ces parties qui équivalent au tout de la Torah

Une série d'énoncés que l'on trouve dans la littérature midrashique et talmudique mettent en cause la logique élémentaire du rapport du tout et des parties. On compte parmi les « notions communes » des *Éléments de géométrie* d'Euclide que « le tout est plus grand que la partie[47] ». Les mathématiques modernes remettront en cause cet axiome. Mais il sera souvent invoqué au Moyen Âge comme le type même de l'« intelligible premier[48] », c'est-à-dire des notions évidentes en vertu de la nature intellectuelle de l'homme. Or, il est dit à propos de certains commandements ou de certaines dispositions morales qu'ils « équivalent à l'ensemble de toute la Torah » ou encore « à l'ensemble de tous les commandements ». Cette « équivalence » s'énonce plus précisément à travers l'image de la balance : le terme le plus fréquemment employé dans ces expressions est celui de *šaqul ke-* ou *ke-neged*, « peser comme… » ou « faire le poids face à… ». En d'autres termes, si l'on place l'un de ces commandements sur un des plateaux de la balance et, en face, l'ensemble des 613 commandements auquel il appartient, la balance est à l'équilibre. Ce qui revient à imaginer que « a » pèse autant que « a + b + c + etc. ». On peut qualifier ces commandements qui, faisant partie de la Torah, en expriment la totalité, de « commandements métonymiques ».

On rencontre ce type de formule à propos de commandements de nature hétérogène : la circoncision, le respect du *shabbat*, le rejet de l'idolâtrie, la charité ou bienfaisance (*ṣedaqah / gemilut ḥasadim*), les *ṣiṣit* (l'obligation d'ajouter des franges aux quatre coins des vêtements), le fait d'habiter sur la terre d'Israël et l'étude de la Torah[49]. Cette liste restreinte ne recoupe aucun des ensembles connus de commandements que l'on pourrait envisager comme étant de nature à englober l'ensemble de la Torah. Elle ne correspond ni au Décalogue ni aux sept lois noachides[50].

Ces formules pouvant laisser entendre que ces commandements dispensent de la mise en œuvre de tous les autres sont d'autant plus étonnantes qu'elles contreviennent à une tendance lourde de la tradition rabbinique à se méfier de toute hiérarchisation parmi les commandements. Ainsi, une *mishnah*[51] stipule que le Décalogue était lu chaque matin dans le cadre de la liturgie du Temple de Jérusalem. Mais un passage du Talmud de Jérusalem nous apprend que cette lecture a été suspendue en dehors du Temple pour ne pas abonder dans le sens de « l'argument des sectateurs » (*ṭa'anat minim*) ; expression qui vise peut-être des groupes judéo-chrétiens. Ceux-ci soutenaient que seuls ces dix commandements avaient été donnés au Sinaï[52]. Dès lors, comment comprendre ces formules constituant un ensemble de commandements équivalents à tous les autres ? Du reste, le fait même que l'on puisse les constituer en un ensemble systématique ne va pas de soi. De manière symptomatique, ce n'est qu'au XXe siècle que la tentative d'en dégager une cohérence d'ensemble se fait jour, dans le cadre du courant du *musar*[53], une branche de l'orthodoxie cherchant à dégager une éthique spécifique de la Torah tout en maintenant une stricte observance de la *halakhah*. Ces énoncés sont alors perçus comme permettant d'alimenter une réflexion sur la signification d'ensemble de la Torah, envisagée dans son versant juridique – problématique caractéristique de l'orthodoxie cherchant à se distinguer des autres courants modernes du judaïsme.

L'idolâtrie et la compréhension rabbinique de « toute la Torah »

> « Quiconque rejette l'idolâtrie est appelé *yehudi* (Judéen/Juif) »
>
> (TB, *Megillah*, 13a).

Focalisons-nous ici sur un exemple significatif. Dans le Talmud de Babylone, la formule « [l'interdit de] l'idolâtrie équivaut à tous les commandements[54] » ou « Rejeter l'idolâtrie revient à reconnaître l'ensemble de toute la Torah » (*ha-kofer be-'avodah zarah ke-modeh be-kol ha-Torah kullah*)[55] apparaît comme une sorte de « slogan » que l'on invoque à l'occasion d'une discussion sur l'idolâtrie. Il s'agit alors d'une formule de type rhétorique qui circule parmi les docteurs du Talmud (les *amoraïm*)[56]* et qui justifie que l'on prête une attention particulière à l'idolâtrie ou que l'on soit particulièrement sévère à son égard[57]. Sa source est un *midrash* qui propose une interprétation d'un passage du livre des Nombres. La manière dont ce *midrash* est construit est instructive quant à la signification de la formule et sa fonction au sein du discours rabbinique. Nous allons suivre pas à pas la lecture de ces versets pour essayer d'en dégager la compréhension d'ensemble de la Torah qui y est élaborée. Quelques remarques préliminaires s'imposent. Le *midrash* assigne à des versets parlant d'une institution archaïque (les sacrifices qui n'ont plus cours de longue date) un sens très précis et l'applique à un cas quasi théorique. Ce qui importe n'est donc pas le cas lui-même ou le fait de disposer d'une loi pour agir dans l'improbable éventualité qu'il se présente dans la réalité. Le cas-limite, celui d'une erreur du conseil des Sages (Sanhedrin) sur la définition de l'idolâtrie, est l'occasion d'une construction d'une certaine idée de la Torah.

> Si, par suite d'une erreur, vous n'observez pas tous ces commandements que l'Éternel a communiqués à Moïse, [...] ; si c'est par l'inadvertance de la communauté qu'a eu lieu cette erreur, la communauté entière offrira un jeune taureau comme holocauste, en odeur agréable à l'Éternel, avec son oblation et sa libation selon la règle ; plus un bouc, comme expiatoire (Nb 15, 22-24).

Selon l'interprétation qu'en donne la tradition rabbinique, les versets commentés portent sur une catégorie bien précise de transgressions : celles commises 1/ collectivement par la majorité du peuple d'Israël, 2/ par inadvertance, 3/ en raison d'une instruction erronée de la part de l'instance autorisée en matière d'interprétation juridique, le Grand Sanhedrin, composé de soixante et onze membres et siégeant au Temple de Jérusalem.

Ces versets font écho à ceux du début du Lévitique (chap. 4), qui établissent une procédure sacrificielle en cas de transgression involontaire. La nature de ces sacrifices diffère selon que la faute a été commise par un simple particulier, par le grand prêtre, par le roi ou, enfin, s'il s'agit d'une faute collective commise en raison d'une erreur du Sanhedrin.

Selon la tradition, dans chacun de ces cas, l'obligation d'apporter un sacrifice ne concerne que les transgressions involontaires des interdictions considérées comme les plus graves de la Torah : celles pour lesquelles la peine prévue en cas de transgression délibérée (pleinement consciente et volontaire) est celle de *karet*, terme souvent traduit par « retranchement ». Cela concerne entre autres certains interdits sexuels, la transgression du *shabbat* ou d'interdits assimilables à l'idolâtrie[58]. Les interprétations postbibliques de cette peine de *karet* l'associent à la privation du « monde à venir » ou de la vie *post-mortem*. Mais d'après la formulation biblique de cette sanction : « cette personne sera retranchée de son peuple » (Ex 12, 15, *et passim*), ces transgressions dénotent l'appartenance ou la non-appartenance au peuple d'Israël. Elles proposent une définition de cette appartenance. Par exemple, s'abstenir de se circoncire pour un homme ou bien transgresser délibérément le *shabbat* témoignent d'une forme d'auto-exclusion (de « retranchement » de soi) de fait du collectif, tant la circoncision et le *shabbat* constituent des rituels centraux, définitionnels de la vie collective des Juifs. En ce sens, la sanction ne fait qu'énoncer la nature même de la transgression.

Le cas qui nous occupe est celui où le Grand Sanhedrin aurait oublié la *halakhah* à propos d'un tel interdit entraînant la peine de retranchement et aurait formulé une instruction autorisant le peuple à accomplir une action qui est en principe interdite. L'oubli de la loi est ce qui constitue le caractère involontaire de la transgression. Après s'être rappelé la règle et avoir réalisé son erreur, le Sanhedrin doit alors, au nom du collectif, apporter un sacrifice : un taureau dans le cas habituel, un taureau et un bouc dans le cas de l'idolâtrie. En d'autres termes, le cas théorique envisagé est celui d'un Sanhedrin oublieux des règles qui définissent l'appartenance même à Israël. Le Sanhedrin, désigné dans nos versets comme « les yeux de l'Assemblée [d'Israël] » (Lv 4, 13 ; Nb 15, 23), se révèle aveugle, ayant perdu de vue ce qu'appartenir à Israël implique. On perçoit d'emblée que c'est la signification d'ensemble de la vie collective d'Israël et la conscience de cette signification qui sont en jeu.

Partant de la contradiction entre les versets des Nombres qui prescrivent l'offrande d'un taureau et d'un bouc et ceux du Lévitique qui prescrivent celui d'un taureau uniquement, notre *midrash* entend établir que ces versets (des Nombres) parlent spécifiquement de l'idolâtrie.

> L'idolâtrie faisait partie de l'ensemble (*kelal*) des commandements dont la transgression collective entraîne l'offrande d'un taureau. L'Écriture l'a extraite de cet ensemble (*ha-katuv moṣi'ah mi-kelalah*) pour énoncer un jugement plus sévère à son sujet : sa transgression collective entraînant l'offrande d'un taureau en holocauste et d'un bouc en expiatoire[59].

Il convient d'être attentif à cette manière d'apprendre quelque chose de spécifique à l'idolâtrie à partir de son abstraction d'un ensemble plus vaste auquel il appartenait. Cela suggère que c'est de l'ensemble qu'il est en fait question dans ce que l'on s'apprête à dire spécifiquement de l'idolâtrie. Faisant exception à l'ensemble auquel il appartenait, l'interdit d'idolâtrie donnera rétrospectivement un éclairage sur cet ensemble, voire sur celui des commandements en général[60].

L'idolâtrie est précisément pensée ici comme un commandement particulier qui *signifie* la totalité des commandements en ce sens que, pour parler comme Aristote, il est une partie « homéomère » ou encore une « partie expressive » de l'ensemble[61] : il a des caractéristiques qui sont identiques à celles de l'ensemble. Le *midrash* s'interroge : comment sait-on que l'on parle ici de l'idolâtrie ? Pourtant, le premier de nos trois versets (Nb 15, 22) énonce « si tu n'observes pas *tous* les commandements ». Ce pluriel entre toutefois en contradiction avec le singulier du verset 24 : « si c'est par l'inadvertance de la communauté qu'a eu lieu *cette* erreur ». Il s'agit donc d'un seul commandement et non de la transgression simultanée de la totalité des commandements. Et le *midrash* de conclure :

> Tu dis que le verset porte sur [la transgression de l'interdit] de l'idolâtrie ! Mais peut-être s'agit-il de [la transgression de] n'importe quel commandement énoncé dans la Torah ! C'est pourquoi il est écrit *Si, par suite d'une erreur, vous n'observez pas* tous *les commandements* (v. 22). [L'expression] « Tous les commandements » viennent ici préciser le commandement unique [dont il s'agit]. De même que quiconque transgresse tous les commandements s'affranchit du joug [de la Torah], renverse l'alliance et se montre arrogant vis-à-vis de la Torah, de même il existe un commandement dont la transgression revient à s'affranchir du joug, à renverser l'alliance et à se montrer arrogant vis-à-vis de la Torah. Et lequel est-il ? L'idolâtrie. [...] L'Écriture enseigne que reconnaître l'idolâtrie revient à renier [toute la Torah][62] et que renier l'idolâtrie revient à reconnaître toute la Torah (*kol ha-modeh be-'avodat gelilim kofer be-[kol ha-Torah] we-kol ha-kofer be-'avodat kokhavim modeh be-kol ha-Torah*)[63].

L'idolâtrie est ce commandement singulier dont la transgression a le même effet que la transgression de l'ensemble des commandements. Notre *midrash* invite ainsi à imaginer un collectif juif qui agirait conformément à la Torah en toute chose, mais commettrait de l'idolâtrie (en se prosternant par exemple devant une idole)[64] sans même s'en rendre compte. Notre texte indique alors que ce collectif serait « équivalent » à un collectif qui aurait complètement renié la Torah.

Ce procédé institue l'idolâtrie (*'avodah zarah*, littéralement « le culte étranger ») comme un concept critique qui déborde sa définition strictement juridique (réaliser un certain nombre d'actes précis de déférence envers une divinité spécifique), pour permettre d'évaluer la signification d'ensemble d'une mise en œuvre collective de la Torah[65]. Cette singularisation de l'idolâtrie comme « partie expressive » ou homéomère de l'ensemble permet de ressaisir précisément l'ensemble comme totalité, de le constituer comme totalité avec une visée d'ensemble.

En resituant le *midrash* dans l'intertextualité où il est inscrit, on peut percevoir ce qu'est cette visée d'ensemble. Par ses trois expressions « s'affranchir du joug », « renverser l'alliance », « se montrer arrogant vis-à-vis de la Torah », notre *midrash* semble faire écho à deux enseignements du traité « des Pères » (*Pirqei Avot*)[66]. Une première *mishnah* donne à comprendre l'acceptation du « joug » de la Torah comme une libération d'autres jougs :

> Rabbi Neḥunia ben Haqana dit : Quiconque accepte le joug de la Torah est délivré du joug du pouvoir politique et du joug des nécessités du monde. Mais quiconque s'affranchit du joug de la Torah tombe sous le joug du pouvoir politique et sous le joug des nécessités du monde[67].

Une seconde *mishnah*, dans le même chapitre, intègre « celui qui renverse l'alliance d'Abraham notre père » et « celui qui se montre arrogant vis-à-vis de la Torah » parmi ceux qui « n'ont pas part au monde à venir ». Le renversement de « l'alliance » renvoie donc à l'alliance d'Abraham et la plupart des commentateurs traditionnels de cette *mishnah* l'interprètent comme renvoyant à celui qui refuse de se circoncire. Quant à l'expression traduite par « arrogance » (*megalleh panim*), elle signifie littéralement celui « qui dévoile la face », qui manque d'humilité face à la Torah. Selon une autre version de la Mishnah, il s'agit de quelqu'un qui « dévoile des aspects de la Torah non conformes à la *halakhah* » (*megalleh panim ba-Torah še-lo ka-halakhah*).

Ainsi, le fait de mettre « l'idolâtrie » en regard de « toute la Torah » participe de la construction d'une certaine compréhension rabbinique de la notion même de Torah et, partant, du collectif d'Israël qui se définit à travers elle. La « Torah » ainsi construite a un caractère paradoxalement libératoire ; elle repose sur la fidélité au geste abrahamique d'arrachement à « l'idolâtrie » (son antithèse) par une forme d'incorporation (que symbolise la circoncision) ; elle suppose l'adoption d'une certaine attitude subjective de fidélité à la Torah orale. Conceptuellement parlant, il s'agit de l'arrachement aux soumissions mondaines, de l'incorporation à un collectif fidèle à cet arrachement et de l'effort de subjectivation (Torah orale) du dispositif juridique qui organise cette fidélité[68].

Un autre passage fait bien ressortir comment le discours rabbinique emploie le concept d'idolâtrie pour formuler une compréhension d'ensemble de la Torah. Un enseignement talmudique[69] met en scène Moïse, dans les plaines de Moab à la veille de sa mort (Dt 28, 69 ; 29, 9-11), faisant prêter au peuple d'Israël le serment de respecter la Torah. Le Talmud s'étonne de la formulation employée par Moïse dans ce contexte : Pourquoi n'a-t-il pas dit simplement « Respectez l'ensemble de toute la Torah (*kol ha-Torah kullah*) » ? Réponse : Parce que le peuple aurait pu alors comprendre qu'il ne devait s'engager qu'à respecter le seul interdit de l'idolâtre, et non précisément tous les commandements de la Torah. Il se serait fondé sur la formule « rejeter l'idolâtrie revient à reconnaître l'ensemble de toute la Torah » et en aurait déduit que le rejet de l'idolâtrie suffit à respecter toute la Torah. Si en revanche – poursuit notre passage – Moïse avait dit « Respectez [l'interdit de] l'idolâtrie et toute la Torah (*'avodah zarah we-Torah kullah*) », cela aurait rendu tout malentendu impossible. Cette formule est pourtant doublement redondante. Soit l'interdit de l'idolâtrie équivaut à « toute la Torah » et la formule revient à dire « respectez toute la Torah et toute la Torah ». Soit il n'est qu'un commandement parmi les autres et elle revient à dire « respectez l'ensemble auquel appartient l'interdit de l'idolâtrie et l'interdit de l'idolâtrie ».

Toutefois, d'après cet enseignement, cette redondance même est nécessaire car la formule « toute la Torah » est équivoque, tant que n'est pas précisé « toute la Torah *et l'interdit de l'idolâtrie* ». Le texte suggère donc qu'il est possible d'entretenir un rapport « idolâtre » à la Torah tout en la respectant formellement scrupuleusement en totalité : par exemple, en se donnant des instances auxquelles obéir inconditionnellement, des rabbins, des Grands Sanhedrin ou des États. Autrement dit, mettre en regard l'interdit de l'idolâtrie et « toute la Torah » permet de constituer une perspective critique sur cet ensemble auquel il appartient. L'interdit de l'idolâtrie fonctionne comme un opérateur critique portant sur l'ensemble désigné par le terme « Torah ». Cela ne présage en rien de la signification précise que les rabbins ont voulu donner au vocable « idolâtrie » : celle-ci est de toute évidence plastique et variable. Plus précisément, l'idolâtrie est un opérateur discursif, avant d'être un interdit spécifique (ce qu'il est *également*). Ce concept n'est pas seulement et pas d'abord une manière de condamner et de disqualifier les non-Juifs. Il est aussi un outil nécessaire à la construction d'un regard critique sur soi-même, en tant qu'individu et que collectif, et à une compréhension d'ensemble de la « Torah » des rabbins.

Au-delà de la rhétorique, la construction du concept de Torah

La formule établissant une équivalence entre un commandement et l'ensemble des commandements semble parfois avoir un caractère purement rhétorique. C'est particulièrement perceptible dans le cas des franges (*ṣiṣit*). Dès lors que ce commandement paraît d'importance secondaire, il était nécessaire d'exagérer son importance pour que l'on ne se laisse pas tenter de s'en dispenser[70]. Ce commandement est en effet conditionné à la présence de quatre coins sur le vêtement (masculin). En l'absence de vêtement « à coins », formellement, il ne s'applique pas (d'où l'usage traditionnel pour les hommes juifs de revêtir un tissu rectangulaire, *ṭalit*, pour s'astreindre à y fixer les franges). Au sein d'une série d'énoncés visant à insister sur l'importance du commandement des franges, on trouve la formule selon laquelle elles « équivalent à tous les commandements[71] », déduite d'une lecture « au pied de la lettre » du verset : *Vous les verrez [les franges] et vous vous souviendrez de tous les commandements de YHWV* (Nb 15, 39).

L'exagération et l'hyperbole forment un trait reconnu du discours rabbinique[72]. Toutefois, nous avons vu que, dans le cas de l'idolâtrie, sa mise en équivalence avec « toute la Torah » était tout autre chose qu'une formule rhétorique. La caractérisation de l'idolâtrie comme « commandement équivalent à tous les autres » est un outil qui permet de se rapporter à l'ensemble ou plutôt de ressaisir l'ensemble que constitue la Torah. Peut-être peut-on penser que les commandements métonymiques se distribuent entre un pôle purement rhétorique et un pôle conceptuel, les franges et l'idolâtrie constituant les représentants typiques de chacun de ces deux pôles. Peut-être aussi peut-on généraliser le caractère de concept opératoire que l'on a pu observer dans le cas de l'idolâtrie à l'ensemble des commandements métonymiques. Ils proposeraient alors un ensemble de « voies d'entrée », permettant aux Juifs d'aborder « l'ensemble de la Torah », en en faisant ressortir une caractéristique unifiante, bien que toujours partielle : l'affranchissement vis-à-vis de toute soumission (le rejet de l'idolâtrie), l'incorporation de la loi (la circoncision), la construction de la temporalité (le *shabbat*), de l'espace (habiter dans la terre d'Israël), la réflexivité (l'étude), la sollicitude (la charité et la bienfaisance), le caractère de signe des commandements (les franges).

Ces voies d'entrée ne doivent pas se lire comme une façon de réduire l'ensemble de la loi à seulement l'une de ses parties. Elles fournissent un répertoire de concepts unifiants pour la suite de l'histoire du problème de « l'essence du judaïsme ». De manière caractéristique, on retrouve ainsi deux d'entre elles chez deux auteurs majeurs, l'un médiéval, l'autre moderne, de la suite de notre histoire. Au XIIe siècle, Maïmonide donne une importance majeure au rejet de l'idolâtrie, où il voit l'enjeu fondamental de la Torah. L'expression « rejeter l'idolâtrie revient à reconnaître l'ensemble de toute la Torah » représente pour lui un précédent rabbinique à son interprétation intellectualiste de la Torah, comme instrument de lutte contre une erreur métaphysique[73]. Au XXe siècle, Hermann Cohen voit pour sa part, dans l'équivalence des franges et de « tous les commandements », une preuve du caractère « symbolique » des commandements de la Torah. Loin de se ramener à des rituels archaïques, ils font *signe* vers des valeurs éthiques plus hautes[74]. Chaque auteur, que nous retrouverons respectivement aux chapitres II et V, trouve ainsi dans les commandements métonymiques de quoi alimenter sa vision d'ensemble de la chose juive.

*

Le Talmud envisage ainsi Israël comme le peuple de la Torah. Israël est un statut personnel, individuel ou collectif, qui désigne le fait d'être soumis aux règles de la Torah (qu'on les mette en œuvre ou non). La Torah elle-même se trouve non pas définie, mais qualifiée à l'occasion de certains textes qui en délivrent une signification d'ensemble.

Le discours rabbinique témoigne néanmoins d'une forte ambivalence vis-à-vis de tout ce qui pourrait suggérer que certaines parties de la Torah sont plus importantes que les autres. Le spectre chrétien et la mise en cause du caractère contraignant de la loi, en totalité ou en partie, expliquent en grande partie cette ambivalence. Mais, en même temps, la littérature rabbinique classique contient des énoncés qui ramènent la totalité de la Torah à un socle restreint ou qui mettent en équivalence cette totalité avec certaines de ses parties. Le discours rabbinique joue donc un jeu qu'il reconnaît lui-même comme risqué et de nature à fragiliser l'édifice de la Torah. Une même hantise explique le refus de Shammay de dire « toute la Torah » sur un seul pied ou les interprétations méfiantes du passage du traité *Makkot*, qui y voient une amputation progressive de la Torah. Mais si le Talmud et le *midrash* s'engagent néanmoins dans de telles opérations de synthétisation et de totalisation de la Torah, c'est que ces opérations seules permettent de construire un concept spécifique de Torah. C'est aussi une certaine conception du collectif qui se définit par elle qui en ressort, notamment celle d'un collectif qui se fonde sur le refus de toute soumission aveugle à des instances mondaines. Dans une discursivité qui tend à une forme d'éparpillement et de morcellement, la ressaisie du tout comme une totalité unifiée est nécessaire, quoique toujours périlleuse. Ce que nous découvrons ici dans le corpus rabbinique vaut pour l'histoire longue de notre question : la définition et la redéfinition constante de l'« essence » du tout de la « chose juive » ne se contentent pas de *soustraire* et d'isoler un noyau de signification à ce tout. Elle seule fait exister ce tout en tant que tel. Et lorsque le tout ainsi constitué menace de se disloquer, la relance de l'opération de détermination de l'« essence » et de totalisation s'avère nécessaire.

2.

L'invention médiévale du monothéisme juif

La question de « l'essence du judaïsme » et avec elle celle de la définition d'Israël se présentent à nouveaux frais dans l'histoire de la pensée juive à l'époque médiévale dans le cadre du courant dit « rationaliste ». Des auteurs de premier plan issus du monde musulman s'engagent à repenser la définition de ce qui fait que les Juifs sont juifs en associant les références aux textes bibliques et rabbiniques à des sources profanes, extérieures à la tradition. L'apparition de ce courant au Xe siècle est l'un des effets de l'immersion de la majorité des Juifs et du centre rabbinique babylonien dans l'empire musulman.

La scène paradigmatique que nous avons identifiée dans le texte mettant en scène Hillel, Shammay et le candidat à la conversion fait retour en quelque sorte de manière inversée. Dans ce moment de crise, la question devient : Pourquoi *ne pas* se convertir et qu'est-ce qui nous distingue vis-à-vis d'autres groupes ? L'avènement de l'islam comme référent culturel de la société majoritaire dans laquelle ils vivent constitue une situation inédite pour les Juifs. Pour la première fois, ils vivent en minorité, avec le statut protecteur mais stigmatisant de *dhimmis*, dans une société organisée autour d'une structure religieuse très proche de la leur et vis-à-vis de laquelle ils ne se trouvent pas en relation de rivalité frontale comme cela avait pu être le cas avec le christianisme. L'islam repose sur l'adhésion à un Dieu unique et sur un texte révélé élaboré sur un arrière-plan biblique et accompagné de traditions qui le complémentent. Comme le judaïsme, il accorde à la loi religieuse une place centrale dans la structure d'ensemble du dispositif symbolique et social[1].

À ce contexte nouveau, s'ajoute une situation de crise interne au judaïsme. Depuis le VIIIe siècle, il est traversé par une vive controverse autour de l'autorité de la tradition orale et du Talmud. Au Xe siècle, ce sont désormais deux courants du judaïsme qui se font face : le courant rabbanite, tenant de l'autorité du Talmud, et le courant karaïte qui la récuse, ne reconnaissant que la révélation de la Torah écrite[2]. Les anciennes académies babyloniennes dont est issu le Talmud sont alors établies à Bagdad, la capitale du nouvel empire abbasside. Les idées y circulent, venues tant de Byzance que de l'Inde. Les textes philosophiques et scientifiques grecs ont fait l'objet d'une vaste entreprise de traduction[3]. Les institutions centrales du monde juif rabbinique se trouvent au cœur de ce foisonnement d'idées, qui appelle aux yeux de certains auteurs une réflexion renouvelée sur ce qui fait que les Juifs sont ce qu'ils sont par différence avec d'autres groupes.

Au-delà de la réponse apportée, ce sont les termes mêmes du problème posé, un problème que nous savons déjà ancien, qui sont modifiés. On ne pose plus la question de l'énoncé, de la règle, qui résume « la totalité de la Torah » ; les auteurs qui recherchent le noyau fondamental de la « chose juive » s'efforcent désormais de définir les *croyances* spécifiques au collectif juif. Ils entendent démontrer que ce collectif et lui seul dispose de la croyance vraie relative au Dieu unique. C'est dans ce contexte que le monothéisme juif fut inventé[4].

Remarques sur le « monothéisme » de la Bible et du Talmud

Cette formule provocatrice appelle quelques explications. Dans ce qui suit, je m'efforcerai de montrer comment des représentants majeurs du rationalisme juif ont œuvré à imposer l'idée que le judaïsme repose sur des croyances fondamentales et à *transformer* par des opérations discursives le collectif juif en une communauté d'individus adhérant à une stricte *doctrine* du Dieu un et incorporel. C'est en ce sens précis de « doctrine du Dieu un et incorporel » que j'entends ici « monothéisme » – terme d'invention moderne qu'il convient d'employer avec précaution[5]. Bien sûr l'existence d'un Dieu unique, irreprésentable et gouvernant sur le monde (et non sur un seul peuple ou une seule terre) s'élabore dans la Bible hébraïque. Nombreux sont les travaux qui s'engagent à montrer comment cette idée, loin d'être donnée dès le départ, s'invente au fil du texte biblique[6]. L'exil en Babylonie et la perpétuation malgré la défaite politique et la destruction du Temple du culte du Dieu ancestral par les exilés judéens est un moment fondateur de cette universalisation du Dieu d'Israël. L'égyptologue Jan Assmann fait valoir quant à lui qu'il existe une « distinction mosaïque » : la religion de l'Israël ancien se distingue des autres religions contemporaines en posant une différence radicale entre le « vrai » Dieu et les « faux » dieux[7]. La religion de l'Israël ancien récuse la traductibilité qui caractérise les autres religions : son dieu ne saurait avoir d'équivalent dans d'autres systèmes religieux. On pourrait bien sûr multiplier les citations de versets qui affirment l'unité et l'unicité de Dieu, à l'instar de la deuxième des Dix paroles : « Tu n'auras pas d'autres dieux devant ma face » (Ex 20, 3), ou du premier verset du Shema Israël : « Écoute Israël,

YHWH notre Dieu, YHWH est un » (Dt 6, 4). Pourtant, la Bible hébraïque ne propose pas à proprement parler une *doctrine* du Dieu un. Elle n'exige même pas de croire à un tel Dieu. L'existence d'un Dieu unique d'Israël est posée. La nécessité de la professer et de l'adorer également. Toutefois, la Bible ne propose pas une science du divin, non plus qu'une réflexion sur la nature de son unité. Elle affirme non sans violence la distinction radicale du Dieu d'Israël vis-à-vis des autres dieux[8]. Le cœur de la religion que déploie la Bible hébraïque demeure le respect de l'Alliance, par l'accomplissement des commandements. Cela ne veut pas dire qu'elle serait une « monolâtrie », le culte d'un seul dieu qui n'exclut pas l'existence d'autres dieux. Si l'on veut la qualifier de « monothéisme », ce serait en ce sens précis : une monolâtrie *exclusiviste*, le culte d'un dieu unique excluant d'autres dieux, non une doctrine de l'unicité de Dieu.

Quant à la littérature rabbinique classique, elle repose avant tout sur une herméneutique de la Torah avec une forte orientation juridique. Dans les textes proposant une totalisation de la Torah qui construisent, comme nous l'avons vu, la catégorie fondamentale du discours rabbinique, il n'est pas question de croyances ni de dogmes. Dans le corpus rabbinique classique, les questions doctrinales apparaissent à l'occasion d'une formule ou d'un commentaire d'un verset ; elles ne sont pas traitées de manière systématique et pas même véritablement thématisées comme telles. Les traités du Talmud portent pour titres des champs de la *halakhah*, pas des questions théologiques : il existe un traité « Bénédictions » (*Berakhot*) ou un traité « *Shabbat* », non un traité « Unité de Dieu », « Création du monde » ou « Providence ». L'unité formelle d'un recueil classique du Midrash est le texte biblique sur lequel il porte (*Sifra* sur le Lévitique, *Berešit Rabbah* sur la Genèse, etc.), non une question doctrinale qu'il traiterait.

Si l'on veut connaître les doctrines et les croyances des rabbins de l'époque talmudique, on ne peut que s'efforcer de les reconstituer *a posteriori* en rassemblant et en comparant des énoncés dispersés. Le titre hébraïque de l'ouvrage d'Ephraïm Urbach, fondateur de ce type d'études sur les rabbins, paru en 1969, est à cet égard éloquent : *Ḥazal : Pirqei Emunot we-De'ot*, titre dont la traduction française (*Les Sages d'Israël, conceptions et croyances des maîtres du Talmud*[9]) occulte l'intertextualité. Ce titre renvoie à celui de l'ouvrage médiéval arabe de Saadia Gaon, *Kitāb al-Amānāt wal-I'tiqādāt* (« Livre des croyances et des opinions », selon la traduction répandue), auquel on se réfère généralement à travers la version hébraïque de son titre : *Sefer Emunot we-De'ot.* Laissons provisoirement de côté la discussion du titre de l'ouvrage de Saadia Gaon qui nous intéressera de près ci-dessous. Le clin d'œil qu'y fait Urbach signifie qu'on trouvera dans son livre une présentation raisonnée des croyances des Sages. Il est aussi symptomatique du fait qu'Urbach applique aux rabbins une approche qui leur est étrangère et qu'il leur pose des questions qui ne se poseront qu'à l'époque médiévale : Dans le fond, à quoi croyaient-ils ? Quelle était leur vision du monde ? On peut sans difficulté étudier le Talmud sans poser ces questions « etics », étrangères à la discursivité talmudique. Au demeurant, il est difficile de parler d'« une » vision du monde des rabbins du Talmud, tant sur ces questions, comme du reste sur les questions halakhiques, les divergences sont importantes[10].

Savoir quelle était précisément leur conception de Dieu et de son unité est aujourd'hui une question très débattue, notamment dans le cadre des nouvelles tendances de la recherche sur les origines du christianisme. Il semble de plus en plus clair que le christianisme n'a pas rompu avec un judaïsme du Second Temple « strictement monothéiste » en introduisant progressivement la doctrine de la trinité. D'aucuns soutiennent qu'existait dans certains courants du judaïsme de cette époque un « binitarisme », la croyance en un Dieu associé à une seconde entité divine : « la gloire » (*kavod*) ou la « parole » (*memra* en araméen), ou encore la figure messianique du « fils de l'homme »[11]. La nature de l'ange Métatron, un être qui apparaît avec des attributs quasi divins dans certains textes talmudiques[12], interroge également quant à la rigueur du « monothéisme » des rabbins quelques siècles plus tard. Les rabbins n'excluent pas du reste l'idée d'une corporéité de Dieu[13].

Une exception notable à la thèse selon laquelle la question des croyances n'est pas thématisée et discutée dans le Talmud mérite ici d'être évoquée. J'ai indiqué, dans le chapitre précédent, que la littérature rabbinique classique n'intègre pas les croyances dans sa définition d'Israël. Or, comme l'indique Menaḥem Kellner dans un ouvrage au titre provocateur : *Must a Jew Believe Anything ?* (« Un Juif doit-il croire quoi que ce soit ? »), une *mishnah* fameuse et singulière, rapidement abordée plus haut, met en difficulté cette optique, puisqu'elle interdit l'accès au monde à venir à ceux qui soutiennent certaines croyances[14].

> Tout Israël a part (*ḥeleq*) au monde à venir [...] et voici ceux qui n'ont pas part au monde à venir ; celui qui prétend que la résurrection des morts n'est pas énoncée dans la Torah, ou que la Torah n'émane pas du ciel, ou l'*Apiqoros*. R. Akiva y inclut aussi celui qui s'adonne à la lecture des livres extérieurs[15]...

Cette *mishnah* – qui donne son titre au dixième ou onzième chapitre (selon les éditions) du traité *Sanhedrin*, dit « *pereq ḥeleq* », chapitre de la « part » – conserve manifestement la trace des discussions doctrinales qui opposaient les courants dominants du judaïsme de la fin du Second Temple : pharisiens et saducéens. La *mishnah* exprime la position pharisienne en faveur de l'admission de la résurrection. On perçoit dans ce texte la construction d'un collectif défini par le fait d'adhérer à certaines idées. L'enjeu politique de ce texte ressort d'autant mieux d'ailleurs que ce qui est sanctionné n'est pas tant l'adhésion à des croyances déviantes que le fait de les exprimer publiquement.

De quel collectif s'agit-il ? À proprement parler, il ne s'agit pas d'« Israël », mais du collectif de ceux qui au sein d'« Israël » ont part au monde à venir. Si la définition juridique du collectif Israël est maintenue, un Israël authentique est délimité en son sein. Le Sadducéen reste bien d'Israël même si, en vertu de ses croyances, il est exclu du monde à venir. Il est dans l'erreur, et n'en reste pas moins Israélite[16]. Par ailleurs, il est remarquable qu'aucune des doctrines énoncées dans la *mishnah* ne concerne la croyance en l'existence de Dieu ou en tout autre attribut divin. Le terme *Apiqoros* désigne-t-il initialement un Juif adepte de la doctrine épicurienne qui récuse la providence divine ? Il est impossible de déterminer le sens que ce mot avait pour les rédacteurs de la Mishnah. La *gemara* qui ignore semble-t-il le nom d'Épicure le définit pour sa part comme quelqu'un qui « dénigre les Sages[17] ». Dans tous les cas, l'existence de Dieu elle-même resterait quant à elle incontestée.

La *mishnah* ne propose donc pas une liste de croyances obligatoires et définitionnelles d'Israël[18]. Elle énonce négativement ce qui, au sein d'un collectif prédéfini par des normes juridiques, prive l'un de ses membres d'une rétribution qui est censée découler de cette seule appartenance. Au demeurant, ce texte faisant dépendre l'accès au monde à venir de l'adhésion à certaines croyances peut être considéré comme marginal relativement à l'ensemble du Talmud, tant du point de vue quantitatif que de son incidence sur les normes discursives du corpus auquel il appartient. En dehors de ce chapitre du traité *Sanhedrin* consacré à la question de la rétribution et à l'eschatologie, et dont il est impossible de tirer une doctrine unifiée et systématique, le discours talmudique porte peu d'attention aux questions doctrinales.

Le croire comme pouvoir-savoir (Saadia Gaon)

Maïmonide est célèbre notamment pour avoir établi, au XIIe siècle, une liste de treize croyances fondamentales par lesquelles il définit l'appartenance à Israël. Cette liste a suscité de nombreuses discussions et critiques, portant tant sur la nature que sur le nombre des croyances retenues, et a inauguré un genre à part entière d'ouvrages consacrés en partie ou en totalité à la détermination de tels principes[19]. C'est encore cette liste qui conduit Henri Atlan à attribuer à Maïmonide la « création de la religion juive monothéiste[20] ». Je reviendrai sur Maïmonide et sa liste. Toutefois, pour assister à la genèse du paradigme de la croyance comme notion définitionnelle d'Israël, il faut remonter bien en amont de Maïmonide, au Xe siècle, chez Saadia Gaon, le fondateur du rationalisme juif médiéval. Je laisse ici de côté les débats de spécialistes pour savoir si l'on peut attribuer à Philon d'Alexandrie une première tentative pour établir une liste de croyances juives fondamentales[21]. Quelle que soit la réponse apportée à cette question, les réflexions de Philon n'ont pas eu d'influence sur le judaïsme rabbinique, mais sur un autre « judaïsme », le christianisme.

Saadia ben Joseph al-Fayyūmī (882-942) – que le grand commentateur biblique et philosophe Abraham Ibn

Ezra désignera au XIIe siècle comme le « pionnier de ceux qui parlent en tout lieu[22] » – est une figure inaugurale de nombreux champs de la littérature et de la pensée juive (poésie, traduction et exégèse de la Bible, liturgie, *halakhah*...). Il doit son titre de « Gaon », « éminence », au fait que, bien que né en Égypte et n'appartenant pas à l'élite rabbinique babylonienne, il a accédé au rang de dirigeant de l'académie rabbinique de Sura (déplacée à Bagdad) entre 928 et 932, puis à nouveau à partir de 936. En tant que dépositaire institutionnel de l'autorité de la tradition rabbinique, il mène un combat acharné contre le karaïsme. Cette autorité institutionnelle, même entrecoupée d'une période d'interruption de quelques années, confère au discours de Saadia Gaon une portée particulière. C'est depuis une position de pouvoir – pouvoir légitimé par son savoir traditionnel – que Saadia s'engage à imposer le paradigme du croire comme cadre au sein duquel penser le propre d'Israël.

L'élaboration de ce paradigme est repérable dans une série d'opérations discursives menées dans la longue introduction de son traité précédemment mentionné, *Kitāb al-Amānāt wal-I'tiqādāt*, souvent considéré comme le premier grand livre de la philosophie juive au Moyen Âge. L'ouvrage relève en réalité plutôt du « *kalām* » juif : il se modèle sur les traités classiques de l'école mutazalite du *kalām* musulman. Cette théologie rationnelle, dialectique et apologétique, adopte une argumentation de type logico-déductif empruntée aux traités de sciences et de philosophie grecs afin de défendre ce que ses tenants considèrent comme les doctrines fondamentales de l'islam. Il faut toutefois souligner qu'à l'heure de la naissance du *kalām*, dès le VIIIe siècle, l'islam n'est pas encore doté d'une doctrine stable et orthodoxe. Or, il est très tôt confronté, au gré de l'expansion rapide de l'Empire, à la rencontre de doctrines philosophico-religieuses concurrentes : les religions païennes, juive et chrétienne, la philosophie grecque, les pensées orientales (venues de Perse ou d'Inde). Le *kalām* s'engage à définir l'islam par différence avec ces diverses doctrines en le dotant d'une dogmatique propre. Il se divisera à partir du IXe siècle en deux écoles (les mutazalites et les asharites) en désaccord sur la nature de ces « doctrines fondamentales de l'islam » qu'il s'agit de défendre[23].

Le caractère « apologétique » du discours kalāmique dès lors ne doit pas s'entendre comme signifiant qu'il s'agit d'un discours purement défensif qui apporterait *a posteriori* des arguments pour renforcer un système de croyances préalablement pleinement établi et le défendre contre des objecteurs ou des croyances contraires. Le discours apologétique *produit* les doctrines qu'il entend défendre à mesure même qu'il les défend[24]. Dans le cas du *kalām* mutazalite, il s'agit en particulier de l'unité absolue de Dieu, de sa justice, de la négation des attributs d'essence, de la capacité de la raison à accéder au sens des versets et des lois (de sorte que, s'ils s'avèrent contradictoires avec la raison, comme dans le cas des anthropomorphismes, il convient d'en proposer une interprétation figurative).

Malgré quelques différences notables (notamment le refus de l'atomisme et l'adoption de l'hylémorphisme aristotélicien), le traité de Saadia Gaon épouse la structure et la dicursivité du mutazalisme[25]. Ce faisant, il ne se contente pas d'élaborer en les défendant un ensemble de croyances fondamentales d'Israël, *il installe la croyance comme concept central de la définition même d'Israël.*

C'est ici que la distinction introduite par Buber dans *Deux types de la foi*, mentionnée au chapitre précédent, s'avère pertinente. Il est discutable, nous l'avons vu, que l'on puisse distinguer nettement le sens du mot hébraïque *emunah* dans ses usages bibliques et celui du mot grec *pistis* chez Paul. Comme l'indique David Flusser, l'un comme l'autre désignent pour l'essentiel la croyance comme confiance accordée à un autre. En revanche, il est clair qu'avec Saadia Gaon, nous avons affaire à un autre régime du croire : non plus la croyance-confiance biblique, mais la « croyance propositionnelle ».

Son livre porte sur la discussion d'une série de *doctrines*, qui appellent à ses yeux une adhésion. Il faut, d'après Saadia, « croire que » un certain nombre d'énoncés sont vrais. L'ouvrage est composé d'une série de dix traités, consacrés chacun à la discussion d'une doctrine, qui s'apparente, même si Saadia ne le dit pas dans ces termes, à une liste de croyances fondamentales qui définirait l'appartenance à Israël[26] : 1° Que le monde et tout ce qui s'y trouve sont engendrés, 2° Que le Créateur est un, 3° Qu'Il donne des commandements et des interdits, 4° De l'obéissance et la révolte, 5° Des mérites et des fautes, 6° De l'âme, de l'état de mort et ce qu'il y a après, 7° De la résurrection des morts, 8° De la rédemption des enfants d'Israël, 9° De la récompense et du châtiment, 10° De ce qu'il est bon que l'homme fasse dans ce monde-ci.

Ce changement de régime du croire est perceptible dans le pluriel employé dans le titre. Je commenterai plus loin la nuance entre les deux substantifs quasi synonymes qui le composent. Pour l'heure, remarquons que l'un des deux termes arabes, *amānāt*, correspond à un pluriel d'un équivalent du mot hébraïque *emunah* (et sera d'ailleurs traduit en hébreu par le pluriel de *emunah : emunot*). Ainsi, il s'agit *des* croyances et non de *la* croyance : le livre parle d'une pluralité de choses qu'il faut tenir pour vraies à propos de Dieu, et non de la confiance accordée à Dieu. D'après le Talmud, citant Habacuc, tous les commandements de la Torah reposaient en dernière instance sur la *emunah*, la confiance en Dieu. D'après Saadia, la

Torah se ramène à une dizaine de *amānāt*, de choses à croire à propos de Dieu.

Conformément à la méthode du *kalām* mutazalite, Saadia adopte dans chaque traité une méthode de va-et-vient entre l'autorité des textes prophétiques et la raison[27]. Chaque traité est consacré à la discussion d'un point doctrinal. Il commence par l'exposé de la « thèse biblique », en citant par exemple le premier verset de la Genèse qui énonce selon Saadia la création *ex nihilo*. Puis, l'auteur produit une argumentation en faveur de cette doctrine, en s'appuyant sur des preuves rationnelles. Il poursuit par l'exposé des doctrines adverses (dans notre exemple, l'éternité du monde, l'émanationnisme, etc.), les arguments en leur faveur et leurs réfutations. Enfin, il confirme la thèse « biblique » par des citations tirées des livres prophétiques. En réalité, dans cet itinéraire qui semble revenir à son point de départ, la thèse vraie, car issue des livres bibliques, se trouve transformée par le détour de l'argumentation rationnelle. Ou plutôt, c'est le rapport du lecteur à la thèse en question qui se trouve modifié. De cette transformation, Saadia rend compte dans l'introduction, consacrée elle aussi, à l'instar des traités mutazalites classiques, à l'exposé d'une théorie de la connaissance, des sources de la vérité et de l'erreur. S'il s'agit de conduire à la croyance vraie, il faut commencer par en préciser les voies d'accès et les embûches. Mais encore faut-il avoir préalablement fait admettre au lecteur le caractère central de l'enjeu de la recherche d'une *croyance* vraie.

L'introduction, à cet égard, est un lieu déterminant. Au sein de la tradition rabbinique, Saadia Gaon est également pionnier dans la rédaction de traités indépendants à nom d'auteur et précédés par des introductions[28]. L'introduction est par excellence le lieu de la réflexivité, l'auteur y présente son objet et sa méthode, y justifie sa démarche au sein de la tradition où il s'inscrit. Au regard de notre antinomie de la *réflexivité* et de la *facticité* (la chose juive a-t-elle ou non besoin d'être définie ?), on ne s'étonnera pas que cette introduction joue un rôle important dans l'histoire de notre problème. Le fait que Saadia éprouve le besoin d'écrire cette longue introduction témoigne de la conscience qui était la sienne de produire un discours inédit au sein de la tradition rabbinique, discours nécessitant de ce fait une justification. Dès lors, l'introduction est non seulement un lieu réflexif, mais aussi un lieu rhétorique dont l'enjeu est d'emporter la conviction du lecteur qu'il doit continuer à lire l'ouvrage. Or pour imposer à son lecteur l'idée que la lecture de l'ouvrage lui est nécessaire, Saadia laisse entendre dès l'ouverture que c'est parce que lui seul a su identifier ce dont ses contemporains ont besoin.

L'introduction commence par ce qui s'apparente à la description d'une situation de crise. Dans cette « description », Saadia signe littéralement un « coup de maître » : se posant en diagnostiqueur autorisé de la situation, il s'arroge le pouvoir de poser les termes du problème de son temps et de sa solution.

> J'ai observé les hommes : c'est comme s'ils se noyaient dans la mer des doutes et étaient déjà submergés par les eaux des hésitations, sans un plongeur pour les sortir de ces profondeurs, ni nageur pour les saisir et les aider dans leur traversée. Or mon Dieu m'a prodigué de quoi les secourir [...] et j'ai donc pensé avoir l'obligation de les aider[29].

Saadia se réfère ici plus spécifiquement aux Juifs de son temps. Il constate qu'ils souffrent d'une crise de doute et que, par conséquent, il revient à l'auteur qui en est capable de clarifier leurs croyances. Nous avons vu que le contexte de la rédaction de l'ouvrage appelle une légitime inquiétude de la part d'un dirigeant communautaire comme Saadia : la situation nouvelle des Juifs sous l'islam, l'intensification de la controverse rabbanite/karaïte et la circulation des doctrines à Bagdad au xe siècle justifient amplement le diagnostic de crise. Toutefois, le passage dramatise cette crise en la présentant comme un danger mortel et surtout, il la présente dans des termes loin d'être anodins, qui reposent sur une série de présupposés.

Plus loin Saadia affronte par anticipation l'objection que pourraient constituer certains textes talmudiques qui semblent poser une censure au type d'enquêtes qu'il mène dans son livre : « Quiconque scrute quatre choses, il eût mieux valu qu'il ne vienne pas au monde : ce qu'il y a en haut, ce qu'il y a en bas, ce qu'il y a avant, ce qu'il y a après[30]. » Les Sages, affirme Saadia, ne sauraient avoir interdit une « enquête spéculative authentique » (*naẓar ṣaḥīḥ*), alors que de nombreux versets bibliques en appellent à la recherche de la connaissance et de la vérité[31]. Invoquer dès l'ouverture de l'ouvrage une crise potentiellement mortelle est une manière de disposer le lecteur à accepter la révolution intellectuelle que Saadia sait pertinemment être en train d'opérer[32].

Le travail du linguiste Oswald Ducrot s'avère ici utile pour comprendre le maniement subtil par Saadia Gaon de l'implicite dans la description de cette crise. Dans un énoncé, Ducrot distingue l'implicite de l'énoncé lui-même, qu'il nomme « présupposé » de l'implicite, de l'énonciation qu'il nomme « sous-entendu »[33]. Dans l'énoncé, « Jeanne continue à fumer », il n'est pas dit explicitement, mais présupposé, que Jeanne fumait par le passé. Par ailleurs, le fait même de poser un acte de langage spécifique « sous-entend » un certain nombre de choses. En règle générale, une question sous-entend que celui qui l'énonce attend une réponse et que son interlocuteur est en mesure d'y répondre. Une affirmation sous-entend que celui qui l'énonce dispose des connaissances nécessaires pour affirmer ce qu'il affirme. Et certaines affirmations ne visent pas seulement à communiquer des informations, mais également à présenter celui qui les énonce comme une personne qui sait ce dont elle parle et doit à ce titre être écoutée[34].

Reformulons l'énoncé explicite de Saadia dans sa description de la situation : les Juifs sont exposés à un danger mortel parce qu'ils sont submergés par le doute. Le présupposé est, d'une part, une définition du doute comme ébranlement des croyances et, d'autre part, l'admission que cet ébranlement des croyances affecte les fondements mêmes de la vie des Juifs, de ce qui fait qu'ils sont ce qu'ils sont[35]. Nous avons affaire à un enthymème (un syllogisme dont les prémisses sont en partie implicites) dont il découle que les croyances juives correctes doivent être rétablies. Convaincu d'être sous la menace d'un danger mortel et que ce danger est une crise de « foi », le lecteur n'a plus qu'à suivre l'auteur qui lui promet de le ramener à bon port. Au-delà des déclarations explicites de Saadia (« Dieu m'a prodigué de quoi les secourir »), le sous-entendu de son diagnostic est qu'il a le savoir nécessaire pour le poser et pour y remédier. Il n'est pas anodin que le traité soit écrit pendant la période où Saadia avait été provisoirement démis de ses fonctions de dirigeant de l'académie de Sura. Comme cela a été souligné, seul ce retrait forcé de toute charge institutionnelle devait permettre à Saadia de trouver le temps nécessaire à la rédaction de son ouvrage philosophico-théologique majeur[36]. Mais il faut aller au-delà : le livre, avec sa prétention autoritaire à savoir définir ce qui fait que les Juifs sont ce qu'ils sont, doit également se comprendre comme une manière de restaurer *par le discours* l'autorité que Saadia avait perdue de fait et devait bientôt retrouver. Par le mouvement même par lequel il se pose en autorité pourvue du savoir, il produit un nouveau type d'articulation du savoir et du pouvoir, un « pouvoir-savoir » pour parler comme Michel Foucault[37], dont le concept central est celui du croire. Selon la proposition de Saadia, *dispose de l'autorité parmi les Juifs celui qui est en mesure de décider ce qu'ils doivent croire ou non.*

Cette intention d'opérer un changement de paradigme est repérable dans le titre même de l'ouvrage sur lequel les commentateurs se partagent entre une lecture faible et une lecture forte. Selon les premiers, les deux termes du titre sont synonymes, le titre employant une forme de redondance habituelle dans la littérature arabe classique. Il devrait alors se traduire par *Traité des croyances* ou *Traité des doctrines* : le traité consacré à l'exposé et à la discussion des croyances[38]. Selon une lecture plus forte, il faut entendre une nuance entre *amānāt* et *i'tiqādāt.* Comme nous l'avons indiqué plus haut, le livre propose de transformer de simples opinions admises sur la base de la seule autorité traditionnelle, en de véritables « croyances », fermement établies sur la base d'une démonstration rationnelle (*a contrario* de la distinction moderne entre croire et savoir, le terme « croyance » signifie ici précisément la forme la plus haute du savoir)[39]. Cette interprétation du titre peut s'appuyer sur un passage de l'introduction où Saadia annonce le type de transformation que la lecture de son ouvrage est censée produire sur son lecteur : « Quiconque croyait sur le mode de l'adhésion traditionnelle (*taqlīdan*) sera transformé en un croyant sur le mode de l'investigation rationnelle (*naẓran*) et de la compréhension (*fahman*)[40]. » Le titre devrait alors se traduire, à l'encontre des traductions habituelles : « *Livre des (simples) opinions et des croyances (véritables)* ».

Il me semble toutefois que cette seconde lecture se heurte à une difficulté. Dans un passage où il définit le terme *i'tiqād*, Saadia envisage la possibilité que ce terme désigne une croyance fausse, soit l'inverse de cette croyance véritable fondée sur la démonstration rationnelle[41]. Je proposerais dès lors de retenir la lecture « faible » du titre, mais d'y entendre toute la force transformatrice qu'il contient. Pour la première fois au sein de la tradition rabbinique, un ouvrage d'un auteur majeur porte exclusivement sur les doctrines et les croyances, consacrées comme catégories centrales de la pensée juive.

La définition que Saadia donne de la croyance (*i'tiqād*) dans le même passage se laisse dès lors lire comme une déclaration programmatique :

> … une idée (*ma'nā*) qui se présente dans l'âme à propos de l'état réel de tout objet de connaissance (*ma'lūm*). À l'issue de l'activité spéculative (*naẓar*), l'intellect la contient et l'embrasse, l'âme la saisit et se mélange à elle. L'homme devient alors croyant (*mu'taqid*) à l'égard de cette idée qu'il a saisie[42].

Certes, la croyance dont il s'agit est une croyance élaborée, fortifiée par l'activité spéculative de l'intellect. Saadia entend par son livre transformer le rapport à la tradition. Mais avant ce geste de transformation *de* la croyance, il convient d'entendre ce que supporte la lettre de la dernière phrase : c'est à transformer l'homme en *croyant* que Saadia s'attelle.

Cette opération de transformation porte sur l'individu, sur le lecteur de l'ouvrage. Mais elle implique une nouvelle compréhension d'Israël comme collectif. Selon un énoncé célèbre de l'ouvrage, sur lequel nous aurons l'occasion de revenir : « notre communauté des enfants d'Israël n'est une communauté (*'umma*) qu'en vertu de ses lois (*bi-šarā'i'hā*)[43] ». Dans cette phrase, Saadia semble se contenter de refondre dans la terminologique arabe, empruntée à l'islam, de la « *'umma* » – une communauté politique définie par de communes croyances et lois (*šarī'a*)

« religieuses »[44] –, la définition rabbinique traditionnelle d'Israël. Comme nous l'avons vu, dans les sources rabbiniques classiques, l'appartenance au collectif répond à une définition strictement juridique (est d'Israël quiconque est soumis aux lois de la Torah, quel que soit son degré d'observance). Toutefois, il faut apprécier cet énoncé à l'aune du fait que Saadia désigne par ailleurs sa communauté d'appartenance (c'est-à-dire celle des Juifs rabbanites) par la formule « nous, le rassemblement des proclamateurs de l'unité » (*naḥnu jamāʿat al-muwaḥḥidīn*)[45]. C'est donc en premier lieu le fait qu'ils professent une certaine croyance – l'unicité de Dieu – qui constitue la spécificité de la communauté que forment les Juifs. Or cette désignation du « nous » dont Saadia se réclame paraît particulièrement inclusive : les musulmans, comme les karaïtes se définissent également comme des « proclamateurs de l'unité ». C'est donc sur fond de ce « nous » inclusif, défini en termes de croyance, que Saadia se doit de réaffirmer que les lois sont *par ailleurs* ce qui distingue Israël comme *peuple*. Parmi ceux qui professent le monothéisme, Israël se singularise par ses lois en tant que communauté spécifique. Nous verrons du reste plus loin que, dans le paradigme monothéiste élaboré par les médiévaux, il n'est pas possible de séparer, dans la loi, ce qui relève de l'agir et ce qui relève de la croyance : la croyance vient se surajouter à la définition traditionnelle des Juifs par leurs lois et leur « agir » spécifique. C'est ainsi à Bagdad au xe siècle qu'Israël est devenu le peuple des monothéistes[46].

Judiciariser les croyances

Les devoirs des cœurs de Baḥya Ibn Paquda

Je me suis longuement arrêté sur le moment fondateur du paradigme du croire. Une fois celui-ci posé, il ne restait plus qu'à énoncer explicitement la croyance comme nouveau mode de définition de l'appartenance à Israël. Étant donné que cette appartenance avait été définie traditionnellement en termes de statut juridique, c'est par une judiciarisation de la croyance qu'est passé ce processus de redéfinition. On peut, à cet égard, repérer deux étapes majeures après Saadia Gaon, chez Baḥya Ibn Paquda et Maïmonide.

Baḥya Ibn Paquda est un représentant majeur de ce que l'on nomme, de manière abusive au regard de la condition réelle des Juifs, « l'âge d'or des Juifs d'Espagne[47] ». Entre le xᵉ et le xɪɪᵉ siècle, l'Espagne devient le centre le plus dynamique du rationalisme juif, dans un contexte de participation des Juifs à un moment d'effervescence culturelle en Al-Andalous, le sud musulman de la péninsule Ibérique. Baḥya, également poète, est connu principalement pour son *Kitāb al-Hidāya ilā Farā'id al-Qulūb* (« Traité de l'introduction aux devoirs des cœurs »), que l'on cite généralement à travers le titre de sa traduction hébraïque partielle par Juda Ibn Tibbon, *Sefer Ḥovot ha-Levavot* (datant de 1161). Ce traité, composé autour de 1080 à Saragosse et témoignant d'une influence manifeste du soufisme[48], propose une refonte de la compréhension de la vie juive religieuse culminant dans le « pur amour de Dieu » et passant par une série de pratiques spirituelles et ascétiques qui visent à y disposer l'âme du fidèle. C'est encore dans sa longue introduction que s'opère la construction, inscrite dans une filiation critique de Saadia Gaon, de ce concept nouveau au sein de la tradition rabbinique de « devoirs des cœurs ». Tâchons à nouveau de repérer les mécanismes discursifs mis en œuvre pour opérer cette construction.

On se rappelle que Saadia Gaon garantissait l'existence de l'objet qu'il était en train d'inventer en décrivant la crise de son temps en termes de doute et de croyance.

Baḥya adopte une stratégie similaire : tout en témoignant d'une conscience aiguë de la nouveauté de sa démarche, il entend imposer à son lecteur l'existence des devoirs des cœurs en les présentant comme l'objet d'une discipline scientifique dont l'existence est déjà bien établie. Baḥya ouvre son introduction par une classification des sciences divisées en trois parties : la physique, les mathématiques et la métaphysique. Cette dernière partie a pour objet la connaissance de Dieu et comprend la « science de la religion » (*'ilm al-dīn*). Parvenu à la description de cette science, Baḥya *pose* qu'elle est composée de deux parties : la « science extérieure (ou manifeste) » (*al-'ilm al-ẓāhir*) qui traite des « devoirs des membres » (les lois impliquant la mise en mouvement du corps) et la « science intérieure (ou cachée) » (*al-'ilm al-bāṭin*) qui traite des devoirs des cœurs[49]. Baḥya fait ici valoir une distinction classique dans le lexique théologique et exégétique musulman (en particulier dans ses courants mystiques), entre ce qui est extérieur et donc manifeste (*ẓāhir*) et ce qui est intérieur et donc caché (*bāṭin*). La science ayant pour objet les devoirs des membres est extérieure et visible comme son objet. La science des devoirs des cœurs est cachée et intérieure comme son objet également. Mais, dès lors que son existence est posée dans le discours, l'existence corollaire de son objet l'est tout autant. Le langage se fait ici invocation : une idée est convoquée à l'existence par sa simple énonciation. En affirmant l'existence de cette science cachée, Baḥya s'engage et tente, pour parler comme Quine[50], d'engager son lecteur dans une ontologie où la sphère de l'intériorité non seulement existe, mais constitue le centre de la vie juive.

Mais il sait parfaitement que cela ne va nullement de soi. La stratégie discursive quasi contradictoire qu'il déploie dans l'introduction en témoigne. Après avoir énoncé cette existence de la catégorie centrale de « devoirs des cœurs »,

Baḥya ne cesse de s'étonner du fait que nul avant lui n'ait jamais écrit d'ouvrage à leur sujet. Il en vient à proposer ce que l'on peut appeler une paradoxale « preuve par le silence », selon laquelle c'est précisément parce que ces devoirs des cœurs sont ce qui compte vraiment que les sages des générations antérieures (et singulièrement du Talmud) n'ont jamais rien écrit sur eux. Ils se contentaient de mettre par écrit les principes généraux de la *halakhah* pour pouvoir se consacrer, intérieurement, à la vie de leur âme[51].

Baḥya s'inquiète d'observer en son temps une inflation des questions d'ordre juridique. Si les anciens n'ont traité dans ce domaine que des principes et des lois fondamentales, ce n'est pas pour qu'elles soient ensuite amplifiées et complexifiées. C'est au contraire que l'essentiel pour eux se jouait ailleurs. Ils ont réglé ce qu'ils jugeaient être les problèmes pratiques fondamentaux de manière à pouvoir se consacrer au travail sur leur âme, par la réflexion sur les devoirs intérieurs. Cela étant par nature une pratique tournée vers soi, elle ne donne pas lieu à des écrits. En d'autres termes, le fait même d'être écrit témoigne du caractère inessentiel d'un propos et inversement le fait qu'elle n'ait fait l'objet d'aucun écrit est le signe sûr du caractère fondamental d'une question.

Dès lors, pourquoi écrire ? Parce que Baḥya considère que sa génération s'est détournée des devoirs intérieurs – « ils méprisent la science et la mise en œuvre de la plupart des devoirs des membres et, à plus forte raison, des devoirs des cœurs[52] » – et qu'il craint que ce qu'il a découvert en cette matière n'en vienne à être oublié[53]. Il déploie ainsi une rhétorique de la crise semblable à celle que nous avons observée chez Saadia : le lecteur devait ainsi être convaincu, à l'ouverture de l'ouvrage, qu'il a dans la main un outil essentiel pour lui éviter de sombrer dans une erreur fondamentale. Et tout en disant très explicitement qu'un livre comme le sien n'a jamais été écrit dans la tradition juive, Baḥya le fait passer pour le discours le plus fidèle à la tradition.

À la fin de son introduction, il décrit son projet comme un « dévoilement (*kašf*) des principes de notre religion (*uṣūl dīninā*) qui sont cachés dans les intellects purs et des axes [autour desquels tourne] notre Loi (*aqṭāb šarī'atinā*) qui sont enfouis dans nos âmes[54] ». C'est là d'ailleurs ce qui selon lui constitue une différence entre sa propre démarche et celle de Saadia. Ce dernier s'est contenté de répondre à des contradicteurs. Baḥya, quant à lui, propose un travail strictement intérieur à la tradition en remontant à ses principes. Autrement dit, l'auteur n'invente rien et ne saurait être accusé d'une innovation coupable aux yeux de la tradition (ce que la tradition musulmane nomme « *bid'ah* », invention assimilable à de l'hérésie). Il ne fait qu'expliciter quelque chose qui, non seulement a toujours été présent, mais également a toujours constitué l'élément essentiel de la Torah. Le lecteur perspicace comprend toutefois qu'il est en train de dire exactement le contraire : qu'il est en train de proposer une reconfiguration radicale de « notre religion » (je reviens ci-après sur les difficultés de traduction du terme *dīn* rendu ici provisoirement par « religion »).

Car Baḥya innove : pour la première fois au sein de la tradition rabbinique, il pense et énonce ce qui relève de la sphère intime de l'âme en employant un lexique juridique. Les « devoirs » (ou commandements) des cœurs sont désignés par un terme qui désigne également les devoirs (ou commandements) extérieurs : *farḍ*, qui est l'un des équivalents arabes de l'hébreu *miṣwah*. Et les catégories et distinctions juridiques valables pour les commandements extérieurs sont appliquées également aux commandements intérieurs. Ainsi, les commandements extérieurs se divisent en interdits (par exemple, s'abstenir de manger certains aliments) et en obligations (par exemple, rendre un objet perdu à son propriétaire). Il en va de même des commandements intérieurs. Ils comprennent des obligations, à commencer par « croire (*i'tiqād*) en un créateur qui tira le monde du néant » et « professer sincèrement qu'il est un (*tawḥīd*) et n'est comparable à nul autre », mais aussi « se soumettre à lui », et des interdictions qui en sont les contraires[55]. S'il propose une liste restreinte de tels devoirs dans son introduction, il précise qu'ils sont en réalité en nombre infini et qu'il s'est contenté de traiter des principaux d'entre eux. Chacune des dix parties de l'ouvrage expose ainsi l'un de ces devoirs, en commençant par un traité élaborant une stricte doctrine de l'unité divine (*tawḥīd*). Suit une série de traités dédiés à une pratique spirituelle, telle que l'ascèse (*zuhd*), dont la lecture et la mise en œuvre doivent conduire le lecteur au véritable amour de Dieu. La compréhension que Baḥya propose des « devoirs des cœurs » exclut par principe l'élaboration d'une liste de croyances obligatoires, mais il ouvre un champ infini d'obligations et d'interdits qualifiables juridiquement et qu'il situe au cœur de la définition de la vie juive.

Le « catéchisme » de Maïmonide

Qui fut le premier à établir une liste de croyances juives obligatoires ? Cette question semble avoir agité la rivalité entre rabbanites et karaïtes. Alors qu'il est souvent admis que la primeur en revient à Maïmonide, le camp karaïte fait valoir que Juda Hadassi, théologien karaïte actif à Byzance au début du XIIe siècle, le précède d'environ cinquante ans. De fait, dans sa somme théologique versifiée, *Eškol ha-Kofer* (d'après Cant. 1, 14 : « La grappe de henné »), Hadassi établit une liste de dix croyances fondamentales de la Torah (qu'il nomme *iššurim*) et qui recoupent en partie la liste de Maïmonide[56]. L'une et l'autre revendications sont fausses et semblent relever de la pure et simple apologétique. Saadia Gaon, nous l'avons vu, les précède tous deux de deux siècles, même si la liste de dogmes établie par le Gaon n'a eu, en tant que telle, pratiquement aucune influence (à l'inverse du paradigme qu'il a établi).

La quasi-simultanéité de l'entreprise d'Hadassi et de celle de Maïmonide qui ont chacun profondément marqué leur communauté n'est toutefois pas insignifiante. En particulier, la nécessité de faire dépendre l'appartenance à la communauté d'Israël d'une liste de croyances obligatoires qui s'est manifestée dans le camp karaïte est un fait notable. Définir la communauté par des croyances communes permet de résoudre le problème ouvert par l'absence d'une tradition unifiante[57]. Lorsque, dès lors, Maïmonide propose à son tour une telle liste, c'est une reconfiguration complète de la définition de soi d'Israël qu'il entend imposer au sein même de la tradition rabbinique. Comme pour les auteurs que nous avons précédemment abordés, ce qui m'intéresse ici n'est pas tant le contenu du « catéchisme » juif[58] que propose Maïmonide, que les opérations qu'il met en œuvre pour introduire cette nouveauté au sein de la discursivité rabbinique traditionnelle.

La liste comporte treize articles, qui sont plus ou moins développés dans autant de paragraphes : 1° existence du « Créateur » ; 2° son unicité ; 3° la négation de toute corporéité à son égard ; 4° son éternité ; 5° il est le seul objet légitime de culte ; 6° la prophétie ; 7° la supériorité de la prophétie de Moïse ; 8° la Torah vient du ciel (le texte de la Torah tel que nous le connaissons est identique à celui reçu par Moïse) ; 9° la Torah ne sera jamais annulée ; 10° la connaissance divine des actions humaines ; 11° la rétribution, récompense et châtiment ; 12° les temps messianiques ; 13° la résurrection des morts. La liste est énoncée sans aucune justification, ni quant au nombre d'articles retenus, ni quant à l'inclusion de ceux-ci plutôt que d'autres, ni quant à l'ordre dans lequel ils sont énoncés. Ces questions ont suscité d'innombrables discussions dont les détails importent peu ici.

Concernant l'organisation de la liste, il est difficile de trouver une interprétation parfaitement satisfaisante[59]. Tout d'abord, il est clair que la liste progresse des principes plus généraux et fondamentaux aux plus particuliers et secondaires : depuis l'existence de Dieu à la résurrection. On peut par ailleurs observer schématiquement une progression chronologique, depuis les fondations, jusqu'à la fin des temps. Trois ensembles d'articles semblent pouvoir être distingués. Les cinq premiers, de nature théologique sont les principes d'un monothéisme strict, qui peuvent être partagés par des Juifs (rabbanites et karaïtes) et des musulmans. Les articles 6 à 10 sont spécifiquement juifs : ils comportent les conditions nécessaires à l'admission de la Torah comme texte canonique. Dans le huitième article, Maïmonide inclut une clause spécifiquement rabbanite : « et l'interprétation transmise (*tafsīr marwī*) [de la Torah] également vient de la bouche de la Toute-puissance (*mi-pi ha-gevurah*)[60] ». Les articles 10 à 13 concernent l'espoir d'une rétribution conforme au respect de la Torah et les questions eschatologiques. Retenons en tout cas que cette liste hiérarchisée et ordonnée pose au fondement de « notre loi » une stricte doctrine monothéiste.

La liste de Maïmonide est énoncée à l'occasion du commentaire sur la première *mishnah* du *Pereq Ḥeleq* : « Tout Israël a part au monde à venir », précédemment mentionnée. En ouverture de la dernière section de ce long commentaire, Maïmonide écrit : « Ce qu'il me faut encore mentionner *ici* (*huna*) – et ce lieu est le plus approprié pour cette mention – c'est que les principes (*uṣūl*) de notre Loi et ses fondements (*qawā'id*) sont au nombre de treize[61]. » Aucune source ne vient étayer une telle affirmation. Ici encore, nous avons affaire à un auteur qui introduit une idée radicalement nouvelle en l'affirmant comme une réalité préalablement connue (à l'instar de l'invocation de la « science intérieure » par Baḥya).

Ce lieu, si approprié, désigné par Maïmonide, est donc le commentaire de cette *mishnah* très singulière qui porte sur la question du « monde à venir » : y donnant accès à « tout » Israël, mais en soustrayant certains membres en raison de leurs croyances déficientes. Nous avons vu plus haut qu'à proprement parler cette *mishnah* n'assimile pas la définition d'Israël à l'accès au monde à venir. Elle suppose au contraire un *statut* préalable, juridiquement défini, d'Israélite et isole parmi les Israélites ceux qui seront privés de quelque chose qui en principe va de pair avec ce statut (l'accès au monde à venir). Maïmonide, quant à lui, tire prétexte de cette *mishnah* pour proposer une définition de ce statut d'Israélite qui le fait dépendre de ce que l'on peut appeler avec Marc Shapiro des dogmes « salvifiques »[62]. Est d'Israël quelqu'un qui admet des croyances qui seules donnent accès à la récompense ultime. Ainsi, après avoir listé ses treize principes de croyance, Maïmonide conclut :

> Lorsque l'homme admet l'ensemble de ces principes et qu'il y adhère d'une manière véritable (*ṣaḥḥah i'tiqāduhu*), il entre dans la communauté d'Israël (*dākhil bi-kelal Yiśra'el*) et il est obligatoire de l'aimer et de faire preuve de mansuétude à son égard. […] [S'il a commis une transgression], il est châtié selon la gravité de sa rébellion, *il a une part* (*yeš lo ḥeleq*) et fait partie des *Israélites pécheurs* (*poše'ei Yiśra'el*). En revanche, s'il est hésitant à propos de l'un de ces principes, il est *sorti de la communauté* (*yaṣa' min ha-kelal*) et *a renié le principe* (*kafar ba-'iqqar*). […] Il est obligatoire de le haïr et de l'anéantir[63].

Les expressions en italiques apparaissent en hébreu au sein du texte arabe de Maïmonide, ce qui signifie qu'il reprend sciemment des expressions de la tradition rabbinique antérieure. Tout en donnant l'impression de ne faire que les citer, il leur confère de nouvelles significations. En assimilant le fait « d'avoir une part » (au monde à venir) selon l'expression de la *mishnah* et le fait d'être un Israélite, Maïmonide se donne pour acquis une lecture radicale de la *mishnah* : elle présuppose qu'être d'Israël, c'est avoir accès au monde à venir, c'est-à-dire adhérer à certaines croyances. Cela tenu pour acquis, c'est la définition même de l'appartenance à Israël qui se trouve entièrement renouvelée. Le texte propose une formulation, sans équivalent dans la tradition juive et au sein même du corpus maïmonidien, de ce qui fait entrer et sortir de la communauté d'Israël. Il suggère que l'admission de certaines croyances garantit automatiquement et par lui-même l'appartenance à Israël et réciproquement que le simple doute à leur sujet constitue par soi une sortie de cette communauté. Dans cette perspective, à s'en tenir à la lettre du texte, un individu doté du statut d'Israélite *du point de vue de la halakhah* (né de mère juive ou converti), qui ne croirait pas, voire simplement qui ne croirait pas adéquatement, à l'un des articles de foi ne serait plus un Israélite. Inversement, un non-Juif qui adhérerait à ces articles serait *de fait* un membre d'Israël, bien qu'il n'ait pas effectué la procédure de conversion.

Certes, dans ses propres textes halakhiques portant sur l'acquisition du statut d'Israélite[64], Maïmonide ne suivra jamais jusqu'au bout la logique radicale de ce texte de jeunesse (qu'il n'a néanmoins jamais renié)[65]. Du reste, il serait en pratique impossible de faire dépendre l'appartenance réelle à Israël de croyances qu'il est par définition impossible de vérifier. « Entrer dans la communauté d'Israël » suppose bien une procédure de conversion en bonne et due forme (validation par un tribunal rabbinique, circoncision dans le cas d'un homme, immersion)[66]. Toutefois, dans sa codification de cette procédure de conversion, dans son grand Code juridique, le *Mishneh Torah*, Maïmonide introduit un élément qui est totalement absent de la source talmudique qu'il prétend pourtant se contenter de reprendre. Dans la version maïmonidienne, la procédure de conversion comprend un enseignement « des principes de la loi (*'iqqarei ha-dat*) à savoir l'unité de Dieu et l'interdit de l'idolâtrie[67] ». Maïmonide reprend ici deux des treize articles qu'il énonce dans son *Commentaire sur la Mishnah*[68] : deux articles qui résument une stricte doctrine monothéiste.

À défaut d'une définition applicable en pratique de l'entrée et de la sortie d'Israël, Maïmonide offre dans le *Commentaire sur la Mishnah* une définition idéale ou conceptuelle d'Israël, qui s'énonce dans des termes strictement juridiques : avec la croyance ou l'incroyance advient l'appartenance ou la non-appartenance à Israël qui emporte des obligations juridiques d'amour ou d'hostilité de la part des autres membres de la communauté. Maïmonide apporte ainsi la dernière pierre à une histoire de la judiciarisation de la croyance[69], qui doit se comprendre comme une substitution *idéale* de la croyance aux critères strictement juridiques qui définissaient l'appartenance à Israël dans les textes rabbiniques classiques.

J'ai évoqué dans l'introduction l'affirmation de Jacob Neusner selon laquelle tout « judaïsme » produit une « métaphore sociale » qui lui permet de se saisir de son identité collective à travers le terme « Israël »[70]. Neusner distingue une définition « philosophique » d'Israël, qui n'émane pas nécessairement de philosophes, mais consiste à définir Israël en produisant des catégories et des typologies, et sa définition « politique », qui émane de dirigeants communautaires et vise une applicabilité concrète.

Il considère ainsi que la Mishnah (ou auparavant Philon) a une définition « philosophique » d'Israël, procédant par catégorisation et proposant une caractérisation « ontologique » d'Israël, à la différence de la littérature rabbinique post-mishnique (ou auparavant la secte de Qumran), qui aborde Israël avec une perspective sociologique, comme une entité sociale engagée dans le monde concret avec d'autres entités de ce type[71]. L'hypothèse de l'omniprésence de cette métaphore sociale dans l'histoire des judaïsmes, que Neusner applique à des formes antiques de judaïsme, se vérifie à l'époque médiévale, à travers les redéfinitions que nous observons chez les différents auteurs étudiés jusqu'à présent. Maïmonide complique toutefois singulièrement le tableau et particulièrement la dichotomie entre définitions « philosophique » et « politique » d'Israël. Avec lui (comme avant lui, Saadia Gaon), nous avons affaire à un « philosophe » et à un dirigeant communautaire de premier plan. Il conjugue et mélange ainsi un Israël « philosophique », ou idéal, et un Israël « politique » ou réel. Attardons-nous sur ce jeu entre l'Israël idéal et l'Israël réel.

Israël réel vs Israël idéal : Maïmonide adhérait-il à ses propres articles de foi ?

S'il offre cette définition renouvelée du collectif d'Israël, il est permis de douter qu'il tenait lui-même sincèrement pour vrais l'ensemble des articles qu'il liste dans son *Commentaire sur la Mishnah.* De son vivant même, il a dû répondre à l'accusation portée par le rabbin babylonien Samuel ben Eli Gaon, selon laquelle il n'adhérait pas véritablement à la résurrection des morts, croyance dont il faut rappeler qu'elle figure déjà dans la Mishnah et dont il ne fait aucune mention ni dans son Code[72], ni dans le *Guide des égarés.* Son dernier grand texte, le *Traité sur la résurrection des morts*, rédigé en 1191, est consacré à une réponse à cette accusation[73]. Maïmonide y rappelle qu'il fournit dans le *Guide* une explication générale des miracles qui le dispense de justifier spécifiquement celui de la résurrection. De manière plus générale, le statut des treize articles est rendu problématique par les divers propos de Maïmonide sur la croyance, qui sont en partie contradictoires.

Employant toujours le même mot (*i'tiqād*), que celui qu'il utilise dans le *Commentaire sur la Mishnah* à propos des articles de son « catéchisme », il définit la « croyance » comme un savoir véritable, d'un autre côté, il énonce que certaines « croyances » véhiculées par la loi sont fausses mais nécessaires à la préservation de l'ordre social.

> La croyance (*i'tiqād*) n'est pas quelque chose que l'on prononce (seulement), mais quelque chose que l'on conçoit dans l'âme (*ma'nā mutaṣawwar fī al-nafs*), lorsqu'il est avéré (*ṣuddiqa*) que la chose est telle qu'on la conçoit [...]. Il ne peut y avoir de croyance s'il n'y a pas eu préalablement de conception (*taṣawwur*), dès lors que la croyance consiste à donner son assentiment (*taṣdīq*) au fait que ce qui a été conçu (*taṣawwara*) existe hors de l'esprit tel qu'il a été conçu dans l'esprit[74].

Maïmonide fait ici valoir, dans sa définition de la « croyance » au chapitre I, 50 du *Guide*, un couple de notions fondamentales dans la gnoséologie des *falāsifa*[75]. Deux opérations distinctes interviennent dans la constitution du savoir : l'acte par lequel l'âme se forme une représentation de type conceptuel (*taṣawwur*), celui par lequel elle accorde son assentiment à cette représentation (*taṣdīq*). Maïmonide ajoute que l'horizon ultime de la croyance est la « certitude » : à la représentation conceptuelle et à l'assentiment à cette représentation s'ajoute alors *l'impossibilité* que la chose soit autrement qu'elle n'est représentée. La croyance véritable suppose un travail intellectuel pour former une représentation adéquate de la chose qui fait l'objet de la croyance, associée à la démonstration de l'impossibilité de la représentation contraire. Or, fort de son élitisme anthropologique radical, Maïmonide ne croit pas qu'une telle certitude soit accessible à ce qu'il nomme le « vulgaire » (*jumhūr*). Au vulgaire, des notions telles que l'incorporéité ou l'unité de Dieu doivent être transmises sur le mode de la tradition (*taqlīd*), à défaut de pouvoir l'être sur le mode d'une croyance véritable[76].

Beaucoup plus loin dans l'ouvrage, à la fin de la troisième partie, Maïmonide emploie pourtant le terme *i'tiqād*, dans un sens qui ne saurait correspondre à la définition qu'il en donne de « croyance-savoir » au chapitre I, 50. La loi divine telle qu'il la définit a non seulement pour objectif le « perfectionnement du corps », par des préceptes limitant la violence et promouvant la justice, mais aussi le « perfectionnement de l'âme » en enseignant des idées vraies en matière de métaphysique (à propos de Dieu et des « anges »)[77]. Mais les idées qui sont véhiculées par la loi comportent deux catégories : des « croyances vraies » (*i'tiqād ṣaḥīḥ*), telles que l'unité et l'incorporéité de Dieu et des « croyances nécessaires » (*i'tiqād ḍarūrī*), telles que l'idée que Dieu se met en colère contre les transgresseurs et exauce immédiatement la prière de celui qui a subi une injustice[78]. Cette seconde catégorie de croyances relève du « noble mensonge » politique platonicien[79]. La croyance en un Dieu irritable ou conciliable en vertu des actions des hommes est fausse et incompatible avec l'incorporéité stricte de Dieu. Mais répandre cette croyance parmi le vulgaire garantit l'autorité de la loi. Dès lors qu'elles sont fausses, ce type de croyances nécessaires ne peuvent faire l'objet d'aucune croyance « véritable » telle que définie en I, 50, ni conduire à aucune certitude.

Il convient alors de revenir sur la formule du *Commentaire sur la Mishnah*, selon laquelle, pour « entrer dans la communauté d'Israël », il faut qu'un individu accède à « une croyance véritable » (*ṣaḥḥah i'tiqāduhu*)[80] à l'égard des treize articles de foi (parmi lesquels précisément l'unité et l'incorporéité). De deux choses l'une, soit Maïmonide entend « croyance véritable » au sens où il l'entendra plus tard dans le *Guide*, soit l'expression a ici un sens différent. S'il faut l'entendre au sens fort de « croyance-savoir », deux problèmes se posent. D'une part, la plupart des membres de « l'Israël réel » ne sont pas capables d'une telle « croyance », notamment à l'égard des articles théologiques (1 à 5). D'autre part, il y a lieu de penser que tous les articles de la liste ne correspondent pas aux yeux de Maïmonide lui-même à la réalité « extra-mentale ». Pour ne prendre que deux exemples : les arguments contre son adhésion sincère à la résurrection (13e article) rappelés plus haut paraissent probants ; la rétribution entendue comme récompense et châtiment des actes des hommes (9e article) semble incompatible avec la conception qu'il présente dans le *Guide* de la providence individuelle, qui la fait dépendre de la connaissance intellectuelle et non des actes, que Dieu ne saurait connaître[81]. Cela reviendrait alors à exclure d'Israël aussi bien le vulgaire (incapable de croyance vraie) que l'élite intellectuelle (qui ne saurait « croire » des articles faux).

Il est donc possible qu'il faille entendre « croyance véritable » en un sens plus lâche. Les treize articles pourraient n'être qu'un « catéchisme » politique : une dogmatique livrée au vulgaire pour constituer une axiomatique commune. De fait, Maïmonide est un maillon important de l'histoire de l'idée d'une nécessité politique des croyances religieuses. C'est en grande partie en s'inspirant de Maïmonide que Spinoza élabore dans le *Traité théologico-politique* sa propre dogmatique religieuse, celle de la « foi universelle (ou catholique) ».

> [L]a foi ne requiert pas tant des dogmes vrais (*vera*) que des dogmes pieux (*pia*), c'est-à-dire tels qu'ils poussent l'âme à l'obéissance même si parmi eux il en est de nombreux qui n'ont pas l'ombre d'une vérité – du moment toutefois que celui qui les embrasse ignore qu'ils sont faux, sans quoi il serait nécessairement révolté[82].

Une remarque de Maïmonide dans le *Traité sur la résurrection des morts* permet d'appuyer cette lecture « politique » de son « catéchisme ». Dans ce texte tardif, il revient sur la démarche visant à déterminer des articles de croyance qu'il a adoptée dans ses ouvrages juridiques, tant le *Commentaire sur la Mishnah* que le Code. C'est en partant du constat de l'ignorance de ses contemporains – dont certains, bien que savants en Talmud, n'ont pas de doctrine arrêtée concernant l'incorporéité de Dieu –, qu'il s'est résolu à mentionner et clarifier les principes de la loi à l'usage des Juifs rabbanites. Autrement dit, la liste a principalement une fonction pédagogique[83].

Il est toutefois notable que Maïmonide ne formule pas son « catéchisme » comme une simple liste. Chaque article est développé dans un paragraphe plus ou moins long et, s'agissant des articles « théologiques », Maïmonide esquisse une élaboration conceptuelle qui s'apparente à l'opération de représentation/conception (*taṣawwur*) précédemment mentionnée. À propos de ces articles du moins, Maïmonide semble viser autre chose qu'une simple adhésion formelle, mais vouloir orienter les Juifs de son temps autant que possible vers la « croyance-savoir » qu'il définit en *Guide*, I, 50. Autrement dit, il est difficile de répondre de manière tranchée à la question de savoir ce qu'il faut entendre par l'expression « croyance véritable » dans le *Commentaire sur la Mishnah*. Elle ne s'accorde pas parfaitement à la définition philosophique de la croyance dans le *Guide*, mais ne relève pas pour autant de la pure rhétorique.

Dans le commentaire qu'il consacre aux treize articles de Maïmonide, le philosophe provençal Nissim de Marseille, actif au XIVe siècle, y voit un panachage de trois types d'articles. Certains découlent de manière nécessaire de l'intellect (*śikhliyim meḥuyyavim*), tels que l'existence, l'unité et l'incorporéité de Dieu. D'autres sont de « simples postulats de la foi (*munaḥim be-emunah*), qui ne sont pas de nature intellectuelle (*lo śikhliyim*), mais que la seule nécessité (*ha-hekhreaḥ*) a conduit à postuler », parmi lesquels il compte la résurrection, la création du monde (qu'il assimile au quatrième principe de Maïmonide, l'éternité de Dieu[84]). La dernière catégorie comporte deux articles découlant en partie de l'intellect et en partie de la nécessité sociale : la révélation et la rétribution[85].

Dans ses grandes lignes, l'interprétation de Nissim me semble juste. La liste de Maïmonide n'est ni un simple dispositif politique de « croyances nécessaires », ni en tant que tel un programme d'éducation philosophique. Elle propose une sorte de constitution d'un collectif, à la croisée de l'Israël réel et d'un Israël idéal. Maïmonide se propose de refonder l'Israël réel en en faisant une communauté d'individus adhérant à des articles de croyance tantôt vraies, tantôt nécessaires. L'Israël idéal quant à lui est une communauté d'individus disposant d'un savoir approchant de la certitude en ce qui concerne Dieu, l'objet le plus éminent de la connaissance. Cet Israël idéal demeure, de son propre aveu, un horizon inaccessible. Mais il en suggère la désirabilité en érigeant la « croyance véritable » en critère d'appartenance au collectif.

Le projet de transformation tangentielle d'Israël en une communauté de philosophes a échoué. À la fin du Moyen Âge, la kabbale aura largement supplanté la philosophie en tant que doctrine spéculative centrale des Juifs. Le succès de Maïmonide en ce qui concerne la refondation de l'Israël réel semble quant à lui acquis pour l'essentiel[86]. Sa liste de treize articles s'est largement diffusée parmi le « vulgaire », notamment par le biais de réécritures poétiques et liturgiques[87]. L'une d'entre elles, l'hymne *Yigdal* (« Qu'Il soit magnifié »), généralement attribué au poète italien Daniel ben Juda Dayyan dès le début du XIVe siècle[88], est intégrée à la liturgie jusqu'à aujourd'hui dans de nombreuses communautés. Une autre, *Ani ma'amin* (« Je crois »), intégrée aux livres de prière en monde ashkénaze dès le XVIe siècle, est symptomatique de la postérité paradoxale de l'entreprise maïmonidienne. Ce poème, probablement inspiré du crédo chrétien[89], introduit chaque article par la proclamation « Je crois d'une foi inébranlable (*ani ma'amin be-emunah šelemah*)... » : à l'existence du Créateur, qu'Il est un, etc. Le douzième article « Je crois d'une foi inébranlable en la venue du Messie et même s'il tarde à venir, j'attendrai chaque jour sa venue » est devenu aujourd'hui un chant hassidique bien connu (dont l'air aurait été créé, dans le convoi le conduisant à Treblinka en 1942, par Azriel David Fastag). Le legs de Maïmonide est une profession de foi : une croyance « prononcée » seulement, sans être accompagnée par une élaboration conceptuelle, exactement ce que Maïmonide exclut de la définition de la « croyance véritable » en *Guide*, I, 50. Reste que Maïmonide a grandement contribué à ancrer parmi les Juifs une croyance : précisément que la croyance est une catégorie constitutive de la tradition juive.

*

Nous avons ainsi observé la constitution d'un nouveau paradigme médiéval de l'« essence du judaïsme ». Saadia

Gaon institue la croyance comme catégorie centrale de la pensée juive. Ses continuateurs au sein du rationalisme juif médiéval intègrent cette catégorie dans le dispositif discursif de la pensée rabbinique traditionnelle. Ils parlent des croyances en des termes juridiques donnant l'illusion qu'elles ont toujours été présentes dans cette tradition structurée autour des catégories du droit. À l'issue du parcours, avec Maïmonide, Israël est explicitement redéfini comme un collectif de croyants monothéistes.

3.

Israël, le peuple des croyants

Je me propose désormais d'approfondir les mécanismes discursifs à l'œuvre dans la redéfinition d'Israël comme peuple des croyants monothéistes, que nous avons suivis dans le chapitre précédent. Le présent chapitre se penche sur la manière dont les catégories de « Torah » et d'« Israël », dont nous avons analysé la construction dans le Talmud, sont retravaillées à la racine. Prétendant se contenter de revenir aux fondations de la Torah, c'est une véritable refondation de sa compréhension que les auteurs rationalistes explorés au chapitre précédent proposent. Nous allons voir que le lexique qu'ils emploient laisse peu de doute quant au fait qu'ils étaient bien conscients de révolutionner la pensée juive.

Pour mesurer le succès de cette révolution dans la redéfinition d'Israël, nous nous tournerons vers deux auteurs dont la réputation laisserait présager qu'ils la refusent radicalement. Or, autant Juda Halevi, réputé vouloir résister à l'impact du rationalisme sur la pensée juive dans l'Espagne du XIIe siècle, qu'Isaac Abravanel, connu pour son refus de l'idée même de « dogmes » juifs au XVe siècle, s'avèrent en définitive admettre la définition d'Israël comme un peuple de croyants.

Retour aux fondations ou refondation

Quel que soit le degré de succès de l'entreprise maïmonidienne et plus généralement du rationalisme juif médiéval, c'est bien à repenser *radicalement*, à la racine, la Torah et, à travers elle, le collectif d'Israël que les rationalistes juifs s'engagent. Une métaphore récurrente est employée par ces auteurs et leurs successeurs, témoignant de leur manière de concevoir leur propre entreprise comme une entreprise littéralement « radicale » : celle des racines et des fondements[1]. Sara Stroumsa, dans un chapitre provocateur de sa biographie intellectuelle de Maïmonide, propose de l'envisager comme un penseur « fondamentaliste », au sens strict du terme. Dans tous les domaines de sa pensée, halakhique comme philosophique, il s'efforce de revenir aux fondations, aux principes essentiels de l'objet de sa réflexion. Elle observe des analogies frappantes entre cette tendance fondamentaliste de la pensée de Maïmonide et l'idéologie almohade : la détermination et la judiciarisation de principes de croyance, le retour aux sources du droit religieux et la tentative de mettre un terme aux discussions juridiques par une codification[2]. La victime la plus célèbre de l'intégrisme almohade aura ainsi été perméable à l'idéologie de ses bourreaux.

En ce qui concerne le premier point toutefois, la détermination des principes de croyance, la pente « fondamentaliste » est déjà perceptible chez les devanciers de Maïmonide au sein de la tradition juive, à travers le lexique employé. L'image que l'on retrouve dès Saadia Gaon est tantôt celle d'un édifice, dont il s'agit de mettre à nu les fondations, tantôt celle d'un arbre dont les branchages se développent à partir de ses racines. Cette signification double – fondation et racine – est portée par le terme arabe *aṣl*, dont le pluriel est *uṣūl*. Ainsi, dans l'un des textes où Saadia Gaon présente une liste de croyances fondamentales du judaïsme, il les désigne par l'expression *uṣūl al-amānāt* : « racines/fondations des croyances »[3]. Dans l'ensemble de son introduction, Baḥya Ibn Paquda se réfère aux devoirs des cœurs à travers le lexique « radical » de la fondation. « L'intention des cœurs » est dite « la fondation et le pilier de l'action (*quṭb al-'amal wa-'imādihi*)[4] », la pureté des cœurs constitue les « fondations de l'action (*uṣūl al-āmāl*) menée en vue de Dieu[5] ». Les devoirs des cœurs forment « les bases de tous les devoirs (*qawā'id jamī' al-farā'iḍ*)[6] ». Expliquant qu'il a dû opérer un choix parmi les devoirs des cœurs, qui sont innombrables, et ne traiter que de dix d'entre eux, il écrit : « Puisque je m'étais résolu à établir dans ce livre les racines des devoirs des cœurs (*uṣūl farā'iḍ al-qulūb*), j'ai utilisé mon propre jugement pour choisir ces [racines] qui contiennent les autres[7]. » Il poursuit dans la phrase suivante en se référant à la « pure affirmation de l'unité de Dieu (*tawḥīd*) » comme à la « racine suprême [parmi ces racines] (*aṣlahā al-a'lā*)[8] ». En d'autres termes, dans cette représentation de la « religion » (*dīn*) comme un arbre reposant sur plusieurs niveaux de racines, chacun plus « radical » que le précédent, la profession de l'unité de Dieu est « la racine des racines de toutes les racines ».

Ces remarques lexicales renforcent notre lecture de l'introduction de Baḥya Ibn Paquda comme un discours qui produit son propre objet. On se rappelle qu'il use d'une rhétorique paradoxale : les devoirs des cœurs sont à la fois ce qu'il y a de plus fondamental, et de plus invisible et ignoré dans la tradition juive. En présentant sa propre entreprise comme un « dévoilement » (*kašf*) de ces racines, il les amène à l'existence et refonde sur elles la compréhension d'ensemble de la Torah et de la tradition juive.

Chez Maïmonide, ce même lexique de la fondation est omniprésent lorsqu'il s'agit d'évoquer les croyances et les doctrines essentielles de la Torah. Comme indiqué précédemment, il introduit son « catéchisme » des treize articles de foi en annonçant une liste des « principes (*uṣūl*) de notre Loi et [de] ses fondements (*qawā'id*)[9] ». Ces expressions seront plus tard traduites en hébreu par Salomon ben Joseph ha-Rofe' par *'iqqarey datenu we-yesodoteyah* conservant la référence aux racines (*'iqqar*) et aux fondations d'un édifice (*yesod*)[10]. Ce même lexique est également présent dans la prose hébraïque de Maïmonide. Son Code s'ouvre par une section intitulée *Hilekhot yesodei ha-Torah*, « Lois relatives aux *fondations* de la Torah ». La célèbre première phrase de cette section file et amplifie la métaphore fondationnelle : « La fondation des fondations et le pilier des sagesses (*yesod ha-yesodot we-'amud ha-ḥokhmot*) consiste à savoir qu'il existe un Existant Premier[11]. » Cette phrase apparaît juste après l'introduction du Code, où Maïmonide insiste longuement sur le fait qu'il se contente d'y synthétiser les sources *rabbiniques* antérieures. Elle inaugure pourtant un discours dont les sources sont évidemment étrangères à ce corpus : un résumé en quatre chapitres de la métaphysique et de la physique aristotéliciennes[12]. La métaphore redoublée de la fondation (« fondation des fondations ») qui ouvre le Code en fait une reconstruction de la *halakhah* à la manière d'un édifice. Au lieu de suivre l'ordre *traditionnel* du discours talmudique ou – comme le fera le grand Code halakhique qui demeure à ce jour la référence majeure de l'orthodoxie juive, le *Šulḥan 'Arukh* (« La Table dressée ») de Joseph Karo (XVIe siècle) – de suivre l'ordre *chronologique* de la journée en commençant par l'exposé des premiers commandements qui se présentent à un Juif à son réveil, Maïmonide propose un ordre *architectonique*[13]. Ce faisant, ce n'est pas une simple description du système de la *halakhah* qu'il opère, mais une reconfiguration du discours halakhique en système. En identifiant ces fondations avec les sciences aristotéliciennes, il ne se contente pas de les « naturaliser », en les introduisant dans le fil du discours rabbinique traditionnel. Il fait reposer ce discours sur des bases qui lui sont étrangères et construit un édifice halakhique entièrement neuf dont la fondation (et l'horizon ultime) est l'obligation de connaître Dieu.

Parmi les successeurs de Maïmonide dans l'élaboration d'une dogmatique juive, Joseph Albo, auteur espagnol du XVe siècle que nous avons déjà rencontré dans notre premier chapitre, témoigne de manière particulièrement évidente de la conscience qu'avaient nos auteurs de ne pas se contenter de mettre à nu des fondations préexistantes à leur discours, mais de mener une opération de refondation de l'édifice de la tradition juive. Dans son *Sefer ha-'Iqqarim* (« Livre des principes »), Albo admet le paradigme de la croyance et la nécessité d'identifier des principes fondamentaux de la Torah. Or, contre les treize articles de Maïmonide et les six articles de son maître Ḥasday Crescas, il les ramène au nombre de trois : l'existence de Dieu, la révélation de la Torah et la rétribution. Pour justifier et « naturaliser » cette idée – c'est-à-dire contester son originalité et la présenter comme étant parfaitement fidèle à la tradition – il prétend trouver un précédent à sa propre démarche dans une source liturgique ancienne :

> Que ces trois principes (*'iqqarim*) forment la racine (*šoreš*) et la fondation (*yesod*) de la croyance (*emunah*) qui conduit l'homme vers sa félicité véritable est démontré par le fait que les hommes de la Grande Assemblée ont institué (*yasedu*) trois bénédictions dans la prière supplémentaire (*musaf*) du Nouvel An : « Royautés », « Souvenirs » et « Sonneries du chofar » (*malkhuyot zikhronot we-šofarot*). Elles correspondent à ces trois principes et visent à éveiller le cœur de l'homme au fait qu'en adhérant de la manière adéquate à ces principes, incluant les [croyances] qui en

dérivent (*se'ifim*) et leurs racines (*šorašim*), il se garantit un verdict favorable dans le jugement divin[14].

La prière supplémentaire du Nouvel An comporte trois bénédictions spécifiques instituées selon la tradition par les « hommes de la Grande Assemblée », un groupe de dirigeants d'Israël au moment du retour d'exil composé des derniers prophètes et des premiers Sages. Dans chacune de ces bénédictions, Albo retrouve ses propres principes : les « Royautés » correspondent à l'existence de Dieu, les « Souvenirs » à la révélation de la Torah, les « Sonneries du chofar » à la rétribution. Le Nouvel An étant considéré comme un jour de jugement divin, où se décide si un individu est appelé à vivre ou à mourir, Albo en déduit que les hommes de la Grande Assemblée pensaient, comme lui, que l'adhésion auxdits principes est la condition suffisante de la félicité.

La formulation de ce passage est remarquable. Albo commence par un énoncé apparemment descriptif selon lequel l'existence de Dieu, la révélation et la rétribution *sont* les fondations. Pour le démontrer, il invoque une *opération* par laquelle les hommes de la Grande Assemblée ont *institué* des bénédictions qui y correspondent terme à terme. Albo emploie d'abord le substantif *yesod*, « fondation », puis une forme verbale de la même racine hébraïque *yasedu*, « établir/instituer/fonder ». Par là-même Albo suggère que les fondations ne sont pas un donné initial, mais le résultat d'une action qui consiste à les instituer comme telles. Renvoyant aux hommes de la Grande Assemblée, Albo trouve un précédent autoritatif à sa propre liste minimale de trois principes de croyance. Ce faisant, il laisse entendre que cette liste résulte d'un choix et d'une opération : c'est, de son aveu, le propre discours d'Albo qui entend établir l'existence de Dieu, la révélation et la rétribution comme étant, à l'exclusion de tous les autres, les fondations du judaïsme.

Ainsi, le lexique même employé témoigne de la radicalité que les auteurs de la littérature des « principes de croyance » revendiquent : ce n'est pas à revenir aux fondations, mais bien à refonder la tradition juive qu'ils s'emploient.

La redéfinition radicale du collectif

De quoi ces auteurs entendent-ils déterminer les fondements ou les racines ? J'ai, par commodité, occasionnellement employé la formule articles de foi ou principes « du judaïsme ». Cette formule, anachronique[15], ne correspond pourtant pas à ce que l'on trouve chez les auteurs. Les expressions qu'ils emploient pour désigner ce dont ils sont en train de décrire les « racines » renvoient plutôt à deux champs lexicaux : celui de la croyance, et celui de l'agir et de la loi. Cette fluctuation est le symptôme de l'absence d'une distinction nette entre ces deux domaines chez les auteurs médiévaux, particulièrement ceux évoluant dans la sphère islamique. Il n'y a pas chez eux cette entité abstraite que les modernes désigneront par « judaïsme » et qui peut être idéalement distinguée du collectif des Juifs eux-mêmes : la croyance est indissociable de ce collectif et de sa manière de vivre.

Abraham Melamed a proposé une longue et passionnante histoire du terme hébraïque « *dat* », de son sens de « loi » dans le livre biblique d'Esther à celui de « religion » en hébreu moderne. Dans sa section sur l'époque médiévale, il fait valoir un impact déterminant sur les auteurs juifs de la distinction arabe entre le terme *dīn*, qui renvoie plutôt à un système de croyances « religieuses », et le terme *šarīʿa* qui renvoie à l'ordre juridique. Maïmonide en particulier aurait réservé le terme hébraïque *dat* pour rendre l'arabe *dīn* et le terme *torah* pour rendre celui de *šarī'a*[16]. Or, cette distinction ne semble pas si évidente à établir et le terme arabe *dīn* lui-même porte souvent la double connotation de loi et de croyance[17]. On a rencontré chez Saadia Gaon les « racines/fondations des *croyances* » (*uṣūl al-amānāt*), chez Baḥya Ibn Paquda les principes des « actions » (*āmāl*) et des « devoirs » (*farā'iḍ*) et, chez Maïmonide, les principes et les fondements de « notre loi » (*šarī'atinā*). Dans le *Traité sur la résurrection des morts*, il parle dans la même phrase des principes de la loi « religieuse » (*uṣūl dīnīya*), des « principes auxquels il convient de croire » (*uṣūl tu'atiqad*) et des « fondements de notre loi » (*qawā'id al-šarī'a*)[18]. Dans un passage précédemment évoqué du *Mishneh Torah*, il écrit qu'il faut enseigner au candidat à la conversion les « principes de la loi (*'iqqarei ha-dat*) » et « quelques commandements (*miṣwot*) lourds et légers[19] ». Il ne me semble pas que l'on puisse déduire d'un tel passage, comme le fait Melamed, qu'il y aurait pour Maïmonide une distinction fondamentale entre *dat* – que j'ai d'ailleurs ici traduit par « loi » – au sens de « croyance religieuse » et *miṣwah* « commandement »[20]. Comme dans le passage arabe du *Traité sur la résurrection*, ces termes s'apparentent à des synonymes : loi et croyance ne relèvent précisément pas chez Maïmonide de deux ordres distincts[21]. Que s'est-il passé dans l'introduction de la croyance dans la redéfinition du collectif au Moyen Âge ? C'est la nature même de la loi qui se trouve repensée : sa raison d'être est de porter et de conduire vers la « croyance » droite, la connaissance du Dieu un.

C'est à partir de ce constat que peut se comprendre la conséquence radicale que tire Maïmonide de sa redéfinition des fondements de *notre loi* après l'énoncé de ces treize articles de foi. S'ils sont les fondements de la loi et qu'Israël se définit en tant que collectif par sa loi, comme le disait déjà Saadia Gaon[22], alors le doute sur l'un des fondements de la loi revient à causer, pour soi, l'effondrement de l'édifice d'Israël et à s'en exclure.

Cette articulation de la loi, de ses fondements et de leurs implications politiques est particulièrement explicite chez Joseph Albo. Dans son traité, il propose une définition de chacun des termes-clés de son discours. Le traité est, comme son titre l'indique, consacré aux « principes » (*'iqqarim*) de la « loi divine » (*dat elohit*). Les principes sont définis comme « une chose dont dépendent l'existence et la persistance d'une autre de sorte que la seconde ne saurait exister sans la première[23] ». Quant au terme *dat*, il est ainsi défini : « toute directive (*hayšarah*) et tout régime (*hanhagah*) qui inclut (*tikhlol*) un rassemblement (*qibbuṣ*) nombreux d'hommes[24] ». Comme le note Abraham Melamed, chez Albo, le mot *dat* doit sans aucune ambiguïté se traduire par « loi ». On retrouve chez lui la tripartition élaborée par Thomas d'Aquin entre loi naturelle (*lex naturalis, dat ṭiv'it*), loi humaine (*lex humana, dat nimusit*) et loi divine (*lex divina, dat elohit*)[25]. L'enjeu de son ouvrage est de déterminer les principes sans lesquels une loi divine ne saurait exister, étant entendu qu'une seule loi divine peut exister en un temps donné et que la loi de Moïse est donc la seule véritable loi divine[26].

Prêtons attention aux termes employés par Albo dans sa définition de la loi. La loi « inclut » (*tikhlol*) un rassemblement (*qibbuṣ*) nombreux d'hommes. Comment comprendre cette « inclusion » ? Il faut y entendre l'idée d'une totalité que contient la racine hébraïque (*kll*) du verbe *tikhlol*. La loi englobe un collectif humain en tant qu'elle s'applique à ce collectif. Plus encore, elle *constitue* le rassemblement en collectif, de sorte que celui qui met en cause les fondements de la loi s'exclut littéralement du collectif. C'est pourquoi Albo écrit à l'ouverture de son traité que l'entreprise visant à déterminer les principes de la loi divine est risquée (*mesukkenet*) : inclure une doctrine parmi ces principes a de lourdes conséquences politiques. Quiconque n'adhère pas à la doctrine en question peut se trouver par ce geste placé en dehors des limites du collectif constitué par cette loi. Par là, Albo déploie très explicitement le dispositif de « pouvoir-savoir » élaboré par Saadia Gaon : la réflexion sur les *'iqqarim* est un exercice de l'autorité politique. Le dogmaticien s'arroge le droit de décider qui fait ou non partie de la communauté politique.

Il est significatif à cet égard que Maïmonide comme Albo reprennent à leur compte une expression tirée de la Haggadah de Pessah pour caractériser l'incroyant. La Haggadah (littéralement « récit ») est probablement l'un des textes rabbiniques les plus connus des Juifs dans leur ensemble. Accompagnant le repas ritualisé de la Pâque (*seder*), centré autour d'un récit théâtralisé de la sortie d'Égypte, il est un instrument de diffusion de l'idéal anthropologique rabbinique dans les foyers juifs. Le *seder*, en actualisant l'Exode fondateur d'Israël, est un moment de *performance* du collectif juif : celui-ci se reforme et se redéfinit dans la récitation (lecture et mise en récit) de la Haggadah qui s'opère autour de chaque table célébrant la fête. Un célèbre passage met en scène quatre « fils » (ou « enfants »), qui représentent autant de types de Juifs, auxquels la Torah s'adresse : le Sage, le Méchant, le Simple et Celui qui ne sait pas poser de question. Inclus par Maïmonide dans sa propre version de la Haggadah, le texte énonce à propos du Méchant :

> Le Méchant (*raša'*), que dit-il ? *Qu'est-ce que ce rituel pour vous ?* (Ex 12, 26). Pour vous et non pour lui ! Et puisqu'il s'est exclu du collectif (*hoṣi' et 'aṣmo min ha-kelal*), il a nié le principe (*kafar ba-'iqqar*). Toi aussi, agace-lui les dents et dis-lui *C'est en vue de cela que YHWH*

> *a agi pour moi en me faisant sortir d'Égypte* (Ex 13, 8). « Pour moi » et non « pour lui » et s'il avait été là-bas, il n'aurait pas été délivré[27].

Reprenons à présent le paragraphe qui suit l'énoncé des treize articles du « catéchisme » maïmonidien. Maïmonide y écrit : « Si [un homme] est hésitant à propos de l'un de ces principes, il est *sorti de la communauté* (*yaṣa' min ha-kelal*) et *a renié le principe* (*kafar ba-'iqqar*)[28]. » Dans le texte de la Haggadah dont la version attestée la plus ancienne (celle de la *Mekhilta*) remonte au IIIe siècle, il n'est pas simple de déterminer ce que signifie « nier le principe ». Une chose néanmoins est claire : c'est parce que le Méchant s'est placé dans une position d'extériorité par rapport au collectif sorti d'Égypte que l'on conclut qu'il a renié l'essentiel de ce qui fait ce collectif[29].

Maïmonide inverse la logique de l'énoncé : il a *nié le principe* (c'est-à-dire qu'il met en doute l'un des principes de la Torah) et, par conséquent, il s'est exclu du collectif. Albo, pour sa part, explicite la logique inhérente à ce raisonnement : « Quiconque conteste (*yakhḥriš*) l'un des principes (*'iqqarim*) spécifiques d'un [système de] loi (*dat*) sort du collectif constitué par cette loi (*ba'alei ha-dat ha-hi*)[30]. » Il écrit encore que « ceux qui nient les principes (*koferim ba-'iqqarim*) [...], dès lors qu'ils sortent du collectif d'Israël (*yoṣe'im mi-kelal Yiśra'el*) et du collectif de la semence (*zera'*) des amants de Dieu et de ceux qui observent ses commandements, méritent [...] que leur châtiment soit éternel[31] ». L'incroyance l'emporte ici sur les déterminations généalogiques : un Juif de naissance peut s'exclure de fait de la communauté d'Israël pour autant qu'il ne partage pas les croyances qui la définissent. En reprenant la formule de la Haggadah de Pessah, nos dogmaticiens proposent une nouvelle *performance* du collectif juif : le Méchant est devenu mécréant. Appartenir à Israël, ce n'est pas se reconnaître dans un collectif libéré de l'esclavage, c'est d'abord *croire* certaines choses.

L'usage de cette expression de la Haggadah est également symptomatique du changement de paradigme qui s'est opéré entre le moment talmudique et le moment médiéval de notre problème. Dans la littérature rabbinique classique, l'expression « sortir de l'ensemble » (*yaṣa' min ha-kelal*) est une expression technique d'exégèse. On l'emploie à propos d'un verset qui donnerait une précision sur un cas particulier alors même qu'il fait partie d'un ensemble plus vaste dont on connaît déjà les caractéristiques grâce à d'autres versets[32]. Dans l'expression « s'exclure soi-même du collectif (*hoṣi' et 'aṣmo min ha-kelal*) » que l'on trouve dans le *midrash* des quatre fils de la Haggadah, le mot *kelal* a un sens différent, très exceptionnel dans la littérature rabbinique classique : il désigne ici l'ensemble des membres d'Israël[33]. Le Méchant est un individu qui fait exception au collectif auquel il appartenait. Et de même qu'un verset s'exceptant d'un ensemble ne livre pas seulement une information sur lui-même, mais sur l'ensemble auquel il appartenait, le mécréant de nos dogmaticiens médiévaux renseigne ici sur le collectif d'Israël. Dans notre premier chapitre, les versets relatifs à l'interdit d'idolâtrie faisaient exception à l'ensemble des interdits auquel il appartenait pour donner une signification globale à la Torah comme système de lois et enseignement[34]. Ici, le mécréant vient renseigner sur la nature de l'ensemble auquel il appartenait et dont il s'est extrait : Israël est une communauté de croyants monothéistes.

Le pôle de la facticité (Juda Halevi, Isaac Abravanel)

Malgré la diversité de leurs approches, Saadia Gaon, Baḥya Ibn Paquda, Maïmonide, Albo, les auteurs médiévaux que j'ai abordés jusqu'à présent, ont en commun de s'efforcer de répondre à une crise en proposant de définir Israël autour d'un noyau constitué par la notion même de croyance et par un ensemble de croyances spécifiques. Tenants du « pôle de la réflexivité juive », ils reprennent à leur façon la réponse d'Hillel au candidat à la conversion, si ce n'est qu'ils répondent à une question qui ne leur a pas véritablement été posée. « Si tu me demandes – disent-ils en quelque sorte – de te dire toute la chose juive pendant que tu te tiens sur un seul pied, je te répondrai "crois" ou "crois en telle ou telle chose". » D'autres auteurs médiévaux se rapprochent davantage de ce que j'ai appelé plus haut suivant Levinas le « pôle de la facticité juive » que représente le refus par Shammay de répondre à la question posée. Je propose de montrer comment deux des plus célèbres d'entre eux, Juda Halevi et Isaac Abravanel, témoignent d'une forte ambivalence vis-à-vis de la légitimité de la notion même d'articles de foi juifs et valident *in fine* le paradigme médiéval du « monothéisme juif » et la redéfinition d'Israël comme un peuple de croyants qu'il implique.

Juda Halevi : le reste des enfants d'Israël et ses croyances

Juda Halevi est souvent envisagé comme l'antithèse de Maïmonide. Représentant majeur de l'« âge d'or » d'Espagne et donc précédant Maïmonide de quelques décennies, il propose dans son *Kuzari*, rédigé vers 1140, une apologie du « judaïsme ». Selon l'une des versions de son titre original arabe, il est le *Traité de la défense et de la preuve de la religion méprisée* (*Kitāb al-radd wa-l-dalīl fī al-dīn al-dhalīl* ; sur *dīn* comme religion voir plus haut). L'ouvrage met en scène le roi d'un peuple du Caucase, les Khazars, en quête au VIIIe siècle des « actions agréées par Dieu ». À cet effet, il convoque un philosophe, un prêtre chrétien, un cadi musulman et enfin un rabbin. Au terme de sa discussion avec chacun de ces interlocuteurs, il finit par se laisser convaincre de la supériorité de la « croyance » du rabbin et s'y convertit ainsi que son peuple[35]. Le *Kuzari* est resté célèbre pour ses affirmations radicales quant à la supériorité ontologique des Juifs de naissance sur les non-Juifs, de la terre d'Israël sur les autres terres, de la langue hébraïque sur les autres langues. Il est souvent reçu comme le manifeste d'un particularisme juif assumé sur fond d'antirationalisme[36]. Au moment de mener cette enquête sur la facticité juive, je me suis donc tout naturellement tourné vers le *Kuzari*, m'attendant à y trouver une condamnation sans nuance de toute réduction du *fait* juif à la catégorie réflexive de croyance.

Or, avec le *Kuzari*, nous avons affaire à un grand texte, complexe et déroutant. En examinant de manière approfondie la place de la notion de « croyance », j'ai découvert chez lui deux gestes contradictoires et déterminants pour l'histoire de la pensée juive. D'un côté, Halevi met en avant le caractère irréductible de l'existence juive à toute catégorie de pensée. S'il s'agit de produire une preuve de la « religion méprisée », celle-ci s'avère en dernière instance consister en l'existence même des Juifs. Les Juifs sont le « reste d'Israël » : à ce titre ils attestent leur propre vérité reconnue par tous les tenants d'une loi révélée (Juifs, chrétiens et musulmans). La recherche des « croyances fondamentales » ainsi que la réflexion sur les croyances sont constamment critiquées dans l'ouvrage comme témoignant d'un défaut de piété, associé aux karaïtes et aux théologiens musulmans. D'un autre côté, Halevi admet la croyance comme une catégorie centrale pour comparer, et évaluer les différentes lois et doctrines en compétition. Devançant Maïmonide, il détermine, au détour d'une analyse de la liturgie, un ensemble de croyances fondamentales de la Torah. Dans un mouvement opposé à l'affirmation d'une existence juive irréductible à toute catégorie de pensée, Halevi s'avère le premier auteur majeur de la tradition rabbinique à désigner la « chose juive » par un terme abstrait : *yahūdiyya*, qui pose d'inextricables difficultés de traduction. « Judaïsme », « judéité », « judaïcité » s'avérant tous inadéquats, j'opte pour ma part pour « être-juif », une notion qui associe l'existence juive et ce qui fait que les Juifs sont juifs. Les Juifs sont, c'est un fait. Or, pour la première fois, ce qui fait qu'ils sont ce qu'ils sont est envisagé comme une abstraction qu'il est possible de saisir par la pensée, et cette abstraction, la *yahūdiyya*, repose bien, en dernière instance, sur des croyances. Chez Halevi, l'irréductibilité du *fait* juif s'affirme donc en même temps que la possibilité d'en isoler une essence abstraite.

« Les Juifs sont le reste des enfants Israël »

En raison de son écriture sous forme dialoguée ainsi que d'une remarque au début de l'ouvrage qui laisse entendre que les positions de l'auteur ne recouvrent pas totalement celles du rabbin que le dialogue met en scène[37], le *Kuzari* a fait l'objet d'une pluralité d'interprétations en ce qui concerne son rapport à la philosophie et de manière plus générale l'usage de la spéculation rationnelle[38]. Il suffit toutefois de porter une attention soutenue à ses divers propos pour repérer chez lui une forme d'ambivalence à l'égard de la réflexion sur les articles de croyance et leur caractère constitutif pour la définition de l'identité collective des Juifs.

On perçoit un premier mouvement dans le traité à propos de cette question qui consiste à récuser la pertinence de la question de la croyance au profit du *fait* de l'existence juive pour attester la vérité de la loi juive. Dans ce premier mouvement, les Juifs apparaissent comme un point d'arrêt dans la recherche d'une croyance vraie qui serait vérifiable par la raison, une faculté toujours sujette aux doutes et à l'erreur. Ce qui témoigne de l'authenticité de la loi des Juifs est leur existence même, en tant que « reste des enfants d'Israël », et la fiabilité de leur tradition. La « croyance juive » repose épistémologiquement sur l'expérience de la révélation collective et sur la confiance en ses transmetteurs. Son contenu, dans ce premier mouvement, correspond très exactement à tout ce que contient la Torah interprétée à travers la tradition. Au fil de sa discussion avec le rabbin, le roi khazar est par ailleurs amené à se convertir à un autre régime de preuve que celui qu'il espérait en entamant sa discussion avec ses différents interlocuteurs : du régime de la preuve rationnelle de la vérité d'une croyance, il passe à celui d'une preuve empirique. Cette conversion épistémique apparaît comme la condition de sa conversion « religieuse » à la loi des Juifs.

Le dialogue s'inaugure par un rêve récurrent du roi khazar dans lequel un ange lui dit : « Ton intention (*niyya*) est agréée par Dieu, mais tes œuvres (*'amal*) ne le sont pas[39]. » La forme de vie qu'il convient de rechercher se décline ainsi entre une part relevant de la sphère de l'intériorité, l'intention, et une part relevant de l'extériorité, l'agir. Ce rêve conduit le roi à interroger un philosophe sur « ce qu'il croit » (*mu'ataqad*), puis un chrétien et un musulman, chacun sur « sa science (*'ilm*) et sa pratique (*'amal*)[40] », pour finir en interrogeant un Juif sur « sa croyance » (*i'tiqād*)[41]. Le philosophe expose un idéal de vie intellectualiste qui ne permet pas de rendre compte de la possibilité d'un rêve véridique à l'instar de celui du roi. Celui-ci décide alors de convoquer un chrétien et un musulman, considérant que les Juifs, en raison de leur « avilissement, de leur petit nombre et de la haine que tous leur vouent[42] » ne sauraient de toute évidence disposer de la forme de vie idéale.

Le chrétien, qui se présente comme l'héritier légitime des « enfants d'Israël » dont parle la Torah, présente au roi un ensemble de dogmes que celui-ci se refuse à admettre, parce qu'il les juge contradictoires avec la raison et invérifiables par l'expérience : l'immaculée conception, l'incarnation et la trinité[43]. Le musulman appuie ses propres croyances sur le miracle de l'inimitabilité du Coran, auquel le roi ne saurait souscrire en raison de son ignorance de la langue arabe. Les autres miracles qu'il invoque impliquent tous les « enfants d'Israël ». C'est ce qui motive le roi finalement à interroger un savant juif. « Je me vois comme obligé – dit-il en désespoir de cause – d'interroger les Juifs (*al-yahūd*), car ils sont le reste des enfants d'Israël (*baqiyyat banī Isrā'īl*) et la preuve (*ḥujja*) que Dieu a une loi sur terre[44]. »

Arrêtons-nous sur cette formule étonnante. Elle fait valoir une distinction entre « les Juifs » (*al-yahūd*) post-bibliques et les « enfants d'Israël » (*banī Isrā'īl*) de l'époque biblique, rare chez les auteurs juifs, récurrente dans les textes musulmans, à commencer par le Coran[45]. Les Juifs réels, en exil – qu'ils soient contemporains de la conversion des Khazars ou d'Halevi lui-même –, sont en *eux-mêmes* la preuve de l'existence de la loi divine. Elle est attestée à travers eux, sans requérir aucune vérification supplémentaire, à la différence des propositions chrétienne et musulmane qui appelaient des preuves rationnelles ou empiriques. Les Juifs constituent le véritable « reste des enfants d'Israël ». Cette expression s'inspire manifestement de l'expression prophétique de « reste d'Israël » (*še'erit*

Yiśra'el) qui désigne ce noyau irréductible de fidèles à l'alliance, malgré toutes les épreuves et toutes les errances du peuple d'Israël. Il est significatif qu'en Is 46, 3 Saadia Gaon traduise l'expression « *še'erit beyt Yiśra'el* » (« le reste de la maison d'Israël ») par *baqiyyat 'āl Isrā'īl* (« le reste de la famille d'Israël »). Étant donné la circulation du *Tafsīr*, sa traduction arabe de la Bible, en Espagne, on peut supposer qu'Halevi lui a repris cette expression. Par ailleurs, dans le plus célèbre de ses hymnes à Sion (*Ṣiyon ha-lo' tiš'ali*), Halevi interpelle la Jérusalem personnifiée en lui demandant si elle ne s'enquiert pas du sort des « captifs » (les Juifs en exil) qui constituent « le reste de [s]on troupeau » (*yeter 'adaraykh*). À l'encontre de la prétention du chrétien à incarner symboliquement le « véritable Israël », les Juifs sont inscrits dans une continuité généalogique vis-à-vis de ce groupe du passé « les enfants d'Israël[46] », dont tous (à l'exclusion du philosophe), qu'ils soient juifs, chrétiens ou musulmans, s'accordent à dire qu'ils ont bénéficié d'une élection divine. Tout le paradoxe rhétorique de l'ouvrage est contenu dans ce retournement : c'est précisément parce qu'ils continuent à exister malgré « leur avilissement et leur petit nombre » qu'ils constituent assurément la forme de vie conforme à la loi divine.

Par une analyse terminologique, Ehud Krinis fait ressortir que la conversion du roi est non seulement une conversion à la « croyance » des Juifs, mais aussi une conversion à un autre régime de preuve[47]. Le roi des Khazars reproche initialement au rabbin d'être incapable de fournir une preuve dialectique et rationnelle (*ḥujja*) de ce qu'il tient pour les principes de toute loi divine (en particulier, la création du monde et la providence)[48]. Il se laisse finalement convaincre, après sa conversion, que les « enfants d'Israël » et les Juifs à leur suite forment *en tant que tels* une démonstration (*burhān*)[49] de ces principes :

> [T]ous ceux qui sont venus après les enfants d'Israël n'ont pu s'écarter des principes fondamentaux (*uṣūl*) [de leur foi], en sorte qu'aujourd'hui le monde habité tout entier reconnaît l'éternité de Dieu et la création du monde ; et la démonstration (*burhān*) qu'il en donne, *ce sont les enfants d'Israël*, ce qui a été accompli pour eux et le destin qui leur est assigné[50].

Le *Kuzari* peut ainsi se lire comme un appel à travers la voix du rabbin à un renoncement à l'exigence de fonder la fidélité à la tradition juive sur une argumentation de type rationnel et spéculatif[51]. Cette fidélité ne se fonde que sur le *fait* de l'existence continue des « enfants d'Israël », à travers les Juifs. Dès l'ouverture du dialogue, lorsque le rabbin présente sa « croyance », il invoque la fidélité au Dieu des Patriarches, de l'Exode, celui du miracle de la manne et de la révélation de la Torah. Il termine ainsi son exposé liminaire de la croyance juive : « Notre croyance (*'īmān*) englobe tout ce qui est consigné dans la Torah ; ce serait trop long à exposer[52]. »

Il est tentant de percevoir ici un écho de notre scène paradigmatique talmudique et d'identifier la position du rabbin d'Halevi avec celle de Shammay : un candidat à la conversion convoque un rabbin et lui demande de le convaincre en résumant brièvement sa croyance. Shammay renvoyait violemment le malheureux avec sa règle de bâtisseur. S'agissant d'un roi, la violence ne serait pas de rigueur. En revanche, le rabbin du *Kuzari* récuse la question du roi pour la même raison que Shammay avec son candidat à la conversion : la croyance juive correspond très exactement à l'ensemble de la Torah et ne saurait être synthétisée d'aucune façon. L'issue cependant n'est pas la même puisque le roi finira par se convertir.

Au reproche du roi, d'une part, de ne pas avoir défini sa croyance par des articles de nature théologique et, d'autre part, de ne pas avoir employé une argumentation de type dialectique et rationnel à l'appui de sa croyance, le rabbin répond que « l'expérience sensible se passe d'argumentation (*dalīl*) et de démonstration (*burhān*)[53] ». La vérité de la loi juive ne se fonde que sur l'expérience de la révélation au Sinaï, la tradition ininterrompue qui la transmet et l'existence continue des Juifs[54].

L'ambivalence d'Halevi vis-à-vis des croyances

La condamnation de la recherche des croyances fondamentales appuyées sur la raison semble donc sans appel. Elle a cependant un statut tout à fait ambigu dans le dialogue. Elle est identifiée au symptôme d'un défaut de foi, propre aux karaïtes et aux théologiens du *kalām* musulman. Or, Halevi n'hésite pas à lui faire une place non négligeable dans son propre texte, offrant ainsi un espace de diffusion à ce type de discours et de réflexion. Par ailleurs, il en vient lui-même par la bouche du rabbin à déterminer une liste de croyances fondamentales des Juifs.

Dans le livre III, le travail spéculatif et argumentatif autour des principes de croyance est assigné aux karaïtes – sachant qu'il y a lieu de penser que le *Kuzari* était initialement pensé comme une contribution à la polémique anti-karaïte[55].

> Le rabbin : Les karaïtes ce sont ceux qui consacrent leurs efforts à étudier les racines (*uṣūl*) [de la religion] et qui en déduisent les dérivés par leur propre science ; souvent ils provoquent la corruption des racines, non pas intentionnellement mais par ignorance[56].

L'un des leitmotivs de la critique anti-karaïte du rabbin est que le zèle apparent des karaïtes tant en matière de pratique que de réflexion théologique est un symptôme de leur manque d'assurance. Ainsi, le roi en vient à affirmer :

> [Le rabbanite] jouit de la paix de l'âme parce que la loi à laquelle il se soumet est transmise par des autorités dignes de créance en ce que leur science vient de Dieu, tandis que le karaïte [...] sait que [son] zèle procède d'un raisonnement purement humain, et il n'est pas assuré que son œuvre soit celle que Dieu agrée[57].

Le recours à la spéculation rationnelle est un palliatif inefficace de l'absence de tradition. Seule la tradition garantit une vie intégralement « agréée par Dieu » et qui n'a besoin d'aucune justification. Le fait même de son existence est sa légitimation.

Si le dernier et cinquième livre de l'ouvrage adopte une position similaire en apparence, on y sent poindre une forme d'ambivalence vis-à-vis de la réflexion sur les articles de croyance. Il est en grande partie, à la demande du roi, consacré à un exposé sur « les racines (*uṣūl*) et les croyances (*ʿaqāʾid*) [de la religion], suivant la méthode des dialecticiens du *kalām*[58] ». Le roi lui-même rappelle que les « docteurs des principes » (*uṣūliyīn*), c'est-à-dire les théologiens du *kalām*, sont particulièrement prisés des karaïtes[59]. S'il formule cette demande, c'est qu'il est conscient que « le sublime degré de la foi pure qui se passe d'examen (*iʿtiqād dūwna baḥth*) est hors de [s]a portée[60] ». Pour une personne en proie aux doutes telle que lui, l'investigation sur les principes de croyance est salutaire, elle permet de confirmer la véracité de la tradition et d'associer, selon ses termes, « science et tradition » (*al-ʿilm wa-l-taqlīd*)[61].

Le rabbin quant à lui accède à la demande du roi, au motif que nul ne saurait être exempt de doute et que la « foi » (*ʾīmān*) ne saurait advenir sans en passer préalablement par l'examen, et la réfutation des doctrines adverses et hérétiques[62]. D'un autre côté, tout en proposant une présentation relativement développée des doctrines du *kalām*, il n'en condamne pas moins les *mutakallimūn* comme de faux savants arrogants, produisant de la confusion et de l'erreur en matière de croyance. Les théologiens du *kalām* sont comparables à de mauvais poéticiens, dont la science est « futile pour celui qui a le sens inné de la poésie ». De même : « [s]euls les gens qui n'ont pas le sens inné [de la loi divine et du rapprochement avec Dieu] ont besoin de la science du *kalām* ; mais souvent elle ne leur est pas utile ; qui pis est, souvent elle leur est nuisible[63] ».

Il n'est pas exclu qu'Halevi déploie ici une stratégie d'écriture ésotérique. Tout en condamnant explicitement le karaïsme et son recours au *kalām*, et en affirmant l'idéal de la « foi pure » et « innée », il leur offre par la bouche du rabbin un espace d'expression et les donne à connaître à ses lecteurs. Il valide ce faisant l'intérêt d'un examen spéculatif sur les principes de croyance, y compris pour le commun des rabbanites. Cette présentation des doctrines et des arguments du *kalām* permet d'ailleurs d'amener, à la fin du livre V, un exposé des positions du rabbin sur le libre arbitre, qu'on a pu lire comme « l'exposé d'Halevi sur les croyances fondamentales du judaïsme[64] » : 1/ Dieu est le créateur parfait ; 2/ il existe des causes intermédiaires ; 3/ Dieu donne à chaque être sa forme la plus parfaite ; 4/ les créatures sont hiérarchisées avec à leur sommet les tenants de la loi divine ; 5/ les prédications influent sur les âmes ; 6/ les hommes ont le sentiment de leurs propres fautes et sont capables de repentir ; 7/ Dieu intervient dans l'histoire à la faveur du peuple d'Israël.

Al-yahūdiyya : les Juifs, le judaïsme, l'être-juif

L'ambivalence d'Halevi atteint son acmé dans un passage du livre III, où le rabbin lui-même invoque l'existence d'« articles de croyance » qu'il convient de répéter quotidiennement. Trois siècles avant Joseph Albo, Halevi puise dans la liturgie, établie par les rabbins, un appui pour affirmer l'antiquité de la notion même d'article de croyance dans la tradition juive. Décrivant les pratiques de l'homme « idéal » ou « vertueux » (*fadhīl*), il envisage la lecture quotidienne du Shema comme une véritable profession de foi. Dans les bénédictions qui accompagnent cette lecture, il dégage une série de dogmes juifs.

> Puis [l'homme parfait] [= *al-fadhīl*] énoncera les articles de croyance (*al-'aqā'id*) qui constituent la croyance de l'être-juif (*'aqīdat al-yahūdiyya*) : il confessera la souveraineté de Dieu (qu'Il soit exalté), son éternité, la Providence qu'il a exercée sur nos Pères, l'origine divine de la Torah, enfin il reconnaîtra la preuve de tout cela, qui est aussi la conclusion du texte, à savoir la sortie d'Égypte[65].

Plusieurs éléments sont à souligner dans ce passage capital. Tout d'abord, malgré le rejet de l'idée d'une *réflexion* sur les articles de croyance, découlant du défaut de tradition chez les karaïtes, Halevi identifie chez les rabbins une pratique d'incorporation de tels articles de croyance. Il ne s'agit pas d'établir rationnellement ces principes de croyance. Il s'agit de les professer et de les intégrer dans le vécu juif quotidien. On ne peut pas dire comme à propos d'Albo plus haut qu'Halevi assume le caractère construit de ces principes de croyance. Il insiste davantage sur le fait que ceux-ci ne sauraient rester purement spéculatifs. Ils doivent accompagner la vie juive, comme la récitation du Shema encadre la journée par sa récitation soir et matin. S'il y a donc des croyances fondamentales, elles sont toujours insérées dans un vécu et une pratique concrète.

Ensuite, tout en acceptant le principe des articles de croyance, Halevi inclut dans cette liste non exhaustive, et qui ne correspond pas à celle de la fin du livre V, tout à la fois des articles relevant d'une théologie rationnelle (souveraineté, éternité, Providence divines) et des articles relevant de l'histoire biblique et relatifs à « l'élection » d'Israël (le récit des Patriarches, la sortie d'Égypte). Le judaïsme est un monothéisme certes, mais électif, indissociable de l'histoire spécifique d'Israël.

Il faut enfin s'arrêter sur une expression remarquable employée ici par Halevi : *'aqīdat al-yahūdiyya*. Par cette expression, l'auteur admet l'existence d'une « croyance » (*'aqīda*) constitutive d'une entité abstraite, *al-yahūdiyya* que, à défaut de mieux, je traduis ici par « être-juif ». La difficulté de traduction de cette expression est symptomatique de son caractère novateur et de la difficulté à saisir sa signification précise.

Dès la fin du XIXe siècle, David Kaufmann relevait le trouble que cette expression avait causé à Juda Ibn Tibbon, dans sa traduction hébraïque canonique datant de 1167[66], témoignant du fait qu'il peinait peut-être lui-même à la comprendre tant elle était nouvelle. Juda Ibn Tibbon est le premier d'une grande lignée de traducteurs provençaux des textes philosophiques arabes vers l'hébreu. Il essuie les plâtres de cette entreprise difficile, et produit souvent des textes dans un hébreu artificiel et parfois obscur. Ici, il traduit : *qišrei ha-yehudim*, littéralement « les liens des Juifs ». Le lexique hébraïque disponible au XIIe siècle ne lui permettait pas de rendre compte du singulier *'aqīda*, qui dérive en effet étymologiquement du champ sémantique du « lien », de « l'attache », et qui signifie un ensemble de croyances spécifique à un groupe donné. Le terme *yahūdiyya* également semble lui avoir posé une difficulté. *Yahūdiyya* est formé par l'ajout du suffixe *-iyya* au terme *al-yahūd* (« les Juifs »). L'équivalent strict en hébreu serait *yahadut* (le terme moderne pour « judaïsme » et « judéité ») ; or, Ibn Tibbon se méfie des termes rares et des néologismes[67]. Il traduit donc par le pluriel *yehudim* : « les Juifs », une interprétation possible de *yahūdiyya* où le suffixe indique que l'on vise l'ensemble des membres du groupe social formé par *al-yahūd*. Suivant Ibn Tibbon, Charles Touati traduit par « la croyance des Juifs » et Schwartz dans sa nouvelle traduction hébraïque rend *'iqqarei emunah ha-yehudiyim*, « les principes juifs de croyance[68] ».

Ce dont témoigne l'embarras d'Ibn Tibbon devant l'expression est le fait que, comme l'a noté Jonathan Decter, l'emploi du terme *yahūdiyya* chez Halevi et d'autres auteurs médiévaux témoigne d'un tournant majeur dans le rapport des Juifs à leur propre identité : ils peuvent s'en ressaisir en la désignant à travers une entité abstraite comparable à d'autres entités du même type (« l'islam », *al-islām*, le « christianisme », *al-naṣrāniyya*, etc.)[69]. C'est de ce tournant que l'hébreu philosophique balbutiant d'Ibn Tibbon ne parvient pas à rendre compte.

Face à ce constat, il est assez déconcertant que, dans son ouvrage *Judaism. Genealogy of a Modern Notion* (2019), Daniel Boyarin intitule l'une des sections de son chapitre, au demeurant très éclairant, sur Halevi « Le *Kuzari* sans *Yahadut*[70] » (p. 60), et une autre « La sémantique de l'absence de judaïsme » (p. 73)[71]. Autant sa démonstration de l'anachronisme de la traduction de *dīn* par « religion » est convaincante, autant sa conclusion : « Les éléments tirés ici de l'analyse du *Kuzari* suggèrent fortement que le concept de "judaïsme" est resté étranger, au moins à cet auteur judéo-arabe majeur du haut Moyen Âge[72] », laisse perplexe. Au regard de l'usage du terme *yahūdiyya*, on peut voir dans le *Kuzari* au contraire un préalable médiéval de l'abstraction moderne « judaïsme » comme concept par lequel les Juifs se saisissent de leurs propres croyance et conception du monde.

Traduire « *yahūdiyya* » ici par « judaïsme » serait toutefois trompeur et sans doute anachronique. La modernité tendra à dissocier « judéité » (le caractère juif, l'identité juive) et « judaïsme » (la doctrine religieuse de la tradition juive). Or ici, le terme peut désigner aussi bien « les Juifs », comme l'attestent les traductions précitées, que ce qui fait que les Juifs sont juifs. Ces deux éléments se confondent : les Juifs et ce qui fait qu'ils le sont, caractérisés par un ensemble de croyances. D'où ma traduction boiteuse par « être-juif ».

La traduction étrange d'Ibn Tibbon a en tout cas durablement obscurci la compréhension du passage et largement exclu Halevi des discussions traditionnelles sur la question des articles de croyance. Pourtant, il faut prendre la mesure de son importance dans le dossier des « principes fondamentaux » de la Torah. Juste à la suite du passage commenté, Halevi écrit : « Celui qui, avec une concentration sincère, acquiesce à toutes ces croyances est véritablement un Israélite (*ʾisrāʾīliyyan ḥaqīqatan*) ; il est digne d'aspirer à la jonction avec la chose divine (*al-amr al-ilāhī*) qui s'est unie aux seuls enfants d'Israël parmi toutes les nations[73]. » Ce passage annonce de manière très étonnante le geste de redéfinition de l'appartenance à Israël que nous avons repéré chez Maïmonide. Ce dernier invoque ce que j'ai appelé un « Israël idéal », où l'appartenance découle de la croyance « véritable » aux articles dogmatiques qu'il a lui-même définis. Il le distingue de « l'Israël réel » dont il codifie les conditions d'appartenance dans son Code à travers les catégories juridiques du Talmud (naissance et conversion). Juda Halevi fait de même. La définition qu'il propose ici de l'« Israélite véritable » tranche avec sa définition biologisante de l'appartenance à Israël. À de multiples reprises dans l'ouvrage, Halevi explique que seuls les Juifs de naissance ont accès à une proximité avec le divin (désigné ici par l'expression aussi centrale qu'énigmatique dans le *Kuzari* de *amr ilāhī*, littéralement « chose divine »), en raison de caractéristiques héritées de manière héréditaire des Patriarches[74]. Or, dans notre passage, c'est au contraire l'affirmation « sincère » de certaines croyances, par leur répétition liturgique et quotidienne, qui est de nature à transformer un individu en un « vrai Israélite », ayant accès à cette « chose divine ». Est-on juif de fait, de naissance, ou par l'adhésion à des croyances, assortie de l'intention adéquate ?

Comment dénouer cette contradiction ? On pourrait emprunter la voie de l'hypothèse « génétique » de Yohanan Silman. D'après lui, l'état final du texte du *Kuzari* intègre des strates rédactionnelles multiples qui témoignent de deux moments dans l'itinéraire intellectuel d'Halevi. Certains passages, dont le livre III dont est tiré notre texte, reflètent la position du « jeune Halevi » séduit par la philosophie et l'aristotélisme. Les passages contradictoires, ouvertement antirationalistes et particularistes, expriment la position du « Halevi de la maturité », désormais sévèrement critique vis-à-vis de ces errements philosophiques de jeunesse. On aurait dans la *Kuzari* une sorte de dialogue platonicien : un dialogue de l'âme d'Halevi avec elle-même, exprimant ses doutes, ses évolutions, ses nostalgies parfois[75]. En l'occurrence, le jeune Halevi aristotélicien serait parvenu à la position qui sera exprimée plus tard par Maïmonide : le souhait de refonder Israël sur la base d'une série de croyances monothéistes. L'Halevi de la maturité lui opposerait un refus radical de définir Israël par d'autres caractéristiques que biologiques : autrement dit, les Juifs sont les Juifs parce qu'ils sont les Juifs, le « reste des enfants d'Israël ».

On notera toutefois qu'aucune critique, aucune nuance n'est énoncée dans notre passage même, qui laisserait entendre qu'il ne reflète pas la position finale de Halevi. C'est pourquoi je proposerais une autre hypothèse pour résoudre l'apparente contradiction. Il faut l'appréhender très précisément pour ce qu'elle dit : dans le *Kuzari*,

Halevi formule à la fois le refus le plus radical de « définir Israël » ou de prouver son authenticité, puisque c'est Israël même qui est sa propre preuve, *et* une première redéfinition de cette appartenance en termes de croyance. Alors que j'espérais trouver dans le *Kuzari* l'expression quintessentielle de la facticité juive, le refus absolu de toute définition réflexive d'Israël, j'y ai découvert tout autre chose. L'affirmation de la prééminence de l'existence juive sur tout système de pensée ou de croyance produit *par là même* une abstraction qui permet de caractériser cette existence.

En d'autres termes, dans le *Kuzari*, ce qui constitue l'identité collective des Juifs est présenté fondamentalement comme un *fait* irréductible, qui ne doit en définitive se chercher d'autre légitimité que son existence et sa persévérance mêmes. Et ce fait demeure indissociable d'un ensemble de croyances qui le constitue. De sorte qu'Halevi, le grand nom du pôle de la facticité juive, valide pleinement le paradigme *réflexif* de la croyance.

Isaac Abravanel, croire et persister après l'expulsion d'Espagne

Je me tourne à présent vers le plus célèbre critique du principe même d'une dogmatique juive, Isaac Abravanel (1427-1508). Abravanel, figure majeure de la génération de l'Expulsion des Juifs d'Espagne, est connu pour avoir joué un rôle de conseiller de divers monarques ibériques, pour ses commentaires bibliques et ses traités de théologie et de philosophie. Il est un candidat idéal en tant que représentant du pôle de la « facticité ». À la fois témoin et acteur du moment de crise existentielle que constitue l'Expulsion, il remet en cause le paradigme réflexif de la croyance élaboré précédemment. C'est lui qui en formule la contestation la plus explicite et la plus radicale dans son *Roš Amanah*[76], rédigé en Italie en 1494 au lendemain de l'Expulsion. En conclusion de ce traité, Abravanel refuse, à l'instar de Shammay ou de certains passages du *Kuzari*, que la Torah puisse être résumée par des articles de croyance. Son livre pose une difficulté d'interprétation majeure : s'il refuse le principe même des principes de croyance, il le fait en conclusion d'un long commentaire de la liste des treize principes de Maïmonide. Comment lever cette contradiction ? Nous allons voir que c'est une fois de plus la problématique qui se pose de manière particulièrement aiguë, suite à l'Expulsion, de la refondation du collectif d'Israël qui anime la discussion d'Abravanel sur les principes de croyance. Cet enjeu le conduit tout à la fois à affirmer une irréductibilité radicale de ce collectif et de la Torah à quelques principes fondamentaux, et une nécessité politique de poser de tels principes. Il en résulte que ce représentant du pôle de la facticité juive, comme Halevi, confirme en dernière instance le paradigme de la croyance.

Pour comprendre la contestation d'Abravanel de l'idée même de principe de croyance, il faut l'inscrire sur l'arrière-plan du rôle qu'avaient joué les réflexions sur les articles de foi dans la péninsule Ibérique suite aux persécutions qui aboutirent à l'Expulsion de 1492. L'expérience marrane puis l'Expulsion auront produit deux résultats diamétralement opposés : une relance de l'activité *réflexive* quant à la définition d'Israël en termes de croyances partagées et une prise de conscience du caractère irréductible du *fait* juif.

D'un côté, la constitution à partir de 1391 d'une masse importante de « nouveaux chrétiens », Juifs convertis au catholicisme dans un contexte de persécution et soupçonnés, souvent à raison, de continuer à « judaïser » en secret, a conduit à relancer la réflexion sur les « principes fondamentaux » de la Torah, en particulier à travers les œuvres de Ḥasday Crescas, *Or Adonai* (« Lumière de l'Éternel », achevé en 1410), et de son disciple Joseph Albo, le *Sefer ha-'Iqqarim* (« Livre des Principes ») déjà évoqué. Partant d'une critique des treize principes de Maïmonide, Crescas et Albo limitent respectivement à six et à trois les principes fondamentaux de la Torah. Pour pasticher la *aggadah* de la fin du traité *Makkot* commentée au chapitre I : « 613 commandements ont été dits à Moïse, vint Maïmonide et il les fit se tenir sur treize principes de croyance, vint Crescas et il les fit se tenir sur six, vint Albo qui les fit se tenir sur trois[77]. » Cette tendance à la constitution d'un noyau de plus en plus restreint de principes de croyance peut se lire comme un effort pour affronter la crise ouverte par le phénomène marrane, et ce à double titre. À l'adresse des Juifs restés juifs, il s'agit de redéfinir les limites devenues de plus en plus perméables de leur communauté et de leur indiquer ce qui les distingue de la majorité chrétienne. À l'adresse des marranes, ramener l'appartenance à Israël à une liste minimale d'articles de croyance permet de conforter leur attachement à leur tradition, malgré la conversion, qui rend impossible la pratique active de la loi juive, sans affecter la sphère intérieure du croire.

D'un autre côté, le phénomène marrane a marqué la découverte d'un irréductible *fait* juif, indépendant de toute doctrine et de toute croyance. L'émergence de la notion de « pureté de sang » dans la société et le droit ibériques quelques décennies après le début des persécutions participe de cette découverte pour le malheur des judéo-convers. Servant à distinguer les « vieux chrétiens » de sang pur et les « nouveaux chrétiens » qui ont des ancêtres juifs, elle sous-entend qu'un Juif même converti au christianisme reste un Juif qui transmet sa judéité à ses descendants et préfigure l'antisémitisme racialiste moderne. L'attachement des marranes à leur identité juive, derrière un christianisme de façade et malgré une vie juive mutilée, participe également de cette découverte[78].

L'Expulsion, quant à elle, a pu être interprétée comme l'échec des entreprises de résistance intellectuelle des Juifs espagnols, à l'instar de celles de Crescas et d'Albo[79]. Le *Roš Amanah* traduit l'ensemble de ces problématiques. Abravanel y articule l'affirmation de l'irréductibilité du *fait* juif et la critique des propositions de ses prédécesseurs à propos des principes fondamentaux de la Torah. Le traité s'achève par cette sentence radicale :

> Il ne convient pas, en ce qui concerne la Torah divine, de fixer des principes (*'iqqarim*), ni des fondements (*yesodot*) dans le domaine des croyances. Car nous avons l'obligation de croire tout ce qui est écrit dans la Torah. Et il n'est pas en notre pouvoir de douter de la moindre chose qu'elle contient, de sorte qu'il nous faudrait nous assurer de sa vérité grâce à ces principes (*'iqqarim*) et ces racines (*šorašim*)[80].

Après le désastre, il n'est plus désormais question de préserver un noyau minimal de croyances, mais d'affirmer l'intégralité du fait juif à travers l'irréductibilité de la Torah à l'une quelconque de ses parties. Pourtant Abravanel ne se contente pas de critiquer Crescas et Albo en contestant l'idée même de principes de croyance. Il le fait en proposant une défense longue et détaillée des treize principes de Maïmonide, précisément contre les critiques de Crescas et d'Albo. Ces deux gestes semblent évidemment se contredire : soit la liste de Maïmonide est pertinente et par conséquent la notion même de croyance est fondamentale, soit cette notion doit être abandonnée et avec elle la liste de Maïmonide au même titre que les autres.

S'agit-il d'un revirement ou faut-il chercher une cohérence aux propos d'Abravanel ? Comme toujours une manière simple de résoudre le problème est de le dissoudre. Pour David Neumark ainsi, il ne faudrait tout simplement pas prendre en compte ces propos conclusifs. Abravanel devrait se lire essentiellement comme un défenseur de Maïmonide et sa conclusion contestant les articles de croyance serait une concession à « l'orthodoxie » qui ne refléterait pas sa véritable doctrine[81]. Pourtant Abravanel est connu pour être un critique véhément de Maïmonide. Il en est certes un commentateur et un disciple, consacrant un commentaire au *Guide des égarés*. Mais ce commentaire formule une critique de la vision maïmonidienne de la prophétie, et Abravanel identifie, comme avant lui Crescas, les disciples averroïstes de Maïmonide comme un danger à combattre.

Il me semble donc que, s'agissant du *Roš Amanah*, ce soit la défense de Maïmonide, plutôt que la contestation du principe des articles de croyance, qui demande à être expliquée. Menahem Kellner considère pour sa part que la cohérence de l'ensemble découle de la définition large qu'Abravanel donne de la notion de « principe ». Crescas et Albo ont identifié les « principes » (*'iqqarim*) de Maïmonide à des axiomes : des fondements logiques sans lesquels la Torah ne saurait exister. Autrement dit, la recherche des « principes » impliquerait d'isoler un noyau « essentiel » dont se distinguerait une enveloppe inessentielle. C'est l'existence d'un tel noyau qu'Abravanel conteste. Or le terme « principe » a un autre sens. Il désigne également la chose « la plus importante (*nikhbad*) et essentielle (*'aṣmi*) de son espèce[82] ». Ici « essentiel » ne signifie pas que le reste n'aurait pas de valeur intrinsèque et indépendante des principes. C'est en ce deuxième sens que Maïmonide a déterminé des principes de la Torah.

Comme Abravanel l'indique à la fin de son ouvrage, à la différence de ses successeurs Maïmonide n'a jamais pensé déterminer des « axiomes » de la Torah, en se modelant sur des disciplines scientifiques fonctionnant sur un modèle déductif à partir de principes fondamentaux. Son objectif avec sa dogmatique était purement pédagogique à l'adresse du vulgaire : lui indiquer certains des éléments « les plus importants » de la Torah pour garantir l'adhésion du grand nombre à la totalité de la Torah. Dans le *Guide des égarés* qui s'adresse à l'élite intellectuelle, Abravanel fait remarquer que ces principes sont absents. Nous avons vu d'ailleurs que dans le *Traité sur la résurrection* Maïmonide indiquait qu'une motivation pédagogique l'a en effet conduit à fixer des principes de la Torah.

Abravanel observe également que sa thèse d'une équivalence en termes de vérité de l'ensemble des propos de la Torah s'accorde avec le huitième principe de la liste de Maïmonide :

> 8e principe : La Torah vient du ciel [...]. Il n'y a pas de différence [à cet égard] entre *Les fils de Ham, Kush, Mitsrayim, Put et Kenaan* (Gn 10, 6) et *Le nom de sa femme était Mehétabel, fille de Matred* (Gn 36, 39) et *Je suis l'Éternel [ton Dieu qui t'ai fait sortir d'Égypte]* (Ex 20, 2 ; Dt 5, 6) ou *Écoute Israël, l'Éternel notre Dieu, l'Éternel est un* (Dt 6, 4), tout cela provient de la bouche de la Toute-Puissance, tout cela est la Loi de l'Éternel parfaite, pure, sainte et vraie[83].

Autrement dit, ce huitième principe, qui suggère que dans la Torah tout est également important, paraît lui-même contradictoire avec le projet même d'établir des « principes » qui auraient une valeur supérieure au reste de l'ensemble. La cohérence du propos d'Abravanel me semble dès lors clairement établie : il est possible de défendre tout à la fois l'absence de « principes » axiomatiques et la liste de Maïmonide. Toutefois, il faut mener le raisonnement de Kellner à son terme. Selon Abravanel, la Torah n'admet, en vérité, aucun principe fondamental, mais en fixer s'avère néanmoins une démarche nécessaire. Pour quelle raison ?

Répondre à cette question suppose d'envisager la place de cette recherche des principes dans une entreprise intellectuelle de refondation du collectif d'« Israël ». Cédric Cohen Skalli note ainsi, qu'à en croire la première édition du *Roš Amanah* (Istanbul, 1505), cet ouvrage faisait partie d'un triptyque avec un commentaire sur la Haggadah de Pessah (*Zevaḥ Pesaḥ*) et un commentaire sur le traité des Pères, *Pirqei Avot* (*Naḥalat Avot*)[84]. Cohen Skalli invite à lire cet ensemble de textes comme une réponse à la crise ouverte par l'Expulsion : les trois textes proposent un itinéraire qui vise à aboutir à une refondation à partir de rien du collectif juif. Dans ce dispositif, la défense des principes fondamentaux de Maïmonide sert de préambule à la refondation en acte du collectif que constitue le rituel de Pessah. L'Expulsion est en effet pensée par Abravanel comme un nouvel Exode et donc un paradoxal nouvel acte de naissance d'Israël. C'est enfin sur cette base que vient se greffer le commentaire sur le Traité des Pères. Abravanel y propose une orientation nouvelle à la lecture de la Torah, une réorientation intellectuelle d'Israël, en y entremêlant des considérations humanistes.

À l'appui de son interprétation, Cohen Skalli relève l'importance d'un passage du *Roš Amanah* où Abravanel pense le rapport des hommes à leurs croyances de manière hylémorphique : l'homme est comparable à une matière qui doit être disposée à recevoir sa forme. Or la forme de l'homme, ce sont ses croyances[85]. Il convient donc de disposer la matière brute de l'homme à recevoir des croyances. Cette disposition est acquise tantôt par l'expérience (en particulier celle d'un miracle à l'instar de la révélation au Sinaï), tantôt par l'examen rationnel (*beḥinah*). Le traumatisme de l'Expulsion peut ainsi être interprété comme une expérience qui annule le bénéfice de celle du Sinaï, introduisant un doute fondamental qui justifie pleinement de recourir à « l'examen » en matière de croyances.

De ce point de vue, Abravanel se révèle un disciple d'Halevi. De manière générale, son rationalisme tourné contre les excès de l'intellectualisme l'inscrit dans la filiation intellectuelle de l'auteur du *Kuzari*, par l'intermédiaire de Naḥmanide, de Nissim de Gérone et de Crescas. Abravanel explique ainsi que si le travail de prédisposition de la « matière » humaine à recevoir la « forme » de ses croyances est une affaire de temps, la matière une fois disposée reçoit la croyance de manière instantanée. Cette thèse rappelle les propos du rabbin dans le *Kuzari*, selon laquelle à la différence des législations rationnelles : « Le système de lois (*nāmūs*) dont l'origine est divine surgit soudainement[86]. » Par ailleurs, comme nous l'avons vu, Halevi critique l'examen sur les principes de croyance, mais justifie d'y recourir en situation de doute. Le doute en matière de croyance spécifique au roi des Khazars sert de porte-parole d'un doute plus structurel à tous les hommes, y compris les Juifs, y compris les rabbins qui disposent d'une tradition sûre. Comme Halevi, Abravanel légitime ainsi un examen rationnel des « principes » de croyance tout en contestant que la croyance véritable puisse se ramener à des principes. Cet examen est une préparation à la réception pleine et entière de la croyance.

Abravanel a clairement compris le projet de Maïmonide dans sa liste comme un projet de fondation politique d'un collectif. Il est remarquable qu'à l'ouverture de son traité, lorsqu'il cite la liste des treize principes de Maïmonide qu'il s'apprête à commenter, Abravanel y inclut dans son intégralité le paragraphe qui suit immédiatement cette liste dans le texte de Maïmonide. J'ai insisté plus haut sur l'importance de ce paragraphe où Maïmonide redéfinit l'appartenance à Israël en fonction de l'adhésion à ces principes[87]. Plus loin, dans le chapitre VI, dont Kellner a déjà relevé l'importance, Abravanel ne se contente pas de signaler tous les sens possibles du mot « principe ». Il précise également la compréhension que Maïmonide a, selon lui, et sa propre interprétation de l'entreprise maïmonidienne.

> Les principes que le grand maître a mentionnés ne sont pas seulement (*bilvad*) les principes des croyances (*'iqqarei ha-emunot*), ni les principes de la loi (*'iqqarei ha-dat*). L'intention du maître a été qu'ils constituent des principes de l'être-juif (*'iqqarei ha-yahadut*), de sorte que quiconque y adhère (*ma'amin*) fasse partie du collectif d'Israël (*mi-kelal Yiśra'el*), et de ceux à propos desquels la Mishnah (*Sanhedrin*, X (XI), 1) énonce que tout Israël a part au monde à venir[88].

Ce qui est en jeu dans la fixation des principes est la redéfinition du collectif Israël. Abravanel fait entièrement sien le paradigme maïmonidien qui fait dépendre l'appartenance à Israël d'une croyance, qui passe comme nous l'avons vu par une interprétation surdéterminée et en rien évidente de la Mishnah du traité *Sanhedrin*.

Ce passage est remarquable par l'usage du terme « *yahadut* » au sein de la discussion sur les principes de croyances. Il fait écho, volontairement ou non, au passage du *Kuzari* contenant le mot *yahūdiyya*, sur lequel je me suis longuement arrêté plus haut. Comme Halevi, Abravanel indique que ce qui se joue dans la définition de principes de croyance est la définition d'une entité abstraite qui constitue ce qui fait que les Juifs sont juifs. Ici encore, le terme « *yahadut* » pose d'inextricables problèmes de traduction. Dans son enquête généalogique sur le « judaïsme », Daniel Boyarin a beaucoup glosé l'usage par Abravanel de ce terme. Il lui semble pouvoir percevoir, chez cet humaniste fortement influencé par la pensée chrétienne de son temps, un tournant vers la compréhension moderne du « judaïsme » comme religion[89]. Or dans ce passage, que Boyarin ne prend pas en considération, Abravanel établit un contraste entre le terme « *dat* », que je traduis par « loi » mais qui pourrait aussi s'interpréter comme « loi religieuse » ou « religion »[90], le terme « *emunah* » que je traduis par « croyance » et le terme *yahadut*. Établissant des principes de croyance et des principes de la loi religieuse, Maïmonide établit par là même des principes de l'identité collective des Juifs, désignée par le terme *yahadut*. D'où ma traduction, comme précédemment celle de *yahūdiyya* chez Halevi, par « être-juif » : *yahadut* désigne l'abstraction qui définit les Juifs comme tels, abstraction dont l'extension intègre les notions de croyance et de loi et le *fait* d'être juif.

Comme Maïmonide, Abravanel n'a d'autre vue, avec son ouvrage sur les principes de croyance, que la reconstitution du collectif juif. Après le traumatisme de l'Expulsion, il puise dans sa démarche une manière de redisposer les Juifs en déroute à recevoir à nouveau la Torah dans son intégralité. C'est ainsi que l'on peut comprendre d'autres passages apparemment contradictoires des textes d'Abravanel. Dans un traité rédigé à la même période que le *Roš Amanah*, il écrit que la liste des six principes de Crescas est aussi valable et juste que celle des treize principes de Maïmonide : « L'une et l'autre – écrit-il – sont paroles du Dieu vivant[91]. » Alors que la démarche « axiomatique » de Crescas est critiquée dans le *Roš Amanah*, sa liste de principes est ici tenue pour acceptable, voire également « vraie » que celle de Maïmonide. Ce qui est visé ici est le fait que la liste de Crescas pourrait en effet jouer un rôle similaire à celle de Maïmonide : disposer la « matière humaine » d'Israël à la réception intégrale de la Torah qui lui donne sa forme. Dans cette perspective, le nombre de principes importe assez peu et une liste peut en remplacer une autre. Dans un autre passage, Abravanel affirme, s'inspirant sans le citer de Simon ben Ṣemaḥ Duran (1361-1444)[92], que « s'[il] optai[t] pour la fixation de principes de la Torah divine, [il] n'en fixerait qu'un seul, à savoir la création du monde, puisqu'il est la racine (*šoreš*) et le fondement (*yesod*) sur lequel repose l'ensemble de la Loi divine[93] ». Il confirme par là l'arbitraire de toute liste. *In fine*, une « liste » comportant un seul titre pourrait aussi bien faire l'affaire.

Si toutefois Abravanel considère nécessaire de défendre la liste de Maïmonide, contre celle de Crescas et d'Albo, c'est que celle-ci est à ses yeux la plus efficace pour dissiper la confusion de ses contemporains en matière de croyance[94]. Selon le constat dressé dans le poème introductif du *Roš Amanah* : « La foi s'est perdue (*avedah ha-emunah*) et ses piliers ont été ébranlés[95]. » Or Maïmonide est « l'aigle des cieux [...] qui veille sur les enfants de notre peuple, à la tête des exilés[96] ». Sans doute Abravanel a-t-il considéré que le retour à la liste de Maïmonide était une façon de restaurer l'autorité de cette figure du dirigeant d'un premier exil espagnol, faisant suite à l'invasion almohade au XIIe siècle. Il est la référence adéquate aux circonstances de ce nouvel exil et Abravanel entend bien s'en inspirer pour prendre la direction de ce nouvel exil. Peut-être a-t-il également souhaité, à travers la critique des contradicteurs espagnols de Maïmonide, marquer la rupture des Sépharades avec leur passé ibérique et leur entrée dans une condition proprement exilique. C'est enfin et surtout la stature de Maïmonide qui fait de sa liste celle qui est la mieux à même de servir de socle à une refondation d'Israël.

Ramené au *fait* de l'existence juive, Abravanel affirme donc le caractère irréductible et intégral de la Torah ; les principes de croyance ne sont qu'un moyen de disposer le collectif à la recevoir. Mais à l'image d'Halevi, ce penseur de la facticité juive n'en valide pas moins intégralement le paradigme de la croyance comme notion définitionnelle d'Israël. Il radicalise même ce paradigme : lorsque Halevi évoque le caractère *instantané* de l'acceptation de la révélation, il parle de celle du « système de lois (*nāmūs*) d'origine divine[97] ». Lorsque Abravanel reprend cette idée, c'est désormais de la « croyance » (*emunah*) qu'il est question, elle qui donne « forme » de manière *instantanée* à la « matière » humaine pour autant qu'elle a été disposée à la recevoir. La « loi » révélée d'Halevi devient chez Abravanel « croyance ». Si, par ailleurs, il est une erreur de penser comme Crescas et Albo que la Torah comporte réellement des principes axiomatiques, c'est qu'elle n'est pas comparable à une discipline scientifique fonctionnant de manière déductive. Son mode de donation est celui de la « réception traditionnelle et de la croyance (*ha-qabbalah we-ha-emunah*)[98] ». Être juif, appartenir à Israël, c'est être un croyant fidèle à la Torah. Or la croyance n'est pas une science dont on peut distinguer les axiomes et les énoncés déduits à partir d'eux. La croyance est intégrale et indivisible. Elle est ce qui forme le tout d'Israël.

*

Nous avons patiemment suivi à l'époque médiévale la constitution d'un nouveau paradigme pour penser le tout de la chose juive. Cette nouvelle manière de penser ce qui constitue les Juifs comme tels se fait dans des termes différents de ce que nous avons observé dans la littérature rabbinique classique. Mais elle s'opère à travers une relecture, voire une réécriture des sources rabbiniques antérieures. Elle partage par ailleurs des traits structurels avec les textes rabbiniques commentés au chapitre I. Ce dont on s'enquiert n'est plus le « tout » de la Torah, dit sur un seul pied ou ramené à des parties « expressives ». C'est toujours de la Torah ou de la « loi » (*šari'a*, *dīn*, *dat*) qu'il est question. Mais il s'agit désormais d'en déterminer les « principes » ou les « fondations » (*uṣūl*, *'iqqarim*, *yesodot*). Ces principes, ce sont des croyances doctrinales, de sorte que la « Torah » est reconfigurée comme un dispositif légal certes, mais qui repose sur des croyances vraies. Cet édifice culmine dans la croyance-connaissance de l'unicité de Dieu. Les rabbins constituaient leur objet propre « la Torah » – par laquelle se définit Israël – en formulant ce en quoi le « tout » de la Torah consiste. De la même façon, ce sont les opérations discursives mêmes des rationalistes médiévaux qui constituent la Torah en doctrine monothéiste. Et ces mêmes opérations emportent une redéfinition politique du collectif « Israël », comme celui des vrais monothéistes. De même que dans l'épisode « paradigmatique » du Talmud, il existe à l'époque médiévale un pôle rétif à cette redéfinition « réflexive » d'Israël. Mais les représentants les plus célèbres de l'opposition au fait même de recourir à la philosophie pour se penser soi-même (Halevi) ou à l'établissement d'une liste de croyances fondamentales (Abravanel) évoluent en réalité à l'intérieur du paradigme qu'ils combattent. Si Israël est un *fait* irréductible à quelque dogmatique que ce soit, Halevi comme Abravanel ne peuvent le penser qu'en termes de « croyance » ou de foi. L'opération réflexive de refondation a donc fonctionné : il est désormais devenu difficile de penser Israël indépendamment de ce que la modernité nommera « monothéisme ». Par d'autres opérations discursives de refondation encore, les penseurs juifs modernes renouvelleront le sens de ce « monothéisme » juif, inventé au Moyen Âge.

4.

Du monothéisme juif au judaïsme éthique

La pensée juive moderne hérite ainsi du Moyen Âge du paradigme du monothéisme juif. Par modernité juive, j'entends la période ouverte par le long processus d'Émancipation des Juifs : l'accès progressif des Juifs à une égalité de statut initié en Europe occidentale à la fin du XVIIIe siècle. L'Émancipation occasionne une question que Bruno Karsenti nomme la « question juive des modernes ». Cette question, qui hante la pensée moderne depuis les Lumières, peut se formuler ainsi : dès lors qu'ils sont reconnus comme participant d'une commune humanité, indifférente à toute notion d'élection, qu'est-ce qui justifie que les Juifs continuent à s'identifier comme tels[1] ? Cette question n'affecte pas uniquement les intellectuels non-juifs à l'époque des Lumières. Elle se pose aux penseurs juifs modernes eux-mêmes sous la forme de ce que je nommerai la « question moderne des Juifs » : Pourquoi restons-nous juifs ?

Dans le moment médiéval, cette question n'avait pas lieu d'être. Elle se posait sans doute sur le plan individuel, puisqu'il était possible de choisir de ne pas rester juif en se convertissant. L'existence du collectif d'Israël, quant à elle, ne posait pas question. Ou du moins, la question que posait son existence avait une réponse et même une pluralité de réponses. Elle avait une réponse juive : les Juifs sont le peuple de l'Alliance. Leur exil et leur dégradation politique sont la sanction de leur faute. Elle avait une réponse chrétienne, élaborée dès l'Antiquité tardive par Augustin d'Hippone : les Juifs sont malgré eux le peuple témoin de la vérité du christianisme. Ils véhiculent les prophéties qui annoncent la venue de Jésus, et leur dégradation est la sanction de leur refus obstiné de le reconnaître comme Messie. Elle avait, dans le même esprit, une réponse musulmane : les Juifs sont le résidu d'une forme ancienne du Livre, dépassée par le sceau de la prophétie. Le paradigme de la croyance monothéiste élaboré par les rationalistes médiévaux était compatible avec l'existence de ce collectif distinct. L'Israël idéal, dans la perspective maïmonidienne, était cette communauté de philosophes disposant de l'idée la plus parfaite possible du Dieu un. L'Israël réel était cette communauté empirique qui portait en puissance cette communauté idéale. Les Juifs, en prétendant disposer de la version la plus vraie du monothéisme, ne faisaient pas exception. Comme l'Église chrétienne et comme la *'ummah* musulmane, ils constituaient le « peuple de Dieu » : le peuple « choisi » par Dieu mais aussi le peuple qui en avait l'idée vraie.

Le monothéisme, s'il est universel par définition, était pensé comme circonscrit à une communauté élective, revendiquant dans le cas des Juifs et des chrétiens le nom d'Israël. Chaque monothéisme a pu en outre produire une explication de l'existence des deux autres, les renvoyant à l'erreur ou en en faisant l'instrument de la diffusion de sa propre vérité. Dans la pensée juive, cette seconde option a été choisie par exemple par Juda Halevi et Maïmonide. Le succès historique du christianisme et de l'islam est, selon eux, une ruse de Dieu pour diffuser la vérité du monothéisme juif et préparer les temps messianiques.

Ce paradigme s'essouffle avec l'entrée dans la modernité : la marginalisation et la stigmatisation des Juifs confortaient paradoxalement leur assurance de disposer d'une vérité élective du monothéisme. Or, dès lors que la différence entre juif et chrétien est remise en cause au nom d'une commune humanité, cette assurance également s'affaiblit. Un nouveau paradigme s'invente alors, modifiant celui des médiévaux, pour rendre compte de ce qui fait que les Juifs sont juifs : celui du monothéisme « éthique ».

Cette approche du monothéisme est en réalité partagée par des penseurs juifs modernes et des théologiens chrétiens. Elle est une réponse à une crise plus générale des traditions « religieuses » au sein des sociétés sécularisées. Les études critiques sur la sécularisation invitent à penser la « religion » comme le produit conjoint d'une sphère politique séculière. Cette sphère se fonde en se détachant d'un ensemble au sein duquel religion et politique étaient auparavant confondues. La religion est le résidu de ce geste d'autonomisation de la politique. Dès lors, si elle n'est plus une instance structurante de la société et du pouvoir politique, la religion se légitime comme étant la garante d'une « éthique », de normes morales et de valeurs que les sociétés laïques sont en peine de produire et de conserver. Le monothéisme n'est plus une doctrine du Dieu un dont l'horizon serait la croyance juste. L'unité de Dieu est avant tout la source de normes morales qui ont vocation à se réaliser dans une pratique individuelle et collective[2].

La tradition juive se prête particulièrement bien à cette traduction en une éthique monothéiste. Ainsi traduite, elle repose sur une doctrine abstraite, le « judaïsme », véhiculant un ensemble de valeurs et de normes, et sur une communauté « religieuse », « Israël », qui en assure tout à la fois la réalisation et la conservation. Par là même, appliquée à la tradition juive, l'idée d'un « monothéisme éthique » qui viendrait répondre à la crise du religieux dans un monde sécularisé est conduite à ses propres contradictions. « Israël » est pour ainsi dire, dans la perspective du monothéisme éthique, une « minorité agissante » dans l'histoire. Loin de se confondre avec une « religion » qui n'aurait rien de politique, la version juive du monothéisme éthique conduit à une pensée politique du type de communauté que constitue « Israël ». La pensée la plus conséquente du monothéisme éthique, que l'on trouve chez Hermann Cohen (1842-1918), aboutit ainsi à une conception politique d'Israël – que je qualifierais d'anarchisme diasporique[3] –, fournissant des ressources pour penser une existence politique indépendamment de la forme étatique incarnée par l'État libéral sécularisé de la modernité.

Dans ce chapitre, nous allons suivre l'émergence de ce nouveau paradigme moderne à partir d'une relecture des médiévaux. Nous partirons de Freud chez qui l'on trouve, dans les années 1930, un exposé particulièrement représentatif de ce paradigme. Lorsqu'il se met en quête de la genèse du monothéisme, dans son livre ultime sur Moïse, Freud offre une généalogie biblique d'une « religion » qui s'est inventée au cours du XIXe siècle. Celle-ci repose sur un monothéisme strict, dont la conséquence est une « éthique » se traduisant par la répression des pulsions. Nous retracerons ensuite l'origine de ce paradigme dans un dialogue entretenu par la *Wissenschaft des Judentums* (l'approche universitaire du judaïsme) et la philosophie juive moderne avec le Moyen Âge. Le monothéisme y est assorti d'une conception de l'histoire. Israël devient sous la plume de certains penseurs une communauté au sein de laquelle une « idée », celle du monothéisme, se déploie à travers l'histoire. Au début du XXe siècle, Leo Baeck propose une réflexion sur l'« essence du judaïsme » censée apporter une réponse définitive à la question juive des modernes et à la question moderne des Juifs. Son propos ne fait que reconduire ces deux questions sous la forme d'un paradoxe. Le « judaïsme » correspond chez lui à une religion à vocation universelle, même si elle s'exprime dans le cadre d'une minorité politique. Son « universalisme » juif le conduit à penser la minorité, la multiplicité des « particularismes », comme « principe éthique ».

L'éthique monothéiste de Freud : généalogie biblique d'un paradigme moderne

Je partirai donc du monothéisme de Sigmund Freud, non parce qu'il est original ou qu'il marque un tournant dans la pensée juive, mais parce qu'il est, au contraire, typique et représentatif d'une conception répandue du judaïsme en Europe occidentale au début du XXe siècle. Dans le dernier ouvrage publié de son vivant, Freud se propose de remonter aux origines de ce qu'il nomme la « religion monothéiste » qu'il identifie à celle fondée par Moïse. Or, cette religion dont il retrace les origines est une construction du XIXe siècle. Elle est si identifiée à ses yeux à la religion juive qu'il est persuadé de pouvoir en trouver les sources dans la Bible associée à des hypothèses tirées de la théorie psychanalytique. Contre l'évidence même du texte biblique qui regorge d'anthropomorphismes, elle est un monothéisme strict, qui prescrit le culte d'un Dieu irreprésentable. Ce culte aboutit à ce qu'il nomme une « éthique », qui repose sur la répression des pulsions au profit de l'activité intellectuelle. Sa « religion monothéiste » est une éthique qui découle d'une croyance monothéiste, conformément au paradigme du judaïsme comme « monothéisme éthique » dont il hérite de ses prédécesseurs dans la pensée juive moderne.

En 1939, Freud publie sous le titre *Der Mann Moses und die monotheistische Religion* un ouvrage étrange par bien des aspects et appelé à susciter de nombreuses réactions et commentaires. Je n'en mentionnerai ici que deux. Dans sa première traduction française, Anne Berman rendait la première phrase de l'ouvrage : « Déposséder un peuple de l'homme qu'il célèbre comme le plus grand de ses fils est une tâche sans agrément et qu'on n'accomplit pas d'un cœur léger », l'amputant de sa dernière clause « *a fortiori* quand on fait soi-même partie du peuple en question »[4]. Martin Buber, dans son propre *Moïse* paru en 1944, consacre sa première note à fustiger l'ouvrage « si complètement dénué de valeur scientifique et reposant sur des hypothèses si peu fondées et inconsistantes » du « savant considérable en son domaine »[5] qu'était Freud. L'ouvrage, pour certains, est trop juif, assignant la psychanalyse à une origine « confessionnelle » qu'il convient d'effacer ; pour d'autres, il constitue, au-delà de ses approximations historiques, une impardonnable trahison. Composé en plusieurs étapes dans le contexte des premières années du régime nazi, entre 1934 (à Vienne) et 1938 (à Londres), il propose une explication de la genèse du « judaïsme » et de l'antisémitisme, qui sont l'une comme l'autre de nature à choquer certaines catégories de lecteurs. Selon Freud, le judaïsme se fonde sur le meurtre par les Hébreux de son fondateur, un noble égyptien du nom de Moïse. Ce dernier avait voulu donner un nouveau souffle à un monothéisme égyptien antérieur, celui du pharaon Akhenaton, dont la mémoire avait depuis longtemps été effacée. L'antisémitisme s'explique en partie, dans la veine de Spinoza, par l'élitisme (« Un trait de caractère des Juifs [...] domine leur rapport aux autres. Il ne fait pas de doute qu'ils ont une opinion particulièrement haute d'eux-mêmes[6] ») et l'isolationnisme, dont la circoncision constitue l'expression la plus « inquiétante » aux yeux des non-Juifs[7]. Pour Freud, qui reprend à son compte certains poncifs de l'antisémitisme banal[8] de son temps, c'est le judaïsme qui explique l'antisémitisme.

Qu'est-ce que le judaïsme d'après Freud ? Quelle est cette entité dont il entend reconstituer l'histoire ? Si, à défaut d'être « neuves[9] » comme il le prétend, la reconstruction de la genèse du judaïsme et l'étiologie de l'antisémitisme par Freud s'écartent de la *doxa* traditionnelle, si Freud assurément n'est pas un spécialiste ni même un fin connaisseur des sources juives[10], son judaïsme nous intéresse parce qu'il reflète la représentation usuelle que s'en faisait l'intelligentsia juive libérale de la Mitteleuropa[11]. Précisément parce que Freud est un outsider, un Juif moderne qui se situe en dehors de la tradition juive et ne parle pas en son nom, son judaïsme témoigne d'un paradigme spécifiquement moderne par lequel les Juifs s'emploient à penser ce qui les fait tels, et qui s'élabore au fil du XIXe siècle.

Le titre de l'ouvrage est en lui-même significatif. Freud a longtemps hésité à ce propos : une lettre à Arnold Zweig (du 30 septembre 1934) nous apprend qu'il avait initialement envisagé d'écrire un essai intitulé « Moïse, un roman historique[12] ». Le manuscrit révèle qu'il a plus tard hésité à adopter le titre « Moïse et le monothéisme » (*Moses und der Monotheismus*, titre choisi dans la Standard Edition en anglais et dans la première traduction française[13]) avant de retenir *L'Homme Moïse et la religion monothéiste*. Pour Yosef Hayim Yerushalmi, ce choix témoigne de ce que l'on pourrait caractériser comme un marranisme freudien : « D'un côté, ce titre ne proclame pas explicitement qu'il s'agit d'un ouvrage juif. De l'autre, cependant, en mettant en relief sa spécificité, l'expression "la religion monothéiste" désigne bien le judaïsme et lui seul[14]. » Seul le judaïsme, à la différence du christianisme qui réintègre des éléments du « paganisme », est un « monothéisme pur[15] », l'islam n'étant qu'une pâle « répétition en abrégé » du judaïsme[16]. Jan Assmann, quant à lui, lit la formule « la religion monothéiste » comme une « expression générique » qui témoigne du fait que Freud n'entendait pas « limiter le problème du monothéisme au judaïsme[17] ». Dans une note, Assmann ajoute que Freud doit davantage être vu comme « un homme des Lumières que comme un rabbin[18] ». Le *Moïse* de Freud est selon lui le dernier épisode d'une saga de discussions qui remonte au XVIIIe siècle sur le polythéisme et le monothéisme, et dont il retrace l'histoire. J'ajouterai pour ma part qu'à travers sa note opposant le « rabbin » aux penseurs modernes, Assmann s'inscrit dans cette même vieille discursivité des Lumières, travaillée à son corps défendant par la « question juive ». Or, l'inscription par Freud du « judaïsme » dans un cadre de pensée moderne est précisément le point déterminant : lorsque Freud s'engage à restituer l'histoire du « judaïsme », il l'envisage comme le modèle de ce que le XVIIIe siècle, teinté de philosophie des Lumières et de protestantisme, avait pensé comme « monothéisme », c'est-à-dire le sommet de la religion, en tant qu'elle est compatible avec la raison. Chacun des termes ici est symptomatique : le « judaïsme », cette entité abstraite dont l'existence fait si peu de doute qu'il ne reste plus qu'à en retracer l'origine, est *la religion monothéiste*. Il est une « religion », un système de croyances (largement illusoires selon Freud[19]), associé à une série de pratiques et organisé par des institutions spécifiques. Il est un « monothéisme » : une croyance en un Dieu unique, à l'instar de celui de l'antique religion d'Akhenaton, qui plus est irreprésentable. Il en est même le modèle, dévoyé et imité par les monothéismes ultérieurs.

Le monothéisme juif comporte d'après Freud deux traits fondamentaux : il est un monothéisme absolu et il conduit à une éthique de la sublimation des pulsions. Son premier « caractère principal » (*Hauptcharakter*), sa première « réalisation majeure » (*große Leistung*)[20], est *l'ado-*

ration d'un dieu unique, universel et exclusif. Le monothéisme égyptien, la religion d'Akhenaton, prescrivait le culte du dieu solaire Aton et la destruction des cultes populaires. La violence iconoclaste inhérente au monothéisme explique le renversement final d'Akhenaton et l'effacement de toute trace de sa réforme au profit d'un retour aux cultes populaires. Elle explique également le meurtre de Moïse par les Hébreux à qui il avait essayé d'imposer le culte d'un dieu unique et irreprésentable. Cette irreprésentabilité du dieu de la religion de Moïse en fait du reste un monothéisme plus « abrupt » encore que le monothéisme égyptien[21]. La seconde réalisation du monothéisme juif est la tendance à la *répression de plus en plus rigoureuse des pulsions.* Ces deux caractéristiques du monothéisme juif s'articulent l'une avec l'autre par le biais de l'idée d'un « progrès de la spiritualité (*Geistigkeit*)[22] ». Dans un jeu d'oppositions polaires, Freud soutient que l'unicité du Dieu et l'aniconisme conduisent au « triomphe du spirituel sur le sensible (*Triumph der Geistigkeit über die Sinnlichkeit*)[23] » qui explique la valorisation de l'activité intellectuelle dans la vie juive. Ce triomphe s'accompagne d'une limitation de la tendance à rechercher la résolution immédiate des tensions pulsionnelles : « Dieu – écrit Freud dans un geste qui exclut de fait du judaïsme rien moins que l'ensemble de la kabbale et ses réflexions sur la dimension sexuée de la divinité[24] – est complètement écarté de la sexualité et élevé au rang d'idéal de perfection éthique[25]. » Ce renoncement aux pulsions contribue tout aussi bien à expliquer la frustration qui conduit au meurtre de Moïse que la « haute opinion » que les Juifs ont d'eux-mêmes : le mécanisme de « sublimation » amène à compenser la peine causée par le renoncement aux pulsions par un surcroît de plaisir dans sa propre supériorité morale. Inversement, la culpabilité consécutive au meurtre constitue un facteur explicatif des malheurs des Juifs, incompatibles en principe avec leur « élection ». Elle explique en outre l'inflation des commandements « de plus en plus sévères, pénibles, mais aussi mesquins (*immer strenger, peinlicher und auch kleinlicher*)[26] ». Coupables du meurtre de Moïse, et ayant refoulé ce meurtre, les Juifs font de leur culpabilité inexpiable la conséquence de leur manquement à la loi divine. Dans un schème paulinien intégré par Freud, la loi contribue à produire et à amplifier la culpabilité en devenant de plus en plus rigoureuse.

Le monothéisme de Freud est ainsi une croyance qui s'articule à des pratiques. Ces pratiques, Freud les englobe sous le terme générique, abstrait et vague d'« éthique » (*Ethik*), auquel il donne une définition spécifique : « L'éthique c'est la restriction des pulsions (*Ethik ist aber Triebeinschränkung*)[27]. » Il conviendrait de déterminer si cette définition purement négative de l'éthique, en termes de répression et d'interdits, ne dérive pas en partie d'une conception du judaïsme héritée du christianisme comme ritualisme. C'est ce dont semble témoigner la mention précédemment citée des commandements « mesquins ». Toutefois, pour notre enquête sur la question de « l'essence du judaïsme », la définition freudienne de « l'éthique » importe peu. Retenons en revanche deux éléments du monothéisme freudien caractéristiques de la pensée juive moderne de l'essence du judaïsme : d'une part, le lien nécessaire que Freud tisse entre l'éthique et la croyance monothéiste et, d'autre part, le fait qu'à ses yeux « l'éthique » forme le constituant le plus important du monothéisme juif et sa contribution majeure à ce qu'il nomme le « processus de civilisation ». « Même l'exigence de croire en [Dieu] semble céder face à la rigueur de ces exigences éthiques[28]. »

Davantage qu'un monothéisme éthique, le judaïsme de Freud, qui explicite un paradigme majeur de la conception de la chose juive à l'époque moderne, est une éthique monothéiste, au sein de laquelle l'élément doctrinal n'a de pertinence qu'en vertu de ses conséquences dans l'ordre moral.

Aux origines d'un paradigme (Immanuel Wolf et la Wissenschaft des Judentums*)*

Yosef Hayim Yerushalmi[29] comme Peter Schäfer font remarquer que Freud est, sans doute sans le savoir, le continuateur d'un courant de la pensée juive qui émerge au XIXe siècle à la croisée de la *Wissenschaft des Judentums*, l'étude scientifique et philologique des sources juives, et du judaïsme réformé. L'enquête que mène Schäfer sur le « judaïsme » de Freud aboutit à la conclusion qu'il est tributaire de la conception que le courant juif réformé se faisait du judaïsme, qui se modèle sur le protestantisme, tout en s'estimant supérieur parce qu'il est un monothéisme pur[30]. Mon propos n'est pas ici de retracer précisément la genèse de cette conception. Je m'efforcerai plutôt de montrer, d'une part, en quoi elle est assurément moderne, impensable avant l'Émancipation des Juifs d'Europe et, d'autre part, comment cette conception moderne s'est construite dans un dialogue critique avec la pensée juive médiévale. Si l'identification du judaïsme avec un monothéisme est, comme nous l'avons vu, une opération proprement médiévale, la pensée juive moderne infléchit cette opération en affirmant le primat des conséquences pratiques du monothéisme juif sur sa dimension doctrinale.

Le monothéisme de Freud, ce monothéisme absolu, rationnel, excluant absolument toute représentation de Dieu, n'a probablement jamais existé, sinon dans l'esprit de quelques penseurs juifs, et certainement pas à l'époque « de Moïse », alors que le texte biblique est rempli d'anthropomorphismes. Toutefois, il est la projection dans le moment historique de la fondation du peuple juif d'une *idée* que des penseurs juifs modernes, tout à la fois, tirent d'un examen *a posteriori* de l'histoire des Juifs inscrite dans la vision moderne de l'histoire universelle comme progrès de la raison, *et* rétroprojettent dans cette histoire. L'article manifeste de la *Wissenschaft des Judentums*, « À propos du concept d'une science du judaïsme » (*Über den Begriff einer Wissenschaft des Judentums*) d'Immanuel Wolf (ou Wohlwill, 1799-1847) en témoigne de manière exemplaire. L'article paraît en 1823 dans le premier volume du *Zeitschrift für die Wissenschaft des Judentums* (« Revue pour la science du judaïsme »), la revue du Verein für Cultur und Wissenschaft der Juden (« Association pour la culture et la science des Juifs »), une association regroupant de jeunes intellectuels juifs. Parmi ses membres, on compte Leopold Zunz, qui restera la figure de proue de la *Wissenschaft*, mais aussi des disciples de Hegel tels que Eduard Gans (qui se convertira au christianisme) et l'auteur de l'article, Immanuel Wolf.

L'enjeu du texte de Wolf est de déterminer l'objet de la « science du judaïsme » que le *Verein* entend promouvoir. La formule du titre « concept d'une science du judaïsme » est délibérément équivoque. Elle désigne d'une part le projet d'une approche scientifique du judaïsme dont l'article détermine les différents champs d'application et les méthodes : le concept d'une *science* du judaïsme. D'autre part, elle vise l'objet de cette science, qu'il s'agit de constituer : le concept d'une science du *judaïsme*. Cette équivocité témoigne du fait que le « judaïsme » s'élabore comme concept dans le mouvement même qui consiste à proposer une approche scientifique de la tradition juive. La *Wissenschaft* produit son objet, le judaïsme. L'article s'ouvre ainsi par une redéfinition technique du terme « judaïsme ».

> Lorsqu'il est question d'une science du judaïsme, il va de soi que le terme judaïsme est pris dans son acception la plus vaste, comme quintessence (*Inbegriff*) de l'ensemble des circonstances, des caractéristiques spécifiques et des réalisations des Juifs, en rapport avec la religion, la philosophie, l'histoire, le droit et la littérature en général, la vie sociale et toutes les affaires humaines ; et non point dans le sens restreint de la simple religion des Juifs. C'est toutefois l'idée religieuse (*religiöse Idee*) qui détermine et fonde le judaïsme dans toutes ses ramifications[31].

Wolf part d'un usage déjà commun en son temps du terme *Judentum* pour désigner la religion des Juifs et il l'étend virtuellement à l'ensemble des productions intellectuelles et matérielles des Juifs. Dans la conclusion de son texte, il identifie ainsi deux grandes composantes de la science du judaïsme : celle des productions textuelles des Juifs et la « statistique » juive, qui vise à documenter la vie juive contemporaine. Par sa définition, Wolf propose une double opération : d'une part, il valide l'existence d'un « concept » du judaïsme, d'autre part, il en élargit considérablement l'extension, de sorte que « judaïsme » devient le terme abstrait à même de saisir l'ensemble de ce que les Juifs font ou pensent. Mais cet ensemble demeure unifié par le sens initial de « judaïsme », comme religion des Juifs, centrée autour d'une « idée ».

Pour Wolf, en bon hégélien, le peuple juif est le dépositaire, le « gardien » (*Bewahrer*)[32] d'une « idée » (*Idee*) : celle de « l'unité absolue dans le tout » (*der unbedigten Einheit im All*)[33] exprimée par le tétragramme[34]. Cette idée, valable pour l'humanité entière et qui a « son fondement au sein de l'essence humaine » (*in dem Wesen der Menschheit selbst gegründet*)[35], les Juifs l'ont reçue par une « révélation », c'est-à-dire qu'elle constitue pour eux un « donné » depuis « une époque où l'esprit humain n'était pas encore assez mûr pour en mesurer toute l'universalité[36] ». L'histoire des Juifs est celle de la prise de conscience graduelle de cette idée, grâce en particulier à la rencontre du principe du judaïsme et de celui de « l'hellénisme » qui tire toute connaissance de l'intellect humain – rencontre qui permet aux Juifs d'accéder à la conscience plus complète de l'idée qu'ils portent[37]. Cette histoire est marquée par des flux et des reflux du « contenu spirituel, de l'idée du judaïsme » (*der geistige Inhalt, die Idee des Judenthums*)[38] : pour conserver ce contenu, les Juifs, à travers leurs rabbins, ont multiplié les lois de manière à ériger une « haie autour de la loi afin de préserver sa pureté[39] », quitte parfois à en venir à oublier l'idée même qu'il s'agissait de préserver. C'est d'ailleurs un Juif renégat, Spinoza, qui en viendra à exprimer l'idée dans sa pureté, en s'abstrayant précisément de la haie protectrice érigée par les rabbins.

Dans ce petit texte, se laissent entrevoir des caractéristiques majeures de la transformation de notre problème à l'époque moderne. Lorsque des penseurs juifs entendent y exprimer le tout du judaïsme, c'est à partir d'une position d'extériorité à la tradition. C'est en tant qu'il entend en fonder une « science » que Wolf abstrait du tout de l'histoire des Juifs un « concept » du judaïsme qui permette d'en exprimer la quintessence (*Inbegriff*). Cette posture scientifique seule, celle de l'historien-philosophe idéaliste, le rend capable d'exprimer cette essence que les Juifs eux-mêmes n'ont perçue à l'origine que comme un « donné » certes révélé, mais qui leur est resté malgré tout largement obscur et même obscurci par les moyens mis en œuvre pour le préserver (la haie de la loi). C'est uniquement dans ce cadre moderne, influencé par la philosophie de l'histoire de l'idéalisme allemand, que le vocable d'« essence » du judaïsme, que l'on voit poindre chez Wolf, a du sens : il s'agit de déterminer un noyau qui permette de donner une signification d'ensemble à la totalité des productions et manifestations des Juifs à travers *l'histoire*.

La détermination de cette essence intervient par ailleurs dans le cadre de l'entreprise apologétique de la *Wissenschaft* naissante. En montrant la valeur de la contribution juive à l'histoire universelle, la science du judaïsme entend *justifier* la persévérance des Juifs dans la modernité, malgré le processus d'Émancipation en cours et malgré la sécularisation de la société. Mais alors que la *Wissenschaft* a souvent été dépeinte par ses détracteurs comme une forme de préparation à l'absorption des Juifs dans la société majoritaire – un « enterrement décent du judaïsme » selon la formule attribuée à l'un de ses représentants éminents, le bibliographe, Moritz Steinschneider[40] –, le texte de Wolf témoigne d'une forme de résistance intellectuelle à l'assimilation[41]. Son attitude face au christianisme teintée d'ambivalence en est la manifestation. D'un côté, il est crédité d'avoir permis à « l'idée [du judaïsme] dans son universalité de devenir universelle » (*sich in ihrer Allegemeinheit zur allgemeinen erhebe*)[42] en la transposant d'un petit peuple à l'humanité tout entière. À cet égard, le christianisme n'est jamais que le véhicule de l'idée juive. D'un autre côté, Wolf compare le traitement réservé aux Juifs à travers les siècles – et, sans le dire, il pense en particulier à leur sort en Europe chrétienne – aux « atrocités » commises en raison de la « voracité européenne (*Europäischen Habsucht*) en terre d'Amérique et d'Afrique[43] ». L'analogie coloniale est éloquente. Elle suggère que, pour Wolf, les Juifs se sont vus à travers l'histoire maltraités par un pouvoir dominant qui s'est accaparé leur ressource propre, l'idée monothéiste qu'ils ont découverte. Cette tension entre une lecture de l'histoire comme universalisation de l'idée juive et l'affirmation que cette idée n'existe authentiquement et dans sa pureté que parmi les Juifs (tension qu'on a déjà rencontrée chez Freud) est l'un des traits notables du paradigme moderne de l'essence du judaïsme. Nous verrons, dans le prochain chapitre, comment Hermann Cohen, le penseur le plus conséquent du monothéisme éthique juif, tout à la fois proposera l'exposé le plus abouti de cette tension et échouera à en proposer une résolution satisfaisante.

Le dialogue avec le Moyen Âge

Cette « idée de l'unité en toute chose », qui culmine dans l'œuvre de Spinoza, cette « idée de l'unité divine » (*die Idee der göttlichen Einheit*)[44], Wolf la puise de manière consciente ou non dans le rationalisme juif médiéval. À cet égard, il n'est qu'un représentant typique de la pensée juive moderne, héritière de la Haskalah, le mouvement des Lumières juives. Comme l'a noté Amos Funkenstein, les Lumières juives modernes se singularisent dans le cadre du mouvement des Lumières européennes par leur rapport très positif à un courant spécifique de la pensée juive médiévale[45]. Loin de se légitimer d'une rupture avec l'âge obscur[46], les précurseurs de la pensée juive marquent un intérêt renouvelé pour la philosophie juive médiévale, centrée autour de la figure de Maïmonide.

La modernité européenne hérite des humanistes italiens une image littéralement très sombre de la période médiévale. Dans son *Essai sur les mœurs et l'esprit des nations* (1752-1756), Voltaire évoque « ces tristes temps » (chap. LXXX), ces « siècles d'ignorance » (chap. XLIII), envisageant au XIIIe siècle le passage d'une « ignorance sauvage » à une « ignorance scolastique » (chap. LXIII). David Hume évoque la « science pervertie » (*perverted science*) des médiévaux[47]. Dans le *Leviathan* (1677), Thomas Hobbes parle d'un « règne de l'obscurité » (*kingdom of darkness*)[48].

À l'inverse, nombre de *maskilim*, représentants des Lumières juives, s'engagent dans un dialogue avec le rationalisme juif médiéval. Isaac Halevi Satanow (1730-1803) écrit un commentaire sur le *Kuzari* de Juda Halevi, sur le *Guide des égarés* de Maïmonide et sur le *Livre des principes* de Joseph Albo. Moses Mendelssohn (1729-1786), le « père de la pensée juive moderne », initie son œuvre de *maskil* par un commentaire sur la *Terminologie logique* de Maïmonide, qui est pourtant un lexique d'une terminologie aristotélicienne largement abandonnée en philosophie depuis le XVIIe siècle. Mendel Levin (1741 ? – 1819) réalise une paraphrase hébraïque du *Guide des égarés* de Maïmonide, visant à le populariser. Salomon Maïmon (1753-1800), par le nom même qu'il se choisit et son œuvre de commentateur du *Guide des égarés*, signale la revendication de cet héritage médiéval. Ce tropisme pour le rationalisme juif médiéval se poursuit au sein de la *Wissenschaft des Judentums*. L'un de ses représentants majeurs, Heinrich Graetz dans sa monumentale *Histoire des Juifs* (*Geschichte der Juden*) (1853-1875) voit dans « l'âge d'or des Juifs d'Espagne » un précédent dans l'appropriation par les Juifs des codes de la culture majoritaire, légitimant à ses yeux l'insertion de ses contemporains dans la société allemande du XIXe siècle[49]. Ce précédent témoigne du fait qu'il est possible de rester parfaitement juif tout en adoptant la vision du monde de la culture majoritaire[50].

Ici n'est pas le lieu de déterminer dans le détail les raisons de cette exception juive, au sein du mouvement des Lumières[51]. Retenons simplement que le motif apologétique y joue un rôle central. Les penseurs juifs désireux d'épouser la modernité dans sa dimension politique et intellectuelle vont puiser paradoxalement dans le Moyen Âge honni des modernes des ressources pour inventer un « judaïsme » compatible avec les réquisits de la modernité. Il s'agit tant d'affirmer cette compatibilité auprès de la majorité non juive que de s'en assurer soi-même.

Le tournant éthique de la philosophie juive moderne

La transformation du monothéisme juif des médiévaux en un monothéisme « éthique » n'est nulle part mieux perceptible que dans l'histoire de la *philosophie* juive. Le monothéisme éthique n'est certes pas une invention de philosophe. Comme je l'ai déjà indiqué, il se construit au sein de la *Wissenschaft* (elle-même fortement influencée par la philosophie hégélienne de l'histoire) et se déploie au sein du judaïsme réformé.

La philosophie juive offre toutefois une perspective *réflexive* sur ces inflexions de la pensée juive. Gérard Bensussan distingue ainsi la « philosophie juive », de deux autres instances qu'il nomme respectivement « judaïsme » et « pensée juive ». Ce qu'il nomme « pensée juive » propose, principalement dans le Talmud, une « réflexion » sur l'« expérience et la pratique » juive que désigne ici le terme « judaïsme ». La « philosophie juive » offre, quant à elle, une réflexion ou une « thématisation » de la « pensée juive »[52]. Elle se situe dans une sorte de « second degré » de réflexivité de la vie juive. Cette distinction me semble impraticable s'agissant de la période médiévale où des philosophes sont aussi des autorités rabbiniques de premier plan, qui contribuent tout autant à ce que Bensussan nomme « pensée juive » qu'à la « philosophie juive ». Cette idée d'une philosophie juive comme pensée juive réflexive est en revanche pertinente pour la période moderne. Dans un geste spécifiquement moderne, le philosophe se pense comme apte à récapituler le donné de la tradition passée et de lui donner une intelligibilité qu'il ignore.

Dans notre enquête sur la manière dont les Juifs ont réfléchi la totalité de ce qui les fait juifs, la philosophie juive moderne offre un terrain de choix. Elle constitue l'une des voies par lesquelles les Juifs ont affronté la « question juive des modernes » et la « question moderne des Juifs » (pourquoi restons-nous juifs ?). Rappelons que l'ouvrage considéré comme l'acte inaugural de la « pensée juive moderne », la *Jérusalem (ou pouvoir religieux et judaïsme)* de Moses Mendelssohn, est un discours *apologétique*[53]. À deux reprises, ce Juif autodidacte, qui s'était hissé au sommet de l'élite intellectuelle berlinoise, a dû répondre à la mise en demeure, par certains de ses contemporains au sein de l'*Aufklärung*, de justifier son attachement au judaïsme. Sa « philosophie juive » est le résultat de cette injonction à justifier la judéité, qui est aussi l'occasion de la soumettre, pour soi, à la réflexion[54].

Or un mouvement que l'on peut observer au sein de l'histoire de la philosophie juive est une tendance de plus en plus marquée à identifier « judaïsme » et « éthique ». Cette tendance s'initie paradoxalement d'une réappropriation par les philosophes juifs modernes du geste de Spinoza de dissociation de la religion et de la philosophie, qui rendait en principe impossible le projet d'une « philosophie juive ». Dans le *Traité théologico-politique*, polémiquant avec Maïmonide, il assigne à la philosophie seule la tâche de rechercher la vérité, tandis que la « religion » se voit réduite à la fonction politique de produire l'obéissance. Le judaïsme, qui constitue une législation pertinente uniquement dans le cadre de l'antique État des Hébreux (et par conséquent obsolète), y fait office de paradigme d'un pouvoir théocratique incompatible avec une vie d'homme libre[55]. Or, dans sa *Jérusalem*, Mendelssohn reprend cette thèse – en partie seulement comme nous le verrons –, pour la retourner en faveur du judaïsme. Afin d'affirmer la compatibilité fondamentale du judaïsme et de la raison, il y soutient que le judaïsme constitue une « législation révélée » et non une « religion révélée », qui ne prescrit que des actions et aucune croyance obligatoire qui contreviendrait à la raison naturelle[56]. Ses successeurs ne cesseront d'accentuer cette assignation du « judaïsme » au domaine de la pratique dans un mouvement qui culmine avec l'œuvre d'Emmanuel Levinas, qui envisage le judaïsme comme une tradition de pensée à partir de laquelle il est possible de critiquer le primat de la connaissance au sein de la philosophie occidentale et d'affirmer l'« éthique » comme philosophie première[57]. Cette association du monothéisme juif avec la sphère de l'« éthique » est devenue si banale qu'il est difficile d'en percevoir le caractère spécifiquement moderne. Mais pour en prendre la mesure, il suffit de souligner à quel point Levinas est éloigné de Maïmonide dont il se réclame occasionnellement[58]. Rappelons que Maïmonide identifiait le secret du Char divin (*Ma'aśeh Merkavah*) avec la métaphysique aristotélicienne[59]. De l'auteur du *Guide* – identifiant le secret le plus profond de la Torah à la science visant la *connaissance* du premier principe – à l'auteur d'*Autrement qu'être* – contestant le primat de la connaissance à travers la référence à la Torah –, une transformation profonde a affecté l'auto-compréhension du monothéisme juif. Dans la suite de ce chapitre et le suivant, je me propose de saisir quelques éléments-clés de ce mouvement qui va de l'identification du monothéisme juif à la métaphysique à son identification avec l'éthique, qui se joue dans un dialogue des modernes avec les médiévaux, mêlant fidélité et distorsion.

Une idée dans l'histoire (Nachman Krochmal)

Nous avons déjà observé chez Wolf un problème qui occupe une place centrale dans la pensée juive moderne : celui du statut de l'histoire, et singulièrement de l'histoire des Juifs, pour la compréhension globale de la chose juive.

La pensée juive moderne est traversée par une polarisation radicale autour de cette question. D'un côté, un courant avance que la Bible hébraïque a « inventé » l'histoire, la notion d'un temps orienté entre un commencement (la création) et une fin (les temps messianiques)[60]. Un autre avance au contraire que les Juifs se tiennent dans une forme d'éternité anhistorique et qu'ils représentent une forme de résistance aux aléas du temps[61]. Faut-il dès lors prendre en compte l'histoire des Juifs pour déterminer ce qu'il en est du « judaïsme » ? Chez Wolf, comme de manière générale au sein de la *Wissenschaft*, l'histoire des Juifs est le facteur déterminant du développement progressif de l'idée du judaïsme qui accède graduellement à une expression de plus en plus manifeste et de plus en plus consciente.

Un autre représentant majeur de la *Wissenschaft* dans son versant le plus philosophant, Nachman Krochmal (1785-1840), tient une position symptomatique à cet égard. Ce penseur et érudit d'Europe centrale rédige en hébreu un traité philosophique intitulé *Moreh Nevukhei ha-Zeman* (« Le Guide des égarés de notre temps »), traité jamais achevé et publié de manière posthume, qui se veut une actualisation du projet maïmonidien de conciliation des sources juives et de la philosophie de son temps. La référence philosophique majeure n'est plus Aristote, mais l'idéalisme allemand et singulièrement la philosophie de l'histoire de Hegel. Krochmal adapte, à l'aune de l'hégélianisme, une idée juive traditionnelle : chaque peuple s'est vu assigner un astre ou un ange protecteur, mais Israël est régi directement par Dieu[62]. Traduit en langage idéaliste, cette idée revêt chez Krochmal la forme suivante : chaque peuple exprime une « part » (*manah*) de la substance spirituelle qui se déploie dans l'histoire, tandis qu'Israël est le dépositaire de l'Esprit absolu (*ha-ruḥani ha-muḥlaṭ*). C'est là ce qui explique qu'à la différence des autres peuples, Israël n'est pas voué à se développer avant de disparaître définitivement de la scène de l'histoire, dès lors qu'aurait été épuisée son essence spirituelle. Chez Krochmal, l'histoire est assurément un facteur de développement de l'idée que portent les Juifs, mais les Juifs en vertu de cette idée même constituent un peuple éternel amené à toujours persister, fût-ce parfois sous des formes résiduelles.

Krochmal est dès lors un jalon fondamental dans la genèse de l'idée même d'une « essence du judaïsme ». Un passage de son *Guide* qui emploie la formule d'« essence de la nation » permet de prendre la mesure du déplacement moderne de la conception médiévale de monothéisme juif vers un monothéisme « éthique », par la prise en compte de l'histoire.

> En vérité, l'essence d'une nation, en tant qu'elle est une nation, n'est rien d'autre que l'essence de l'Esprit qui réside en elle (*ein 'aṣmut ha-'ummah be-mah še-hi 'ummah ki 'im 'aṣmut ha-ruḥani še-bah*). Or tout Esprit s'engendre lui-même, en ce sens que sa réalité effective constitue son essence (*pe'ulato hu 'aṣmuto*)[63].

Au regard de la terminologique employée, il est probable que Krochmal ait eu en tête, en définissant l'essence d'une « nation », le fameux passage précédemment cité de Saadia Gaon. On se rappelle que ce dernier écrivait dans son *Livre des croyances et des opinions* que « notre communauté (*'umma*) des enfants d'Israël n'est une communauté (*'umma*) qu'en vertu de ses lois (*bi-šarā'i'hā*)[64] ». La traduction tibbonide de ce passage, *'ummatenu eynenah 'ummah ki 'im be-toroteiha*, résonne de manière évidente avec la formule de Krochmal, dont il y a lieu de penser qu'il entendait précisément signifier sa distance vis-à-vis du Gaon. Saadia définit la « communauté » religieuse (*'umma*) par ses lois particulières. Comme nous l'avons vu, cette définition lui permet de distinguer Israël, c'est-à-dire le camp rabbanite, parmi les autres monothéistes (musulmans et karaïtes). Krochmal inverse la formule. La *'umma* comme « communauté religieuse », selon la terminologie musulmane reprise à son compte par Saadia, devient chez Krochmal la « nation » (*Volk*), l'unité politique du nationalisme européen de son temps. Et ce qui la constitue comme telle est l'Esprit (*Geist*) qu'elle porte et surtout qu'elle exprime par ses manifestations, à travers l'histoire.

Dans son adaptation hébraïque du lexique hégélien, *pe'ulah*, littéralement « action », traduit en effet le concept de *Wirklichkeit*, que l'on peut rendre en français par « réalité effective ». Celle-ci désigne chez Hegel « l'unité devenue immédiate de l'essence et de l'existence, autrement dit de l'intérieur et de l'extérieur » (*Die Wirklichkeit ist die unmittelbar gewordene Einheit des Wesens und der Existenz oder des Inneren und des Äußeren*)[65]. Dans la perspective hegélienne, l'idée n'existe pas abstraitement. Elle est un processus qui s'actualise à travers la relation d'un concept et de l'expérience. Krochmal énonce donc ici qu'une nation dispose d'une « essence », qu'elle est de nature « spirituelle » et que celle-ci toutefois n'est rien d'autre que sa manifestation à travers la vie et l'histoire de la nation. C'est en ce sens que se justifie à ses yeux l'entreprise de la *Wissenschaft*. Il convient aux savants d'étudier l'histoire des Juifs et l'ensemble de leurs productions, leurs transformations au contact d'autres « nations », ainsi que les transformations que ces productions ont subies au sein de ces autres « nations » (y compris le christianisme et l'islam).

> Grâce à [cette] étude, nous parviendrons à des impressions claires, et ultimement à une complète reconnais-

> sance (*hakkarah*) de notre essence (*'aṣmutenu*) et de notre quiddité (*mahutenu*), à savoir l'âme collective (DL : ou universelle) d'Israël (*nefeš Yiśra'el ha-kelalit*), et de la manière dont elle se manifeste (*niglit*) dans le monde à travers notre histoire (*qorot*) et nos discours, au gré des événements et des transformations historiques jusqu'à aujourd'hui[66].

L'essence d'Israël n'est autre que l'Esprit absolu, qui s'exprime dans le monothéisme juif et celui-ci est donc inséparable de l'histoire des Juifs, entendue en un sens extensif : l'histoire de ce que les Juifs ont produit directement ou indirectement dans le monde. L'idée monothéiste n'est pas une pure abstraction et encore moins une doctrine donnée *a priori* à laquelle il conviendrait de croire. Elle est ce qu'elle aura produit comme effet concret dans la réalité. Et il revient aux Juifs modernes d'accéder, par la science historique, à une pleine conscience de cette idée.

Heinrich Graetz, l'historien majeur des Juifs au XIXe siècle, proposera par la suite une approche de l'histoire qui s'apparente au projet de Krochmal de traquer à travers l'histoire des Juifs le déploiement d'une idée. Mais à ses yeux, l'essence du judaïsme n'est précisément pas à proprement parler le monothéisme, mais la réalisation du monothéisme dans l'histoire des Juifs. Cette essence consiste dans « l'unité d'une idée de Dieu transcendant l'univers et de la vie de l'État[67] » ou, après la disparition de l'État des Hébreux, de l'existence collective de Juifs. Le « judaïsme » est pour ainsi dire cette idée au carré : l'idée de l'effectuation d'une idée ou encore l'idée d'une idée indissociable de l'histoire d'un peuple. On perçoit d'emblée comment, dans le moment moderne « réflexivité » et « facticité » s'enchevêtrent.

L'histoire contre le dogme : l'essence du judaïsme selon Leo Baeck

Le dialogue de la pensée juive moderne avec le Moyen Âge aboutit donc à une reprise de l'idée monothéiste, mais ancrée dans l'histoire des Juifs. On pourrait dire, en suivant Yosef Hayim Yerushalmi, qu'au moment où les Juifs adoptent l'histoire plutôt que la mémoire comme mode de rapport à leur passé[68], l'idée monothéiste entre avec eux dans l'histoire. Le « monothéisme éthique » a partie liée à l'histoire. Dans sa version juive, c'est l'existence concrète des Juifs qui donne corps à un noyau fondamental, relevant de l'idée. Mais quel est précisément le rôle de l'histoire des Juifs vis-à-vis de ce noyau idéel ? Dans la version idéaliste, inspirée de Hegel, que nous avons observée chez Nachman Krochmal, l'histoire des Juifs est l'effectuation de l'idée, son déploiement sans lequel l'idée monothéiste demeurerait une pure abstraction. Mais une autre conception du statut de l'histoire des Juifs vis-à-vis de l'idée travaille au cœur de la pensée juive moderne de l'essence du judaïsme. Selon cette autre perspective, les Juifs servent, par leur existence, à véhiculer et conserver l'idée essentielle du judaïsme. Se dessine alors une tension fondamentale au sein de la pensée juive, entre une perspective holistique selon laquelle tout ce que les Juifs font ou produisent, directement et indirectement, importe pour le devenir de l'idée et une perspective sélective, au sein de laquelle il convient de distinguer le noyau essentiel, idéel, du judaïsme et l'enveloppe juive qui ne sert qu'à la conserver. Dans cette seconde perspective, le travail du penseur juif consiste à déterminer au sein de ce que les Juifs ont fait ou pensé ce qui relève de l'essence et ce qui relève des scories inessentielles. Cette démarche sélective nous renvoie aux débats médiévaux sur les « principes fondamentaux » qui portent sur l'existence ou non d'une hiérarchie au sein de la Torah. Mais le noyau des penseurs modernes de l'essence du judaïsme ne correspond pas à la liste de dogmes figés des médiévaux. Il consiste en des idées et des valeurs suffisamment générales et plastiques pour pouvoir prendre des formes diverses au gré de l'histoire des Juifs et s'adapter aux circonstances nouvelles ouvertes par l'Émancipation.

De cette deuxième approche témoigne *L'Essence du judaïsme* (*Das Wesen des Judentums*), l'ouvrage du rabbin réformé allemand Leo Baeck, paru pour la première fois en 1905 puis amendé plusieurs fois, qui a inspiré le concept central du présent ouvrage. Le livre de Baeck est une réponse largement apologétique à l'ouvrage du théologien protestant Adolf von Harnack, *Das Wesen des Christentums* paru en 1900. Mais il en partage les orientations fondamentales.

Harnack est un représentant de ce que l'on nomme la théologie « libérale », dont l'un des traits notables est la contestation des dogmes. Cette théologie libérale prend acte de la crise ouverte par la sécularisation. La religion n'est plus un pilier de la vie sociale, reposant sur une institution, l'Église. Auparavant, il convenait de fonder l'autorité de cette institution notamment par la détermination de dogmes, de normes, de croyances collectives partagées au sein de l'Église. Désormais, la religion, sphère distincte de la politique, se cherche un nouveau type de légitimation en tant que garante et pourvoyeuse de valeurs. D'où, chez Harnack, le double rôle de l'histoire. L'histoire d'une part a une fonction positive. Elle permet de mettre en lumière l'exemplarité de Jésus, qui incarne l'essence même du christianisme[69]. Pour le comprendre, il faut le replacer dans son contexte historique et déterminer en quoi il introduit par sa vie même une éthique, comme manière de vivre, radicalement nouvelle et exemplaire.

L'histoire a par ailleurs une fonction critique : celle de resituer les développements ultérieurs du christianisme dans leur contexte et de produire une critique des dogmes, comme une trahison partielle de l'essence du christianisme, en tout cas, comme une forme périmée. Harnack est d'ailleurs connu pour une magistrale étude historique et critique des dogmes du christianisme.

Dans sa reconstitution du contexte historique de la vie de Jésus, visant à mettre en lumière son exemplarité, Harnack dresse un portrait extrêmement négatif des Juifs de l'époque du Second Temple et des Pharisiens, insistant sur leur ritualisme. De ce point de vue, les leçons rassemblées dans l'*Essence du christianisme* sont cohérentes avec la revalorisation par Harnack de la figure de Marcion. Il admire chez ce penseur chrétien du IIe siècle, considéré comme l'un des premiers « hérétiques », son rejet de l'héritage de « l'Ancien Testament » et son insistance sur la rupture radicale entre christianisme et judaïsme. À travers une recension critique de l'ouvrage d'Harnack et sa propre *Essence du christianisme*, Baeck offre une réponse à cet antijudaïsme du théologien protestant. La stratégie de Baeck consiste principalement à attribuer au « judaïsme » ce qu'Harnack présente comme une innovation et une rupture de Jésus. Dans sa recension au vitriol, il reproche à Harnack d'avoir ignoré les études de la *Wissenschaft des Judentums* sur le judaïsme du Second Temple et d'avoir donc admis la seule perspective des savants chrétiens, marqués par l'antijudaïsme traditionnel sur la période. Mais Baeck évolue toutefois dans le même univers de pensée qu'Harnack. Il en accepte les prémisses et les thèses essentielles, si ce n'est qu'il les transpose du christianisme, de la figure de Jésus, aux prophètes bibliques et à certains courants de la pensée rabbinique. Il reprend tout à la fois sa critique de la dogmatique, au profit d'une histoire des Juifs et de la pensée juive, et intègre sa critique du ritualisme juif. En réalité, le rite joue chez Baeck le rôle néfaste que joue le dogme chez Harnack : le rite est un moyen de préserver « l'essence du judaïsme », un humanisme universaliste, mais constituant une enveloppe qui protège et dissimule cette essence, il risque de la faire oublier et d'être confondu avec elle.

Ce rejet tout à la fois de la dogmatique médiévale et du ritualisme engage Baeck dans un dialogue polémique avec Moses Mendelssohn. Ce dernier associe en effet une critique des dogmes et une valorisation de la dimension légale du judaïsme. J'ai dit plus haut que la *Jérusalem* de Mendelssohn était une réponse à la mise en demeure qui lui avait été adressée de justifier son attachement au judaïsme. La critique de ses accusateurs reposait sur deux arguments principaux, issus de l'antijudaïsme traditionnel, mais actualisés : le particularisme et le ritualisme juifs sont incompatibles avec l'universalisme et le rationalisme des Lumières modernes. La réponse de Mendelssohn repose tout entière dans la thèse majeure de l'ouvrage, précédemment mentionnée. Le « judaïsme » est une « législation révélée » et non une « religion révélée ». Mendelssohn retourne l'argument de ses accusateurs : le judaïsme étant en effet une loi est par nature compatible avec la raison naturelle. À la différence du christianisme, il ne prescrit pas des croyances obligatoires, mais uniquement des actions. Cette thèse implique une critique frontale de Maïmonide, dont Mendelssohn condamne le « catéchisme » (*Katechismus*)[70]. Ce terme évidemment ironique, que je lui ai repris au chapitre II, laisse entendre que Maïmonide est plus chrétien que juif et qu'avec ses treize principes de croyance, il n'est en rien fidèle aux sources juives.

La thèse de Mendelssohn a été fortement débattue au sein de la pensée juive moderne, en particulier réformée. On lui a reproché de ne pas offrir de réponse satisfaisante à la tentation moderne de la conversion au christianisme, alors que le sens des commandements devenait de moins en moins compréhensible pour de nombreux Juifs émancipés. C'est oublier un aspect complémentaire de la thèse de Mendelssohn. Le judaïsme est « législation », il prescrit d'agir. Mais cet agir n'est pas arbitraire. La loi ne congédie pas purement et simplement le domaine de la croyance. Elle ne prescrit pas d'adhérer à des vérités contradictoires avec la raison naturelle, mais elle n'en repose pas moins sur ce que Mendelssohn nomme des « vérités éternelles » : l'existence et l'unité de Dieu et sa Providence. La loi juive, pour reprendre une expression de Mendelssohn, est une « écriture vivante » : suscitant le questionnement constant sur son sens, elle fait signe vers ces « vérités éternelles », qui menacent en permanence d'être oubliées. Autrement dit, si le judaïsme est loi, il est loi mise en acte dans une communauté vivante, celle des Juifs observants qui conservent par leur manière de vivre étrange la quête permanente des vérités de raison. Le judaïsme est la loi mise en acte, qui ne doit jamais se figer dans des normes immuables sans quoi elle deviendrait écriture « morte », facteur d'oubli de ces vérités qu'elle vise à conserver.

Leo Baeck s'approprie tout en la nuançant la thèse de Mendelssohn, à laquelle il réserve un article devenu classique et dans lequel il cite élogieusement deux représentants de la « théologie libérale » protestante, Ernst Troetschl (1865-1923) et surtout Adolf von Harnack[71]. S'il concède à Mendelssohn que le judaïsme n'a pas de dogmes, il le fait en adoptant sur ce sujet la position d'un autre tenant majeur de la réforme juive, Abraham Geiger[72]. Celui-ci voyait dans l'absence d'une dogmatique juive la marque de la plasticité du judaïsme : sa capacité à s'adapter en permanence aux nouvelles conditions d'existence des Juifs, qui explique l'étonnante longévité du peuple juif. Ce qui explique l'absence de dogmes juifs, c'est qu'à la différence du christianisme, le judaïsme ne constitue pas une « Église », mais une « communauté ». Il n'existe pas, au sein du judaïsme, d'institution ayant l'autorité nécessaire pour énoncer de manière univoque les croyances constitutives de l'appartenance au collectif. Les treize articles de Maïmonide ne forment, à ses yeux, rien de plus qu'un « résumé populaire des conclusions de la philosophie de la religion » (*volkstümliche Zusammenfassung des Ergebnisses der Religionsphilosophie*)[73] et nullement un catéchisme obligatoire. Ce qui sépare Geiger de Mendelssohn est le statut qu'il confère à la loi juive. Le « judaïsme » s'incarne en une communauté vivante, mais ce n'est pas la loi qui confère cette vitalité à la communauté. La loi n'est qu'une enveloppe conservant le noyau essentiel du judaïsme.

C'est à faire ressortir ce noyau enfoui derrière son enveloppe légale, qu'est consacré l'*Essence du judaïsme.* Baeck s'efforce d'y montrer que nombre des innovations qu'Harnack attribue à Jésus ressortissent en réalité aux sources juives. Le judaïsme de Baeck est *le* véritable monothéisme éthique[74] : son essence n'est autre que l'éthique qui découle de l'injonction d'imiter Dieu, se traduisant dans l'impératif de justice et de charité[75]. L'apport du judaïsme à l'histoire universelle est une éthique *universaliste* reposant sur la nécessité d'agir dans le monde et pour autrui, à la différence du bouddhisme que Baeck utilise de manière récurrente comme repoussoir qui, sous couvert de renoncement au monde, est une exaltation de soi[76]. Cette éthique universaliste ne découle pas uniquement de la Torah et des Prophètes. Elle repose également sur le Talmud. Dans sa lecture du Talmud, Baeck entend lutter contre l'image du judaïsme comme religion légaliste, véhiculée tant par la construction théologique chrétienne, reflétée par Harnack, que par Mendelssohn. Dans un passage de l'*Essence du judaïsme* Baeck propose une sorte de pastiche talmudique du Sermon sur la montagne. Il entend ainsi montrer que le geste qui consiste à subvertir la « lettre » de la loi pour en retrouver « l'esprit », à universaliser les enseignements de la loi, n'est pas l'œuvre de Jésus, mais celle du judaïsme de son temps dont le Talmud conserve les enseignements[77].

Si toutefois l'*Essence du judaïsme* se veut une invalidation de la thèse d'Harnack, Baeck y reproduit le geste du théologien chrétien : partant d'une critique des dogmes, il fait place à l'histoire qui permet tout à la fois de retrouver « l'essence » de la religion et de critiquer ce qui n'en relève pas. Cette essence, ce noyau, s'exprime dans les sources premières de la tradition, ici la Bible et la littérature rabbinique classique. Le théologien, le rabbin moderne, qui vient *après* la tradition peut y discerner cette essence et s'en servir comme instrument critique pour évaluer ce qui dans l'histoire de la religion est ou non fidèle à cette essence. Par une opération typique des théoriciens du « monothéisme éthique », répercutée par Freud et que l'on retrouvera chez Cohen, Baeck reconstruit le corpus du « judaïsme », excluant des pans entiers de la littérature halakhique, l'essentiel de la kabbale, qui se voit uniquement créditée d'avoir permis au judaïsme de se perpétuer dans des circonstances historiques spécifiques en résistant à un excès d'intellectualisme[78], ou encore le hassidisme.

Ce « judaïsme » essentiel et universaliste ne doit pas être confondu avec sa dimension rituelle[79] : le système légal proposé par la Bible, puis amplifié par la législation rabbinique, n'aura été qu'un moyen de préserver dans l'histoire l'idéal monothéiste.

> On n'a jamais manqué de se poser cette question bien commode : Est-ce que cette haie protectrice (= la *halakhah*) qui entourait et qui entoure encore le judaïsme

(*dieser Zaun, der das Judentum umgeben hat und umgibt*) est bien nécessaire[80] ?

Nous avons déjà rencontré plus haut, à propos de Wolf, cette mention de la « haie protectrice ». Il s'agit d'une référence à une célèbre *mishnah* qui enjoint aux rabbins d'ériger une « haie autour de la Torah » (*Avot* I, 3). Selon l'interprétation traditionnelle, il s'agit du pouvoir conféré aux rabbins de produire des normes supplémentaires (des législations rabbiniques, *de-rabbanan*) pour protéger le noyau juridique de la Torah (les règles d'autorité biblique, *de-orayta*) de la transgression. À titre d'exemple, la Torah interdit un certain nombre de travaux fondamentaux à *shabbat*, les rabbins interdisent des travaux qui y ressemblent pour éviter que l'on en vienne à transgresser les interdits bibliques. C'est en tout cas la Torah, *comme loi*, que la haie rabbinique entoure. Or dans la formulation de Baeck, la haie devient la désignation de la catégorie même de la loi. Elle entoure désormais un noyau nommé « judaïsme » qui existe, en tant qu'idéal éthique, indépendamment d'elle.

*

Il est difficile de savoir si Freud avait lu les écrits de Baeck, mais le « judaïsme » dont il cherche les origines bibliques correspond à celui dont Baeck met à nu l'essence. Ce judaïsme des modernes tire son idée centrale des penseurs juifs médiévaux du monothéisme. Mais le monothéisme ne doit pas pour les modernes aboutir principalement à la proclamation ou à la connaissance de l'unité de Dieu. Il est le principe d'une éthique, dont l'acteur est tout à la fois l'individu et la communauté ou le peuple d'Israël. Par sa loi, Israël exprime l'idée monothéiste et la conserve.

Dans l'apologie de Baeck, construite en regard de l'essence du christianisme d'Harnack, apparaît la contradiction fondamentale du paradigme du « judaïsme éthique ». Revendiquant une éthique universellement valable, le particularisme d'Israël devient un problème pour la pensée juive. Ce problème apparaît dans la manière dont Baeck s'interroge sur la pertinence de la « haie protectrice » de la loi en son temps. Si l'universalisme paulinien était par définition exclusif des Juifs, l'universalisme des Lumières, malgré son fond d'antijudaïsme, est susceptible de les inclure au nom de l'humanité générique à laquelle ils appartiennent. Le judaïsme devient alors un particularisme dont les Juifs ont à répondre. Mendelssohn répondait en assumant le particularisme de la loi juive. Il rappelait en même temps que la loi juive prévoit une législation universelle s'appliquant à l'humanité non juive, les sept lois des Noachides précédemment évoquées. Baeck adopte une autre stratégie. Il fait du « judaïsme » *le* véritable universalisme, mais se heurte alors au problème de la nécessité du maintien de la particularité juive dans la modernité.

Le dernier chapitre de l'*Essence du judaïsme* est symptomatique de cette contradiction interne au paradigme du « judaïsme éthique ». Il commence par affirmer une version étonnamment « missionnaire » d'un « judaïsme » universel, mais se conclut par une défense d'une « éthique de la minorité ». « Tous les présupposés et les objectifs du judaïsme le poussent à tenter de convertir l'univers à ses propres valeurs[81] », écrit-il au début du chapitre. Il avait déjà affirmé auparavant que « la religion universelle se trouve dans la religion juive[82] ». On a compris que ce « judaïsme » universel n'est pas celui de l'orthopraxie que visait Mendelssohn, puisqu'elle n'en est que l'enveloppe protectrice. L'enjeu n'est donc pas de convertir l'humanité tout entière aux lois « cérémonielles » de la Torah, mais de lui enseigner son idéal éthique. Dans un ouvrage récent sur Baeck, Yaniv Fehler fait remarquer à juste titre qu'une telle conception d'un « judaïsme » civilisateur entre en écho avec l'impérialisme colonisateur de son temps[83]. Mais cet « impérialisme » intellectuel s'appuie en même temps sur une conception politique dont l'acteur n'est précisément pas une puissance impériale, mais une minorité. « [L]a tâche qui incombe au judaïsme – et qu'il accomplit déjà par sa seule existence – est d'exprimer dans l'Histoire universelle l'idée de communauté, d'isolement et d'incarner le principe éthique de la minorité[84]. » Porteur par essence d'une idée éthique à vocation universelle, le judaïsme est existentiellement minoritaire, faisant par là même de l'existence minoritaire un principe éthique. L'universalisme revendiqué aboutit à une exaltation du particularisme. L'éthique universelle du « judaïsme » est rattrapée par l'irréductible particularité politique des Juifs. L'universalisme juif conduit à une pensée politique des minorités.

Cette tension interne au paradigme du monothéisme éthique entre universalisme et particularisme travaille au cœur même des usages du terme allemand *Judentum*, tout à la fois une abstraction conceptuelle et la désignation du *fait* juif. C'est le point de départ du prochain chapitre.

5.

Judentum : Israël entre judaïsme et judéité

Le terme allemand *Judentum* recueille en lui l'enchevêtrement que j'évoquais de la réflexivité et de la facticité. Si l'on suit Daniel Boyarin, c'est à travers ce terme issu du laboratoire de la modernité juive que constitue l'Allemagne que s'exprime pour la première fois sous une plume juive la compréhension moderne du judaïsme comme religion. Le sens moderne du terme hébraïque *yahadut*, dont nous avons montré plus haut l'ambiguïté dans son emploi au XVᵉ siècle par Abravanel, dériverait des usages allemands de *Judentum*. Il en va de même de « judaïsme » en français, de *Judaism* en anglais et de leurs équivalents dans les langues modernes. Or, en allemand, *Judentum* est précisément un terme ambigu. On crédite Mendelssohn d'avoir, le premier, « confessionalisé » le judaïsme. Il est vrai que le titre même de sa *Jérusalem, pouvoir religieux et judaïsme* place précisément sur le même plan religion et « *Judentum* ». Il est vrai aussi que la première partie de l'ouvrage est consacrée à une théorie de la séparation de la religion et de la politique qui participe de l'invention même de la catégorie de « religion ». Le judaïsme, à cet égard, devient une « confession », une instance organisant la sphère de l'intériorité de l'individu dans son rapport à Dieu. Or, nous avons vu que dans la seconde partie du même livre fondateur de la modernité juive, Mendelssohn conteste précisément que le « judaïsme » soit une « religion ». S'il est une législation, il n'existe pas abstraitement, séparément de la communauté vivante qui le met en acte. Puisque ses lois fonctionnent fondamentalement comme des signes vers des « verités éternelles », il n'est pas un système abstrait, il est une manière de vivre. *Judentum* chez Mendelssohn désigne tout à la fois un ensemble abstrait de doctrines et de pratiques, et leur mise en œuvre dans une communauté vivante.

Comme le français, la langue allemande moderne distingue *Christentum*, le christianisme comme doctrine religieuse, et *Christenheit*, la chrétienté comme ensemble des chrétiens et comme culture. *Judenheit*, « judéité », est certes également attesté mais largement moins usité. Selon les usages, *Judentum* est susceptible de désigner tout autant la religion juive que le caractère juif de quelqu'un ou de quelque chose, ou encore de la communauté juive. Le fait que des penseurs juifs modernes adoptent ce terme fait symptôme. Pas uniquement du fait qu'ils admettent que le judaïsme est une religion. C'est au contraire toute l'ambiguïté de la condition juive moderne qui est portée par ce terme : avec le judaïsme comme religion, advient la judéité comme *fait* d'être juif qui ne se confond précisément pas avec la religion juive.

Un témoignage éloquent de ce phénomène est apporté par l'usage de ce terme chez Hermann Cohen. Le terme *Judentum* apparaît dans le titre de deux de ses ouvrages avec les deux sens que j'évoquais. Son grand livre s'intitule en effet *Religion der Vernunft aus den Quellen des Judentums* (*Religion de la raison tirée des sources du judaïsme*), paru de manière posthume en 1919. Dans cet ouvrage, Cohen envisage « *Judentum* » comme un synonyme de « la » religion par excellence : celle qui est conforme aux exigences de la raison. Précédemment, en pleine guerre mondiale,

Cohen publiait un essai intitulé *Deutschtum und Judentum* (*Germanité et judéité*), où le terme désigne clairement le caractère juif, la culture juive, mise en regard du caractère allemand et de la culture allemande[1]. Ce deuxième texte où Cohen exalte une symbiose judéo-allemande est devenu le symbole de l'aveuglement d'une génération de penseurs juifs devant les signes avant-coureurs du nazisme. Il a contribué à discréditer la pensée de Cohen qui n'en reste pas moins une figure tutélaire de nombre de penseurs juifs majeurs du XXe siècle, y compris ceux qui expriment un désaccord fondamental avec lui, tels que Martin Buber, Franz Rosenzweig ou Gershom Scholem. L'ambiguïté du terme *Judentum* travaille ainsi au sein de la pensée de Cohen qui procède par une construction conceptuelle de l'idée du judaïsme, et aboutit à une pensée politique d'une communauté ne se définissant pas par les catégories politiques modernes habituelles d'État ou de nation. La pensée du « judaïsme » le conduit à une pensée de la « judéité ».

Dans ce qui suit, je reviens sur la traduction philosophique par Cohen, au sortir de la Première Guerre mondiale, de l'idée du judaïsme comme « monothéisme éthique », dont nous avons suivi l'élaboration au chapitre précédent. Nous verrons comment il reconstruit les sources juives pour qu'elles correspondent à son concept de « judaïsme » et de « religion de la raison », comment il subvertit le monothéisme des rationalistes juifs médiévaux en y puisant non une théorie de la connaissance de Dieu mais une éthique, comment enfin sa pensée de la « religion juive », associée à un positionnement hostile au sionisme de son temps, le conduit à la question de la nature politique d'Israël. Son monothéisme rigoureux le conduit à une pensée politique paradoxalement anarchiste, dissociée des catégories de nation et d'État. Le fait d'Israël, comme existence collective concrète, résiste ainsi en dernière instance à la tentative de le réduire à la catégorie réflexive de judaïsme.

Après avoir observé comment un penseur systématique du judaïsme comme concept est conduit à devoir penser la judéité comme mode d'existence, nous verrons inversement comment deux penseurs de la judéité (Ahad Haam et Franz Rosenzweig) peinent à penser en dehors du paradigme du judaïsme comme religion du fait de leur usage du terme *Judentum* et de son équivalent hébraïque *yahadut*. Dans la modernité, « réflexivité » et « facticité » s'avèrent ainsi inextricablement entremêlées.

Le « judaïsme » d'Hermann Cohen

Héritant d'un siècle d'élaboration du paradigme moderne du judaïsme comme monothéisme éthique, Hermann Cohen, fondateur et chef de file de l'école néokantienne de Marbourg, consacre les dernières années de sa vie à en faire une présentation conceptuelle qui permet d'en saisir les traits essentiels[2]. L'expression « *ethische Monotheismus* » pour qualifier le judaïsme, entendu comme « pur » monothéisme, monothéisme « prophétique » ou « messianique », est récurrente sous sa plume[3]. C'est en cela que je l'ai caractérisé plus haut comme le penseur le plus conséquent du judaïsme comme « monothéisme éthique ». Il est aussi le meilleur choix pour explorer les contradictions de ce paradigme moderne qui prétend penser le judaïsme comme religion mais est nécessairement conduit à penser politiquement le collectif d'Israël.

Maïmonide à contresens : connaître Dieu, c'est agir moralement

La lecture de Maïmonide par Cohen est exemplaire du geste d'appropriation et d'interprétation à contresens de la pensée juive médiévale au fondement du monothéisme éthique. Cohen assigne à la philosophie juive médiévale une place centrale dans le déploiement de l'idée monothéiste[4]. Il partage avec les penseurs du « monothéisme éthique » évoqués plus haut une vision idéaliste de l'histoire des Juifs et surtout des sources juives comme explicitation progressive de l'idée monothéiste. Selon sa reconstruction des sources juives sur laquelle je reviens ci-après, les prophètes (Ézechiel notamment) amènent un progrès moral vis-à-vis de Moïse (l'idéal social de justice, la responsabilité personnelle). Ce progrès se poursuit avec les rabbins du Talmud, puis Maïmonide, qui généralisent le statut juridique de personne à toute l'humanité. La philosophie médiévale est en tout cas le moment où la pensée juive prend conscience de son essence rationnelle[5]. C'est ainsi un dialogue serré avec Maïmonide et une lecture tout à la fois audacieuse, innovante et orientée de sa philosophie qui se trouvent au fondement de la philosophie juive de Cohen. Ce dernier envisage l'œuvre de Maïmonide comme une anticipation de sa propre reconstruction philosophique, idéalisante, du judaïsme, au prix de quelques distorsions.

Dans son texte de 1908 consacré à l'éthique de Maïmonide, *Charakteristik der Ethik Maimunis*, on voit très clairement se dessiner le mouvement de déplacement du monothéisme « doctrinal », tourné vers l'idéal de la connaissance de Dieu, vers un monothéisme éthique, au sein duquel l'enjeu essentiel est l'imitation de Dieu (*imitatio Dei*) à travers l'action morale. Cette étude approfondie sur « l'éthique de Maïmonide » repose sur le présupposé selon lequel la pensée de Maïmonide, expression philosophique la plus aboutie du judaïsme, a l'éthique pour horizon ultime. Au sein du monothéisme, en effet, « toute spéculation débouche sans cesse sur l'éthique[6] ». Fort de ce présupposé, Cohen envisage les derniers chapitres du

Guide de Maïmonide (III, 51 et 54) comme « le centre de gravité de l'ensemble de l'œuvre[7] ». Ces chapitres – en particulier le dernier III, 54 – présentent une position qui paraît contradictoire avec le reste du *Guide* quant à la nature de l'idéal de la vie humaine. Dans l'ensemble du traité de Maïmonide, la contemplation intellectuelle est identifiée comme la véritable perfection humaine. Et ses derniers chapitres achèvent l'ouvrage en assignant comme fin ultime de l'homme l'imitation sur le plan pratique des attributs divins de bienveillance, d'équité et de justice (*ḥesed ṣedaqah u-mišpaṭ*)[8]. La vie intellectuelle n'y semble qu'une condition de l'action morale. Les commentateurs du *Guide* se divisent à propos du statut de ce passage. Les lecteurs intellectualistes de Maïmonide redoublent d'ingéniosité pour l'harmoniser avec le reste de l'ouvrage[9]. D'autres, à l'instar d'Hermann Cohen, y voient au contraire la véritable « conclusion » de l'ouvrage[10]. C'est alors l'intellectualisme de Maïmonide qu'il faut harmoniser avec l'idéal éthique promu dans les ultimes chapitres du *Guide*[11].

Pour Cohen, contre l'évidence des textes et les déclarations expresses de Maïmonide, ce dernier n'est aristotélicien qu'en apparence. Cette thèse contre-intuitive découle de l'idée qu'il existe une contradiction fondamentale en matière d'éthique entre le monothéisme et ce que Cohen nomme l'« eudémonisme » d'Aristote. L'eudémonisme est une doctrine morale visant la recherche du bonheur. Aristote identifie le bonheur avec la connaissance. Son éthique pour Cohen est donc guidée vers la production d'un état de l'individu qui le dispose à la vie contemplative. L'éthique n'est pas orientée vers une « idée du Bien » qu'il s'agirait de réaliser. Dans sa controverse contre Platon, Aristote conteste l'existence même d'une telle idée. Aristote, écrit Cohen, manifeste « une hostilité à l'égard de l'idée du Bien[12] ». Le monothéisme propose une tout autre conception de l'idéal : un idéal d'accomplissement messianique, par lequel l'humanité accède progressivement à la réalisation de la justice dans le monde. Le fond de l'opposition est la conception de Dieu[13] : celui d'Aristote est un être dont la nature consiste à se penser soi-même, en toute indifférence vis-à-vis de tout ce qui n'est pas soi, celui du judaïsme ne se pense qu'à travers le concept de « corrélation ». Il n'existe que pour autant qu'il est en relation réciproque avec l'homme[14].

Dès lors, si Maïmonide et les autres philosophes du Moyen Âge ont fait « un bout de chemin avec Aristote », c'est afin de faire valoir l'idéal de la connaissance, dans un moment où la « religion était en piteux état ». Il s'agissait de sauver le judaïsme de « l'obscurantisme » qui le guettait[15]. Cette hypothèse d'un recours purement stratégique à Aristote oblige Cohen à affronter un obstacle de taille. De manière récurrente, Maïmonide semble bien reprendre à son compte un élément central de l'éthique aristotélicienne et de sa « contestation » de l'idée du Bien. Dans l'un des tout premiers chapitres du *Guide des égarés* (I, 2), il assigne ainsi la détermination du bien et du mal aux « opinions communément admises » (en arabe, *mašhūrāt*, qui traduit le grec *endoxai* et sera traduit en hébreu par *mefursamot*). À la différence du vrai et du faux, qui peuvent être déterminés par l'intellect par la voie de la démonstration, le domaine moral relève de l'art de la dialectique qui repose sur des prémisses qui ne sont pas démonstratives mais admises sur la base de conventions sociales et de traditions reçues[16]. Il n'y a donc pas à proprement parler de science en matière morale.

Or, Cohen ne manque pas de ressources pour dissocier l'éthique maïmonidienne de celle d'Aristote. Aristote envisage l'éthique comme un moyen d'accéder à la connaissance, ultimement la connaissance de Dieu. Chez Maïmonide, d'après la conclusion même du *Guide*, la « connaissance » de Dieu est la condition de l'éthique. C'est pourquoi Maïmonide peut reprendre « naïvement un terme aristotélicien en vogue dans la philosophie arabe de son temps[17] », sans craindre que cela sape les fondements mêmes de l'éthique. « [Maïmonide] pouvait se permettre d'appliquer à certaines règles, voire, pourquoi pas, à toutes les lois éthiques, ce terme de "reconnaissance unanime" [*mefursamot*] puisqu'il était assuré que la valeur épistémologique de l'éthique ne ferait pas l'objet du moindre doute[18]. » L'éthique de Maïmonide se fonde sur la connaissance de Dieu qui est immédiatement sagesse pratique. Le recours au lexique aristotélicien ne peut signifier qu'il partage le relativisme moral d'Aristote. Il s'agit seulement de se donner un vernis aristotélicien pour diffuser parmi les Juifs l'idéal de la quête de la connaissance sans son revers néfaste en matière morale.

Reste à savoir ce qu'est précisément cette « connaissance » de Dieu au fondement de l'éthique. Cohen reconstitue cette conception de la connaissance de Dieu à partir d'une lecture radicale de la théorie maïmonidienne des attributs divins. La théologie négative de Maïmonide repose sur la distinction entre attributs d'essence et attributs d'action[19]. Les premiers sont inaccessibles à l'homme, à la différence des seconds. Pour les lecteurs intellectualistes du *Guide* cette distinction signifie que les hommes peuvent acquérir une connaissance positive de la physique, à la différence de la métaphysique. Les attributs d'action ou les « voies de Dieu[20] » ne sont rien d'autre que les principes de la physique. Par conséquent « marcher dans Ses voies » revient, non à imiter Dieu sur le plan de l'action, mais à approfondir la science de la nature afin d'accumuler un savoir de nature purement théorique. Ce savoir pourra dans un second temps se traduire dans des actes de gouvernement[21].

Cohen souligne toutefois que la négation des attributs d'essence proposée par Maïmonide porte sur un type particulier d'attributs : les privations. Or, la négation des privations (par exemple « Dieu n'est pas impuissant ») produit un savoir du même type que celui que produisent les attributs d'action. Dire de Dieu qu'il n'est pas impuissant, c'est fondamentalement lui imputer une puissance d'agir sur ce qui n'est pas lui. Lorsque Maïmonide énonce qu'il est impossible de connaître la substance de Dieu, il vise une connaissance purement théorique. Imiter Dieu, en agissant dans la vie pratique, en se conformant aux impératifs de justice et d'équité, repose *in fine* sur un « savoir » d'un type particulier de Dieu, savoir que l'hébreu nomme l'« amour de Dieu[22] ».

En d'autres termes, le Maïmonide de Cohen *se fait passer* pour aristotélicien pour des raisons stratégiques, tandis que son éthique, fondamentalement anti-aristotélicienne, repose sur un savoir de Dieu qui se traduit immédiatement dans l'agir moral. Dans son rapport à Maïmonide, Cohen adopte sur ce point une attitude opposée à celle que nous avons observée chez Mendelssohn. Ce dernier refusait la distinction maïmonidienne du savoir démonstratif et de l'agir moral impliqué par la doctrine des *mefursamot*[23]. Cohen quant à lui nie, par une lecture inversant la lettre du texte maïmonidien[24], l'existence même de cette distinction chez Maïmonide. Or, fondamentalement, le « tournant éthique » est à l'œuvre chez l'un et l'autre : ils réfutent le grand partage de la connaissance et de l'agir. Au sein du monothéisme, cette distinction est caduque et le monothéisme est éthique par essence[25].

Cette idée sera exposée de manière systématique dix ans plus tard dans la *Religion de la raison*. Le plan de l'ouvrage permet ainsi de percevoir également comment, chez un penseur juif moderne, le monothéisme *conduit* à l'éthique : les réflexions sur « l'unicité de Dieu » (chap. I), sur les notions théologiques de « création » (chap. III) et de « révélation » (chap. IV) mènent à la « découverte de l'homme comme autrui » (chap. VIII) et de « l'individu en tant que Je » (chap. X). Portant l'éthique à l'échelle collective, l'ouvrage se poursuit avec « l'idée de messie et l'humanité » (chap. XIII) et avec un traité des vertus s'achevant par un chapitre sur la « paix » (chap. XXII) comme accomplissement final du règne du bien.

Judaïsme et religion de la raison

Si elle se fonde sur un dialogue avec Maïmonide, la philosophie de la religion ne saurait pour Cohen rester « une question pour médiévistes[26] ». Penser la religion s'avère pour lui un enjeu philosophique décisif pour son temps. De fait, c'est la religion et non la psychologie, comme il l'annonçait préalablement, qui achève son système de la philosophie. S'agit-il ou non d'une rupture dans le plan initialement prévu de son système philosophique[27] ? Il semble en tout cas que l'implication de Cohen dans la réponse à la campagne antisémite de l'historien Treitschke en 1881 explique en grande partie la place de plus en plus grande que la religion a prise dans son œuvre. La philosophie de la religion est ainsi chez lui intrinsèquement liée à la nécessité de penser le judaïsme.

Depuis 1915 et son ouvrage intitulé *Der Begriff der Religion im System der Philosophie* (litt. « Le concept de religion au sein du système de la philosophie »), Cohen s'efforce de proposer une « intégration de la religion au système de la philosophie[28] ». Par « système de la philosophie », il vise le système kantien qui prétendait rendre compte de l'ensemble des usages de la raison par une théorie de la connaissance, une éthique et une esthétique. Selon Cohen, à défaut d'une philosophie de la religion, le système kantien est incomplet. La nécessité de la religion découle d'un échec de l'éthique à rendre compte de manière satisfaisante de l'humain : l'éthique ne peut penser l'homme qu'en neutralisant sa singularité. Elle pense l'individu en tant qu'il est un représentant générique de l'humanité. La religion est nécessaire pour faire droit à l'individu en tant que tel, en tant que « tu » singulier et non en tant que « il » impersonnel. Car cette reconnaissance de la singularité dans la relation interpersonnelle dépend de l'idée « religieuse » de Dieu.

Dans la perspective kantienne, Dieu est une idée de la raison, celle d'un être parfait dont l'existence ne saurait être démontrée. Pour Kant, Dieu est toutefois un « postulat » de la raison pratique. Bien qu'indémontrable, seule son existence permet de garantir à chaque individu que son action morale, réalisée de manière purement désintéressée et par devoir, le conduira au bonheur. À cette détermination kantienne de l'idée de Dieu qui s'en tient au niveau de l'éthique, Cohen ajoute une compréhension « religieuse » à travers le concept de corrélation. Ce Dieu, que chaque individu rationnel est amené à postuler, ne se pense qu'en relation avec les hommes. La relation entre des individus humains implique toujours la médiation de ce tiers avec lequel chacun est en corrélation. C'est cette médiation « religieuse » qui assure la reconnaissance de l'autre individu humain dans sa singularité. C'est à ce titre qu'inclure la religion dans le système de la raison s'avère nécessaire pour rendre compte de l'existence humaine en tant qu'être rationnel[29].

Si la religion de la raison peut être « tirée des sources du judaïsme », c'est que, parmi les religions empiriques, le judaïsme a le privilège d'être le site « originel » de la découverte de ce Dieu de la raison[30]. Ce sont les prophètes d'Israël qui, les premiers, ont affirmé l'existence de ce Dieu unique et universel, dont la corrélation avec chaque individu fonde l'exigence d'une non-indifférence à la souffrance humaine et de justice sociale. Dans la *Religion de la raison*, tout en insistant sur le caractère exclusivement « religieux » des productions spirituelles d'Israël à ses origines, excluant toute autre activité intellectuelle (scientifique, philosophique ou littéraire), il estime que le monothéisme juif a apporté une contribution essentielle au déploiement de la raison dans l'histoire[31].

Cette identité du judaïsme et de la religion de la raison est affirmée dans l'interprétation que fournit Cohen des listes de dogmes proposées par les rationalistes médiévaux. Nous avons vu que Mendelssohn contestait l'existence de tels dogmes, expliquant que le judaïsme ne prescrivait aucune croyance obligatoire. Sur ce point Cohen préfère les médiévaux au fondateur de la pensée juive moderne, au prix d'une nouvelle distorsion de leur propos. Sans aucun appui textuel évident, il soutient que, malgré leur désaccord sur la liste des dogmes à retenir, tous les dogmaticiens juifs médiévaux s'accordent à les identifier avec les « intelligibles premiers » (*muśkalot rišonot*)[32]. Rappelons les débats précédemment évoqués quant à la nature des treize principes de Maïmonide : si certains relèvent assurément de la raison en ce qu'ils sont susceptibles de démonstrations, d'autres peuvent être interprétés comme des « croyances nécessaires » sans fondement rationnel[33]. On peut supposer qu'en posant un tel consensus médiéval sur la nature strictement rationnelle des dogmes du judaïsme, Cohen force délibérément le trait de manière à appuyer sa propre compréhension du judaïsme comme « religion de la raison[34] ». Le judaïsme est le site originel de la religion de la raison, il *doit* donc être une religion strictement rationnelle : telle est la tautologie à l'œuvre dans la reconstruction des sources du judaïsme que propose Cohen.

Le « concept du judaïsme » ou le pouvoir de dire ce qui aura été juif

C'est en effet un cercle logique qui commande la conception du judaïsme de Cohen. S'il estime que la religion de la raison peut être tirée des sources du judaïsme, il construit un concept de judaïsme qui détermine *a priori* quelles sont les véritables sources du judaïsme. De même que la philosophie seule et non l'histoire des religions est en mesure de définir le concept de religion, de même c'est la philosophie et non l'étude empirique des productions juives qui permet de construire un concept de judaïsme[35]. Avec Cohen, l'opération de conceptualisation du judaïsme que nous avons déjà repérée chez Wolf est menée à son terme. Le judaïsme est un concept, dont l'objet du grand livre de Cohen est « de montrer qu'il est la religion de la raison[36] ».

Ce projet se heurte à un problème de méthode. Si la religion de la raison doit être « tirée des sources du judaïsme », ces sources ne sauraient être délimitées indépendamment d'un « concept unificateur » du judaïsme « présupposé à titre d'esquisse idéale »[37]. Autrement dit, le judaïsme d'Hermann Cohen est une construction conceptuelle qui repose sur une véritable pétition de principe : il est tout à la fois présupposé *et* tiré des sources juives. Le « judaïsme – en vient à écrire Cohen – c'est la religion » (*das Judentum bedeutet die Religion*)[38], en tant qu'il est le monothéisme originaire qui correspond à la religion de la raison telle que le travail conceptuel l'a déterminée. Comment définir toutefois les « sources du judaïsme » dont doit être « tirée » la religion de la raison ?

Nous avons provisoirement installé religion et raison ; passons maintenant aux sources du judaïsme où doit puiser la religion de la raison. Le point de départ ne saurait

> être le judaïsme, car c'est lui dont il faut montrer qu'il est religion de la raison, et cette démonstration, qui est l'objet du présent ouvrage, permettra de le définir. Mais si nous voulions partir du concept du judaïsme, nous aurions nécessairement à en anticiper les sources. C'est au contraire la signification méthodologique générale de ces sources (*von der allgemeinen methodologischen Bedeutung dieser Quellen*) qui constituera notre point de départ[39].

La signification méthodologique générale des sources du judaïsme consiste dans le repérage de ce qui au sein de ces sources en explicite la signification d'ensemble. Or, le « concept générique », le « concept unitaire du judaïsme » est tout entier inclus dans et déduit d'une formule biblique : « Écoute Israël, l'Éternel notre Dieu, l'Éternel est unique » (*Höre Israel, der Ewige unser Gott, der Ewige ist einzig*)[40]. Comme chez Wolf, c'est cette notion d'« unicité », déduite tout à la fois *a priori* et à partir des sources du judaïsme, qui détermine la compréhension globale du judaïsme, mais aussi de façon circulaire le choix même de ses « sources »[41].

C'est un nouveau type de reconfiguration de la chose juive qui se joue ici. Cohen s'autorise du « concept du judaïsme » qu'il a construit en philosophe, *contre l'histoire de la religion*, pour délimiter au sein des productions *historiques* des Juifs ce qui *aura été* véritablement « juif ». Saadia Gaon, à travers le concept de croyance, proposait une définition normative d'Israël : pour en être, il faut adhérer à telle ou telle croyance. Cohen propose *a posteriori*, grâce au regard rétrospectif que lui permet sa position de moderne, un partage au futur antérieur parmi tout ce qui porte l'épithète « juif » entre ce qui aura été « juif », conformément au concept de judaïsme, ou ne l'aura pas été. Le judaïsme *idéal* devient critère d'évaluation de la tradition juive *réelle* et historique[42].

Ainsi, comme chez Baeck et Freud, des pans majeurs de la tradition peuvent-ils être exclus des « sources du judaïsme ». Ces sources incluent la Bible hébraïque : Pentateuque, Prophètes, Hagiographe, le Talmud et le *midrash*, une partie de la poésie liturgique (les *seliḥot*), l'exégèse biblique médiévale et la philosophie juive du Moyen Âge. La mystique juive, que Cohen « abhorrait[43] », est totalement absente de ce tableau. Tout au long de la *Religion de la raison*, la mystique est assimilée au panthéisme, au mythe et à l'ascétisme, autant de termes que Cohen oppose au monothéisme[44]. Elle relève de « l'aberration », de la « surenchère », des « ténèbres d'une prétendue théorie[45] ». La mystique est exclue de la « religion », qui seule entretient un rapport méthodiquement réglé avec l'éthique[46]. Par « mystique », Cohen entend principalement l'idée d'une union de l'homme et de la divinité et, s'il ne vise pas spécifiquement la mystique juive, il est clair que l'idée kabbalistique d'une divinité traversée par des tensions dialectiques et de la multiplicité la rende, de fait, étrangère au judaïsme[47]. Des « sources du judaïsme » se trouve ainsi exclu, au nom du concept, un continent entier des sources « juives ».

La spécificité du monothéisme dans sa version moderne et éthique vis-à-vis de son antécédent médiéval se laisse percevoir, jusque dans cette reconstruction *ad hoc* des « sources du judaïsme ». Bien que reconstruites à partir d'un « concept unifiant », les « sources du judaïsme » sont traversées par une série de dualités (*Doppeltheit*)[48] qui garantissent le déploiement de dynamique de l'idée monothéiste. La Torah écrite est redoublée par une Torah orale. Celle-ci est à son tour affectée par une série de dualités : le Talmud et le Midrash et, au sein de la littérature talmudique elle-même, le Talmud de Jérusalem et le Talmud de Babylone. Toutes ces dualités se ramènent à un couple fondamental qui assure l'unité de l'ensemble :

celui de la « prose » et de la « poésie » au sein de la littérature biblique, ou de la *halakhah* et de la *aggadah* au sein de la littérature rabbinique[49]. Cette complémentarité affirmée de la *halakhah* et de la *aggadah* revient *in fine* à souligner l'inséparabilité, au sein des sources juives, de la théorie et de la pratique. La doctrine religieuse ne se laisse jamais penser indépendamment de ses conséquences pratiques, de même que la règle pratique ou juridique n'est jamais élaborée sans soubassement doctrinal, moral ou philosophique.

Sur ce point, Cohen, un adversaire déclaré du sionisme, rejoint une figure majeure du sionisme culturel contre les rationalistes médiévaux dont ils se réclament l'un et l'autre. En 1916, trois ans avant la parution posthume de la *Religion de la raison*, Hayim Nahman Bialik, le grand poète hébraïque, publiait en hébreu un texte qui y fait étonnamment écho dans sa manière de reconstruire les sources juives : « La *halakhah* et la *aggadah* sont en réalité une dualité qui cache une unité (*šenayim še-hen aḥat*), les deux visages d'une même créature (*šenei panim šel beriyah aḥat*)[50]. » Cohen n'a vraisemblablement pas eu connaissance de ce texte traduit en allemand en 1919. À travers ce consensus des adversaires politiques, on mesure tout l'écart entre les pensées juives moderne et médiévale. De manière très représentative, un philosophe maïmonidien pouvait ainsi écrire au XIVe siècle : « Les *aggadot* ne relèvent pas de l'essence du Talmud (*ha-haggadot eynam me-'eṣem ha-talmud*)[51]. » Pour le philosophe du Moyen Âge, il s'agit ainsi de garantir l'autonomie de la philosophie dans le domaine théorique et spéculatif, tandis que la vie pratique est régie par la loi talmudique. Pour les modernes, Cohen comme Bialik, il s'agit d'affirmer l'inséparabilité du théorique et du pratique dans la tradition juive. Et dans le cas de Cohen, il s'agit d'une autre expression du caractère éthique du monothéisme :

la doctrine de l'unicité divine se traduit nécessairement dans une règle de vie.

Israël irréductible : de la religion monothéiste à l'anarchisme politique

La nature de cette règle de vie constitue toutefois un problème épineux pour Cohen. Si la *halakhah* et la singularité d'Israël constituent des catégories fondamentales des « sources du judaïsme », elles représentent à ses yeux un obstacle apparent à la réalisation de l'essence véritable du judaïsme. À plusieurs reprises, Cohen emploie l'expression d'« essence » (*Quintessenz*, *Inbegriff*) du monothéisme ou de la religion, l'identifiant avec le messianisme[52]. Le monothéisme tend vers la réalisation de l'humanité. À la manière de la « paix universelle » visée par Kant (nous avons vu que « la paix » est le titre du dernier chapitre de la *Religion de la raison*), il prescrit le progrès vers la concrétisation de l'idéal de justice, l'avènement d'une ère de non-indifférence à la souffrance d'autrui et à la pauvreté (à défaut de pouvoir les abolir).

Confirmant à nouveau la thèse de Neusner[53], cet horizon messianique du judaïsme commande une redéfinition normative de la « métaphore sociale » d'Israël. On se souvient que Maïmonide inscrivait sa propre redéfinition philosophique du collectif Israël dans un commentaire de la première *mishnah* du *Pereq Ḥeleq*[54]. Ce n'est pas par hasard si Cohen fait de même. « La phrase de la *mishnah* : "Tout Israël a part au monde à venir" est donc d'une importance fondamentale [...]. Tout Israël représente ici le concept d'homme, car tout Israël inclut, comme on le sait, l'humanité messianique[55]. » Israël se confond avec l'humanité tout entière, une humanité à venir, accomplie à l'ère messianique. Ce qui est désigné ici dans les termes de la *mishnah* comme « tout Israël » est visé par ailleurs dans l'expression prophétique de « reste d'Israël » que nous avons rencontrée chez Halevi.

> [Le] reste d'Israël, c'est l'Israël de l'avenir [...], un Israël idéal [...]. L'élection d'Israël n'a que cette signification symbolique : [...] permettre de substituer la vocation religieuse à la conscience nationale. Dès le départ, ce symbolisme supérieur présage la vocation messianique d'Israël, son élévation (*Aufhebung*) à l'humanité[56].

L'écart introduit au sein d'Israël par la notion de « reste » subvertit l'idée d'élection. Ce n'est pas Israël en totalité, en tant que collectif des Juifs réels, qui correspond à l'humanité accomplie. C'est le « reste d'Israël », l'Israël symbolique qu'il porte en lui-même, le judaïsme idéal, la religion de la raison véhiculée par les Juifs[57].

Ici s'introduit un problème signalé dès l'ouverture de la *Religion de la raison*, l'incompatibilité de l'universalité du judaïsme avec le particularisme juif[58]. Ce problème resurgit bien plus loin dans l'ouvrage à travers le problème que soulève, aux yeux de Cohen, la *halakhah* :

> Nous pouvons considérer à juste titre la loi comme un moyen d'isolement du judaïsme (*Isolierung des Judentums*). Et simultanément, nous prétendons reconnaître dans le messianisme la quintessence du judaïsme (*wollen wir die Quintessenz des Judentums im Messianismus erkennen*) non seulement à cause de l'humanité, mais aussi à cause du monothéisme. [...] Mais comment concilier l'isolement du peuple juif avec sa mission messianique[59] ?

À l'instar de Wolf et de Baeck et dans l'esprit du judaïsme libéral, Cohen reprend le motif mishnique de la « haie autour de la Torah » et l'interprète comme signifiant que l'ensemble des lois visent à garantir la préservation du concept de judaïsme. « Avec son instinct historique, la nation a érigé cette muraille de protection (*Schutzmauer*) pour combattre le nivellement de sa spécificité, en la préservant de la destruction totale[60]. »

L'universalisation d'Israël via la notion de « reste » n'est pas sans rappeler la théologie de la substitution qui voit l'Église catholique (universelle) comme le *verus Israel.* On note, dans la précédente citation, le recours à la notion à la résonance très hégélienne d'*Aufhebung* pour qualifier « l'élévation » d'Israël à l'humanité. *Aufhebung* on le sait signifie tout à la fois conservation et dépassement. Dans la philosophie de la religion de Hegel, le christianisme est bien une telle *Aufhebung* du judaïsme, sa réalisation par son dépassement qui renvoie les Juifs à un passé archaïque. L'identification du contenu normatif du judaïsme à l'éthique prophétique et la promotion de la justice et de la charité au détriment de la loi juive témoignent quant à elles de l'imprégnation protestante de la pensée de Cohen[61]. Toutefois, la notion de « mission » messianique signale une réticence à la réduction d'Israël et de sa loi à de purs symboles et le refus de toute théologie de la substitution. À travers la notion de « mission » ou encore de « vocation » d'Israël, Cohen rejoint un courant de la pensée juive moderne et se dévoile la dimension apologétique de sa pensée.

À partir de Mendelssohn et tout au long du XIXe siècle, l'idée d'une mission universelle d'Israël auprès des nations prend une importance de plus en plus marquée dans la pensée juive en Europe occidentale. Cette idée s'articule avec celle d'un universalisme juif pour justifier la persistance d'un collectif juif séparé dans le contexte de la modernité. Elle apporte une réponse à un aspect de la « question juive des modernes ». S'ils doivent rester juifs malgré l'égalité de nature entre les hommes, c'est qu'ils sont porteurs d'un *message* ou d'un *témoignage* universel auprès de l'humanité tout entière. Ici n'est pas le lieu de retracer l'histoire précise de ce motif déjà présent dans certains textes messianiques universalistes des prophètes (notamment Is 49, 6 : « J'ai fait de toi [= Israël] une lumière pour les nations »), mais qui prend une importance inédite après l'Émancipation. On se contentera de noter que Cohen, sur ce point également, articule philosophiquement une idée en vogue depuis plus d'un siècle.

Représentatif de cette tendance, Salomon Munk, l'un des grands représentants de la *Wissenschaft des Judentums* (« science du judaïsme »), ouvre dans ces termes la section de sa *Palestine, description géographique, historique et archéologique* (1845), consacrée à l'histoire des Hébreux :

> [L]a mission du peuple hébreu [...] se résume dans ces mots *Connaître Dieu et le faire connaître* [...]. [E]lle finit par le Messie, c'est-à-dire par le triomphe de la foi monothéiste sur le polythéisme des Gentils. Dès que la terre des païens accueille les germes de cette foi, le peuple hébreu a terminé son existence politique sur le sol où la foi devait se développer et mûrir ; mais il survit à sa ruine et il continue à exister comme société religieuse, parce que, selon lui, le triomphe n'est pas accompli[62].

Dans ce passage, Munk se fait un témoin de l'entrée des Juifs dans une société sécularisée en tenant pour acquis une distinction radicale entre « politique » et « religion ». Il identifie la politique et la forme étatique et assigne les Juifs à une essence « religieuse ». Le texte popularise une vision de l'histoire inspirée de l'idéalisme allemand, considérant que chaque peuple a apporté une contribution « spirituelle » spécifique à l'histoire universelle. Les Grecs ont apporté le sens de la beauté extérieure, les Romains, la force. Les Hébreux ont apporté la religion.

Selon Munk, l'existence politique (c'est-à-dire ici étatique) des Hébreux ne devait servir que de germination de l'idée monothéiste avant qu'elle ne soit diffusée parmi les « païens ». Le christianisme a assuré à sa façon cette diffusion, mais si les Juifs (ou les « Hébreux ») continuent à exister, c'est qu'ils récusent la version chrétienne du monothéisme. Leur persévérance sous la forme d'un collectif distinct ne provient que de leur croyance d'être dotés d'une « mission » auprès des non-Juifs qui doit encore être achevée. Les Juifs ainsi ne continuent à exister, de manière dispersée parmi les peuples, qu'en vertu d'une vérité qu'ils portent et qui doit se communiquer, à travers eux, aux non-Juifs.

Sans même le savoir, Munk exprime un schème augustinien intériorisé. Les Juifs s'avèrent les témoins pour le monde d'un message qu'ils peinent à comprendre eux-mêmes. Ce message n'est pas la messianité de Jésus, mais l'unité du Dieu de l'éthique. S'il tient pour évident le partage moderne entre « religieux » et « politique », on perçoit la difficulté de Munk à penser la nature du collectif juif diasporique. Le terme de « société » religieuse lui sert à qualifier cette forme d'existence distincte, mais dispersée, qui conserve une unité longtemps après la disparition de l'État des Hébreux.

Munk écrit avant l'émergence du sionisme comme courant majeur de la pensée juive moderne. Par sa confrontation avec le sionisme, Cohen, qui reprend l'idée de la mission « religieuse » d'Israël, est amené à préciser la nature de ce collectif. Le sionisme est, selon ses dires, « un épisode récent » de l'histoire du judaïsme qui repose sur « une conception arriérée de la nation »[63]. Cette conception est celle qu'a construite le nationalisme européen et qu'a amplifiée la Grande Guerre, en identifiant nation et État. Or « bien que l'isolement de la communauté juive (*jüdische Gemeinde*) reste nécessaire, isoler le judaïsme dans un État particulier serait en contradiction avec sa tâche messianique[64] ».

Cohen résout cette difficulté en proposant une distinction entre le concept de « nation » (*Nation*) et celui de « nationalité » (*Nationalität*). À la différence de l'État, la « nationalité » ne repose pas sur une distinction ethnique et ne s'articule pas avec l'État, mais avec la religion. La « nationalité » est constituée par une loi religieuse qui assure « l'isolement de la communauté ». « L'histoire de la raison » rend cet isolement « nécessaire » (*eine Notwendigkeit für die Geschichte der Vernunft*)[65] pour préserver le judaïsme, qui constitue « la religion de la raison », le seul monothéisme pur. Dès lors qu'il porte la mission messianique de diffuser le monothéisme, c'est en tant que « nationalité » dispersée au sein des « nations » que le collectif juif se doit d'exister.

Dans tout ce passage, Cohen fait jouer l'opposition du « concept *politique* de la nation » (*politische Begriff der Nation*)[66] et du concept « religieux » de « nationalité ». Or dans le jeu lexical subtil de la nation et de la nationalité, se laisse entrevoir que « l'invention moderne de la religion juive » n'aboutit pas, comme le laisserait croire la critique de la notion de « religion juive » au nom d'une critique de la sécularisation, à la dépolitisation du collectif juif[67]. Au contraire, chez Cohen, qui se situe sans doute à l'acmé de la pensée du judaïsme comme religion (« le judaïsme signifie *la* religion[68] »), la nécessité de rendre compte de la nature du collectif juif *réel* se fait sentir. Et cette nécessité le conduit à proposer une réflexion politique qui offre des ressources pour penser des collectifs minoritaires, évitant l'impasse de la confusion de la politique et de l'État. Lorsque le judaïsme veut se penser comme monothéisme éthique, il aboutit à une théorie politique que l'on peut qualifier d'« anarchiste », en ce sens qu'elle envisage une « existence politique » alternative à celle qu'organisent les États. Ce faisant, elle ouvre un espace de critique des politiques étatiques, promptes à sacrifier la justice au nom de la raison d'État. Nous avons vu plus haut qu'il en allait de même de Baeck, dont l'humanisme juif universaliste s'articule avec une éthique des minorités politiques.

L'internationalisme de Cohen ne l'a pas empêché de se fourvoyer dans un patriotisme allemand manquant clairement de lucidité pendant la Première Guerre mondiale. Il n'en a pas moins ouvert la voie à d'autres penseurs d'un « anarchisme juif » tirant du monothéisme toute sa puissance critique en matière de politique. Le plus notable d'entre eux est étonnamment un penseur sioniste, Martin Buber. Celui-ci faisait valoir dès 1932, dans sa *Monarchie de Dieu*, le courant antimonarchiste de la littérature biblique qui considérait la réalisation de la théocratie dans des institutions politiques humaines comme une trahison de l'idéal politique de la Bible hébraïque[69]. Encore à la veille de la création de l'État d'Israël, il identifiait l'expérience des *kibbutzim* comme le meilleur espoir d'un socialisme utopique prenant la voie inverse de l'autoritarisme étatiste soviétique[70]. C'est cet anarchisme religieux qui a continué à alimenter, au sein de l'État d'Israël, son positionnement d'intellectuel critique au statut quasi prophétique, inlassable militant de la paix avec les Arabes.

On a vu plus haut que Cohen faisait correspondre le « reste » d'Israël avec son « tout ». Lorsque la *mishnah* promettait le monde à venir à « tout Israël », c'était au « reste » messianique d'Israël, le symbole de l'humanité, qu'elle faisait allusion. On constate ici à quel point cette mise en équivalence est juste, mais en un sens tout différent de celui qu'envisageait Cohen. C'est bien le « tout d'Israël », la *totalité* de l'Israël *réel*, qui résiste à toute tentative de réduction à un concept ou un idéal[71]. Le tout d'Israël en est le reste, irréductible. La facticité juive résiste à son inscription réflexive dans le concept de judaïsme. Et la réduction du judaïsme à la catégorie abstraite de religion de la raison conduit à une pensée de la judéité comme fait politique concret, travaillant tant à l'échelle collective qu'individuelle.

Le pôle de la facticité (Ahad Haam, Franz Rosenzweig)

« Le judaïsme n'est pas une religion »

Dans cette troisième période de notre histoire de la question de « l'essence du judaïsme », Shammay a de nombreux disciples. Le refus de ramener le tout de la chose juive à un noyau restreint de signification y prend des formes multiples. Celles-ci se confondent en grande partie avec les diverses allégations modernes et contemporaines selon lesquelles le judaïsme « n'est pas une religion », qui émanent d'horizons divers.

L'un d'entre eux est politique. Moses Hess dans un texte « proto-sioniste » de 1862, *Rome et Jérusalem*, s'étonne de l'antisémitisme qui fleurit en Allemagne au long du XIXe siècle, alors même que les « Juifs ont adopté la culture européenne au moins aussi largement que les autres confessions ». C'est là – dit-il – le signe que « les Juifs sont autre chose que les "les fidèles d'une religion" : ils sont une communauté, un peuple, une nation[72] ». Un autre horizon de ce refus du terme « religion » est l'« orthodoxie » juive, pourtant l'un des courants *religieux* du judaïsme moderne. Samson Raphaël Hirsch est le représentant majeur, dans la première moitié du XIXe siècle en Allemagne, de la « néo-orthodoxie », qui adopte une voie intermédiaire entre la Réforme et ce qui sera plus tard désigné comme « ultra »-orthodoxie (le refus de toute concession à la modernité). Hirsch se veut tout à la fois entièrement fidèle à la tradition rabbinique et reconnaissant à la modernité politique pour l'amélioration que l'Émancipation a apportée à la condition des Juifs. Il écrit toutefois que « le judaïsme n'est pas une religion », qu'il « ne se surajoute pas à la vie, [mais] englobe la totalité de la vie »[73]. On retrouve ce type d'énoncés chez Levinas lors du premier Colloque des intellectuels juifs de langue française : « Le judaïsme n'est pas une *religion*, [...] il est une compréhension de l'être[74]. »

Pourquoi, tant un penseur sioniste qu'un rabbin orthodoxe tiennent-ils tant à ce que le judaïsme ne soit pas une religion ? Ce qui s'y lit me semble-t-il en creux est l'angoisse de disparaître dans la majorité chrétienne, identifiée avec la société moderne sécularisée. Si le judaïsme « n'est pas une religion », c'est que l'on souhaite affirmer qu'il n'est pas fissible dans le christianisme. Si l'on a besoin de le dire, c'est que le judaïsme moderne a subi une transformation : en Europe occidentale, il fonctionne désormais socialement comme une « confession », une foi intime que l'on professe en son for intérieur et dans des lieux dédiés (église, temple, synagogue). J'ai déjà indiqué, en ouverture de ce chapitre, que le premier auteur à affirmer que le judaïsme n'est pas une religion n'est autre que Moses Mendelssohn. Le père de la pensée juive moderne, qui a largement ouvert la voie à une confessionnalisation du judaïsme, a été le premier à souligner la différence essentielle qui le distingue de la religion majoritaire. Autrement dit, la sécularisation produit simultanément le judaïsme comme religion et le refus que le judaïsme soit une religion. Que ce refus soit purement formel, comme on a pu le suspecter dans le cas de Mendelssohn[75] ou réel, qu'il soit motivé au nom du peuple d'Israël dans le cas du sionisme ou de sa tradition dans le cas de l'orthodoxie, il s'agit d'affirmer la plénitude de l'être juif. Être juif, ce n'est pas *croire* au « judaïsme », c'est avoir une certaine histoire, une identité spécifique qui à divers égards engage une manière d'exister, qui ne peut être isolée et située à une place particulière de l'existence individuelle et sociale.

Le lien entre refus de la catégorie de religion et sécularisation ressort du fait que l'on trouve des allégations analogues chez des penseurs chrétiens à propos du christianisme, tels que le théologien protestant Karl Barth[76]. S'exprime par là le refus de Barth que le christianisme soit réduit à la place particulière que la société *chrétienne* sécularisée entend réserver aux religions. Cela fait d'ailleurs lointainement écho à la méfiance exprimée par saint Augustin vis-à-vis du terme *religio*, témoignant de sa crainte que le christianisme pût être entendu dans un sens analogue à la religion civile romaine[77]. Remarquons enfin que l'allégation « l'islam n'est pas une religion » récurrente dans le discours politique contemporain vise généralement à l'assimiler à une idéologie politique qui ne se laisse pas ranger à la place que la société occidentale entend réserver à la « religion ». « L'islam n'est pas une religion » signifie précisément qu'il met à mal la scission produite en Occident entre le « religieux » et le « séculier ».

Le judaïsme comme le christianisme et l'islam sont, dans le discours moderne, des termes que l'on dispose entre les pôles de la politique et de la religion. Ainsi, au moment même où le judaïsme s'invente comme religion, il est affirmé comme plus et autre chose qu'une simple religion. Comme nous l'avons vu, le plus religieux des penseurs du judaïsme, Cohen n'échappe pas à la nécessité de rendre compte du *fait* du peuple juif *réel*. À l'inverse, ceux-là mêmes qui refusent le paradigme réflexif de la religion juive au motif qu'il ne permet pas de rendre compte de la totalité de l'être juif n'en acceptent pas moins le terme même de « judaïsme » (ou ses équivalents dans d'autres langues) qui est le pur produit de l'opération réflexive, fût-elle médiévale ou moderne. Le « judaïsme » quelle que soit la définition qu'on lui donne est ce concept, cette idéalité abstraite qui permet de saisir ce qui fait que les Juifs sont ce qu'ils sont[78].

Deux exemples caractéristiques de ce refus ambigu de la question et de la notion d'« essence du judaïsme » nous permettront d'en prendre la mesure.

Ahad Haam : le sionisme culturel aux prises avec la yahadut

Le premier est un petit texte d'Ahad Haam, pseudonyme d'Asher Ginzburg (1856-1927), l'une des grandes figures du sionisme culturel, intitulé « La servitude dans la liberté » (*'Avdut betokh ḥerut*). Dans ce texte écrit à Odessa en 1891, il formule une critique radicale des intellectuels juifs français et plus généralement occidentaux chez qui il repère une servitude intellectuelle dans le fait de chercher une réponse à la « question moderne des Juifs » : « Pourquoi restons-nous juifs ? » La « doctrine aussi nouvelle qu'étrange » (*torah ḥadašah u-muzarah*)[79] de la « mission » (*te'udah*) d'Israël, consistant à diffuser le monothéisme auprès des nations, est une pure invention de Juifs modernes pour répondre à cette question, dont j'ai signalé plus haut la provenance chrétienne, plus précisément augustinienne. Les Juifs ne sont plus les témoins malgré eux de la Bonne Nouvelle christique, mais de l'idée monothéiste. « Pour ma part – conclut Ginzburg –, je n'éprouve aucun besoin d'élever mon peuple aux cieux et de le situer au-dessus de tous les peuples, afin de lui procurer un "permis d'exister". Je sais, moi, "en vertu de quoi, je resterai juif" ; ou, plus exactement, je ne comprends absolument pas le sens que cette question pourrait avoir[80]. »

Le texte s'inscrit dans la polémique traversant les intellectuels juifs d'Europe orientale de l'époque. D'un côté, le mouvement des Amants de Sion auquel Ahad Haam appartient promeut la renaissance de la culture hébraïque. De l'autre, les *maskilim* russes appellent à prendre modèle sur les Juifs français qui ont obtenu des droits politiques suite à la Révolution. Or, selon Ahad Haam, devoir justifier sa propre existence par une doctrine inventée de toutes pièces est précisément le prix à payer pour l'obtention de ces droits. Il est pour sa part prêt à renoncer à ces libertés formelles pour conserver celle d'exister en tant que Juif sans que cela constitue une « question ».

À travers une lecture méticuleuse du texte de Salomon Munk précédemment cité, il repère une contradiction fondamentale dans la « doctrine de la mission ». L'invocation de la « mission » d'Israël résulte de la renonciation à la dimension politique ou, dans le lexique de Ginzburg « nationale » (*le'umi*), à l'identité collective des Juifs au profit de la seule « religion juive » (*dat yehudit*). Or, s'ils sont fondamentalement modernes et sceptiques en matière de religion, les Juifs occidentaux, français et allemands, en viennent à identifier la religion juive à une sorte de déisme rationaliste : « une religion intellectuelle (*dat 'iyyunit*), un ensemble de doctrines abstraites susceptibles d'être partagées par tout Israël[81] ». Bien qu'il écrive avant la *Religion de la raison* de Cohen, il semble par avance adresser une objection à son identification du « judaïsme » et de la « religion de la raison ». Ginzburg évoque, sans le nommer, un « rabbin allemand » qui avait soutenu, comme Cohen le fera plus tard, que les trois principes fondamentaux de la loi divine de Joseph Albo, dans son *Livre des principes*, pouvaient aisément se confondre avec ceux d'une religion strictement rationnelle[82]. S'il en est ainsi, note Ahad Haam, la « mission » des Juifs (diffuser le monothéisme parmi les hommes) serait plus efficacement accomplie en se revendiquant de la « religion naturelle » plutôt que de la « religion juive »[83]. C'est, pour les Juifs, faire preuve d'une obstination biblique (*qašiyut 'oref*)[84] que de persister à s'attacher à des noms tels que « Juifs », « Hébreux » ou « Israël ». Le judaïsme moderne en d'autres termes est purement nominal : c'est un rationalisme dépourvu de tout contenu spécifique, affublé d'un nom juif. Mais s'il est purement nominal, c'est précisément que dans le nom « Juif » se joue quelque chose qui – pour les Juifs eux-mêmes, qui rechignent à s'en défaire, comme pour les non-Juifs chez qui il alimente une haine antisémite – ne se laisse pas réduire à des questions de croyance religieuse[85]. « Ils sentent en leur cœur, malgré [le délitement de la croyance religieuse], qu'ils sont hébreux et qu'hébreux ils aspirent à rester[86]. » Lorsque dans le judaïsme, il ne reste rien de juif, il reste le nom « Juif », à proprement parler le reste d'« Israël ».

Ginzburg refuse donc le paradigme religieux au sein duquel la pensée juive moderne entend saisir l'essence du judaïsme. Il n'en reste pas moins tributaire, dans sa propre façon de penser l'identité juive, du geste réflexif des modernes, comme en témoigne son usage ambigu du mot *yahadut* dans ce petit texte. Dans l'ensemble, Ginzburg l'emploie clairement dans le sens de « judéité », caractère de ce qui est juif ou ce qui confère un caractère juif à un individu, indépendamment de la religion. Il écrit ainsi : « [N]os frères français ont accepté de réduire à néant par leurs vaines paroles l'existence du peuple d'Israël et de ramener la *yahadut* à la religion seule (*u-le-ha'amid et ha-yahadut raq 'al ha-dat bi-levad*)[87]. » Dans ce passage, la religion juive apparaît comme une dimension de la *yahadut* parmi d'autres.

Dans le même sens, Ginzburg écrit en conclusion de son texte : « Je puis même moi professer cet "athéisme scientifique qui se réclame de Darwin" sans pour autant mettre ma *yahadut* en danger[88]. » Cette phrase signifie qu'il n'a pas besoin de s'appuyer sur une « cause finale » telle que la « mission » d'Israël, pour justifier l'existence du peuple juif. Ce sont plutôt des causes mécaniques et historiques, à l'instar de l'explication déterministe de l'évolution par Darwin, qui expliquent la survie d'Israël. On peut être un athée mécaniste, refusant toute dimension providentielle à l'histoire d'Israël, sans perdre en rien sa *yahadut*.

Toutefois, dans d'autres passages, la plume d'Ahad Haam se relâche et la distinction qu'il voudrait nette entre la *yahadut* et la religion s'efface. Citant l'un des promoteurs de la notion de « mission », il écrit : « Nous demeurons dans notre *yahadut* car il n'y a aucune autre religion (*eyn dat aḥeret*) au monde qui puisse la remplacer[89]. » Ginzburg fait ici parler un adversaire, mais le choix des termes qu'il lui prête relève du *lapsus*. Au lieu de parler de « religion juive » comme il le fait par ailleurs dans le texte, c'est ici la *yahadut* elle-même, que Charbit traduit à juste titre par « judaïsme », qu'il assimile à la religion. Par là, Ahad Haam atteste qu'il évolue bien dans le même paradigme de pensée que ses adversaires « occidentaux ». Qu'elle soit « nation » ou « religion », la *yahadut* est ce terme abstrait, ce nom commun qui s'efforce de saisir le caractère spécifique et essentiel du nom propre « Juif ».

Cohen qui répond peut-être à Ahad Haam en affirmant que les Juifs forment une nationalité (plus qu'une Église, mais autre chose qu'une nation) devra confronter son concept de judaïsme à la réalité du peuple d'Israël. Ahad Haam affirmant l'irréductibilité du fait juif n'en reste pas moins tributaire du concept de judaïsme.

Franz Rosenzweig ou l'impossibilité de traduire Judentum

L'ambiguïté du terme *Judentum* ressort, par ailleurs, de manière criante de la difficulté de traduction qu'il pose dans le titre d'une conférence de Franz Rosenzweig

(1886-1929). En 1919, l'année même de la publication posthume de la *Religion de la raison*, Rosenzweig donne une conférence à Kassel intitulée « Das Wesen des Judentums », dont seules les notes préparatoires nous sont parvenues. De toute évidence, le titre est une reprise de celui de Leo Baeck et il est donc naturel de le traduire par « L'essence du judaïsme » comme le font les éditeurs du recueil où il est publié en français[90]. Or tout l'enjeu du texte est de mettre en cause la possibilité de déterminer une essence de ce que recouvre le terme *Judentum*, au motif qu'il ne s'agit en aucun cas d'une quelconque abstraction, mais de l'existence pleine et entière des Juifs. Dès lors, « judaïsme » semble un mauvais choix pour traduire le titre de la conférence. Mais comment traduire ? On pourrait dire que Rosenzweig soutient précisément que la « judéité » *devient* « judaïsme », dès lors que l'on cherche à en isoler une « essence ». Le titre devient alors équivoque et proprement intraduisible. Il faut entendre dans *Judentum* les deux sens à la fois de « judaïsme » et de « judéité ». On peut percevoir dans le titre de Rosenzweig une formule ironique, sous-entendant quelque chose comme « *l'impossible* essence de la judéité ». Ou bien suggère-t-il qu'il s'apprête à mettre à nu « l'essence du *judaïsme* », au sens où il va montrer ce que cache le terme même de « judaïsme » : une mutilation de la judéité ? Cette équivocité apparaît dans les variations des sens du terme *Judentum*, dans le corps du texte de la conférence. Ces variations laissent également entrevoir que Rosenzweig échoue à penser la chose juive en dehors du terme même qui signifie l'abstraction dont il entend s'émanciper.

Dans sa conférence, Rosenzweig repère une erreur commune à l'orthodoxie, au libéralisme et au sionisme, soit l'ensemble des « trois partis » (*drei Parteien*)[91] qui divisent le monde juif de son temps : la quête d'une « essence » du judaïsme. Rosenzweig souligne ainsi que le geste réflexif de réduction du judaïsme à une « essence », dont nous avons vu qu'il est le fait de penseurs et de courants proches de la Réforme, s'avère un phénomène global, partagé par ceux-là mêmes qui le refusent en apparence : orthodoxes comme sionistes. Le « retrait de soi sur l'essence » (*sich Retirieren aufs "Wesen"*)[92], où Rosenzweig voit un équivalent juif du geste d'Harnack, est un symptôme d'une crise qu'il situe au XIXe siècle, autrement dit avec l'Émancipation. S'il est alors devenu nécessaire aux Juifs de distinguer, dans ce qu'ils sont, l'essentiel de l'inessentiel, c'est en vertu d'un doute qui affecte le degré même de leur existence[93] : « Aussi longtemps qu'on est, qu'on a l'être, on ne questionne pas sur l'essence » (*So lange man ist, so lange man Sein hat, fragt man nicht nach dem Wesen*)[94]. En raison de cette crise, la « métaphysique juive » s'est décomposée et divisée en trois segments, aussi incomplets les uns que les autres[95]. Chacune identifie un concept qui se veut « unifiant » l'ensemble du judaïsme : la « loi », « l'esprit », le « sang »[96]. Mais, ce faisant, chacune le prive de deux de ses trois composantes : « sa volonté légale », « sa conscience rationnelle » et son « sentiment national »[97].

Le diagnostic de Rosenzweig est radical : la question de l'essence du judaïsme forme le paradigme dominant l'ensemble de la pensée juive moderne, mais témoigne d'une « vie » juive mutilée, que seul ce qu'il nomme une « mystique »[98] pourrait restaurer. Mais il ne parvient pas lui-même à échapper au paradigme qu'il condamne. D'un côté, il conclut ces notes parcellaires ainsi : « Le but n'est pas "l'essence" *de* la judaïté, mais la judéité en son entier, ce n'est aucune espèce d'essence, mais la vie. » (*Das Ziel ist kein "Wesen"* des *Judentums, sondern das ganze Judentum, überhaupt kein Wesen, sondern das Leben*)[99]. Ici le choix de la traduction par « judéité » semble le plus juste : il s'agit précisément de contester le geste d'essentialisation et d'abstraction au profit de l'affirmation de la totalité de la vie juive. D'un autre côté, il admet régulièrement au fil du texte le concept de « judaïsme » comme entité abstraite relevant de la religion. Il écrit par exemple : « Le judaïsme constitue une religion de l'Esprit autant qu'une religion de la Loi » (*Das Judentum stets Religion des Geistes ebenso wie Religion des Gesetzes*)[100], même s'il signale par ailleurs que « Faire une religion, une conception du monde, une politique sont trois choses également non juives »[101]. Le fait irréductible de la vie juive se trouve ainsi énoncé dans le terme qui désigne l'abstraction conceptuelle du « judaïsme ». Celle-là même avec laquelle il s'agit de rompre.

*

Ce troisième moment, moderne, de la question de l'essence du judaïsme témoigne de l'irrémédiable intrication du pôle de la « réflexivité » et de la « facticité » dans l'histoire de la pensée juive. Les penseurs du « judaïsme éthique » reprennent le schème monothéiste des médiévaux et le tournent dans le sens d'une éthique qui prime sur le théorique ou le doctrinal. Ils le font en partie par souci de distinction vis-à-vis du christianisme, dans une perspective apologétique : c'est parce qu'il est d'abord *praxis* que le judaïsme est non seulement fondamentalement compatible avec la modernité (Mendelssohn), mais qu'il est aussi en mesure de lui servir de guide (Cohen). Ils le font aussi, en historiens et philosophes, en intégrant à leur pensée la catégorie moderne fondamentale de l'histoire : le « judaïsme » est un concept qui se traduit dans un agir et dans une histoire, l'histoire d'un peuple. C'est à cet endroit que le pôle réflexif rencontre le pôle factitif, à la manière dont Cohen se voit contraint de penser le collectif des Juifs réels, irréductible à son Israël idéal et messianique de philosophe. Les penseurs qui opposent au pôle réflexif l'impossibilité de rendre compte du fait juif par l'entremise de concepts tels que « religion » (Ahad Haam) ou « nation » (Rosenzweig) ne se départissent pas, quant à eux, du terme même de « judaïsme » qui n'est précisément rien d'autre qu'une abstraction conceptuelle.

Conclusion

Mais *qui* sont les Juifs ?

Nombreuses ont été les explications proposées à la mystérieuse « persévérance » du fait juif[1]. L'existence continue des Juifs à travers les siècles, après la disparition de la souveraineté et du Temple de l'Israël ancien, malgré le fait minoritaire, la marginalisation et souvent l'oppression, est une anomalie qui n'a cessé de susciter interrogations et tentatives de résolutions. J'ai déjà mentionné certaines des réponses qui y ont été apportées. Les Juifs sont les témoins paradoxaux de la vérité du christianisme : ils véhiculent sans le savoir les prophéties annonçant le Christ et leur dégradation découle de leur obstination à refuser de le reconnaître (Augustin). Les Juifs sont un peuple éternel en vertu de l'alliance qui les lie avec Dieu ; leur exil (où la Présence divine les accompagne) résulte de leur infidélité à cette alliance (tradition rabbinique). La loi juive, avec ses prescriptions étranges, singulièrement la circoncision, fait obstacle à la disparition des Juifs au sein des sociétés majoritaires où ils vivent. Elle suscite une haine qui contribue à renforcer auprès des Juifs le sentiment de leur élection (Spinoza)[2]. Ou encore : tout en ayant l'air de ne pas avoir de pensée politique ni « d'agentivité », les Juifs ont mis en place de puissantes stratégies politiques de survie en exil à travers des alliances avec les différents pouvoirs souverains sous l'autorité desquels ils vivaient (Yosef Hayim Yerushalmi, Danny Trom)[3]. Je propose ici une autre contribution à cette vieille discussion. « Israël » est un collectif qui aura continuellement perçu son existence comme si précaire qu'il n'aura cessé de produire des réflexions sur ce qui le constitue comme tel. « Israël » désigne cette minorité réfléchissante. Le fait de son existence fragile appelle une interrogation régulièrement renouvelée sur son fondement, interrogation qui se fait miroir inquiétant et déformant pour les sociétés majoritaires au sein desquelles les Juifs ont existé (et singulièrement en Europe chrétienne). Cette réflexivité même, telle est la thèse à laquelle me conduit l'enquête de ce livre, a été un puissant catalyseur de survie.

La dialectique de la « facticité » et de la « réflexivité » que nous avons repérée dans les trois moments de notre histoire forme ainsi une dynamique constitutive de la tradition de pensée juive qui est indissociable de l'histoire des Juifs. Dans chacun des trois moments, nous avons observé comment l'opération réfléchissante ne se contentait pas de penser un fait préexistant. Les discours rabbiniques sur le « tout » de la Torah la constituent comme telle et donnent une compréhension spécifique du collectif qui se définit par elle. Les discours médiévaux sur les « racines » de la Torah, qui les assimilent à des croyances fondamentales, reconfigurent ce collectif comme une communauté de croyants monothéistes. Les penseurs juifs modernes du « judaïsme » le tournent en une éthique à vocation universaliste. Si l'opération réfléchissante participe de la constitution du collectif, en lui apportant une certaine signification, elle bute sur le *fait* irréductible de son existence qui ne se laisse jamais enfermer dans une signification unifiante. De sorte que l'opération réfléchissante devra se mettre à nouveau en branle lorsque sa puissance explicative se sera tarie. Aristote définissait la monstruosité comme la victoire de la matière sur la forme[4]. On pourrait dire que l'histoire des Juifs est marquée par des moments « monstrueux », ceux où le fait de leur existence déborde par trop du cadre explicatif qui le soutient.

Cette dynamique constitutive de la tradition de pensée juive se traduit aussi par le fait que toutes ces opérations réfléchissantes s'effectuent par une série de relectures radicales de ce qui les précède. Le discours rabbinique fabrique une compréhension spécifique du terme de « Torah » qu'il hérite de la littérature biblique. Les rationalistes médiévaux inventent le monothéisme juif en le retrouvant dans le texte de la Mishnah ou en relisant l'ensemble de la tradition antérieure à l'aune du concept de croyance ou de devoirs intérieurs. Les modernes proposent une compréhension nouvelle du monothéisme par une lecture déformante de Maïmonide comme de la Mishnah. La tradition procède ainsi par réécritures successives : les lectures nouvelles se veulent telles que les strates antérieures n'auront jamais dit autre chose que ce qu'elles leur font dire. Lorsque l'opération réfléchissante fonctionne, se constitue ce que nous avons appelé un « paradigme ». Un paradigme se reconnaît au fait que même ceux qui le récusent (au nom de l'irréductibilité du *fait* juif) sont incapables de penser « la chose juive » indépendamment du concept cadre sur lequel elle repose. Cela ne signifie pas qu'il est impossible de produire une pensée juive en dehors d'un paradigme. Au Moyen Âge, des pans considérables de la littérature traditionnelle se passent de l'idée de croyance. Pensons exemplairement aux exégèses du Talmud et aux productions halakhiques de l'école de Rachi et des tossafistes. Or, les cas d'Halevi et d'Abravanel, auxquels on pourrait ajouter la littérature kabbalistique que l'on tient pourtant pour concurrente de la philosophie, témoignent de la prégnance du concept de « croyance » pour penser le fait juif à l'époque médiévale. La récurrence de la formule « le judaïsme n'est pas une religion » à l'époque moderne ne fait que renforcer l'importance déterminante de la notion de « religion » pour penser la condition juive moderne, sans parler du concept de « judaïsme » qui lui est intrinsèquement lié.

Notre histoire s'est achevée avec Rosenzweig, mort dans l'entre-deux-guerres. Qu'en est-il donc aujourd'hui, après la Shoah et la création de l'État d'Israël, de cette dialectique facticité-réflexivité ? Il serait présomptueux de prétendre proposer un tableau complet du rapport contemporain qu'entretiennent les Juifs à ce qui les fait tels. Dans ce qui suit, je propose quelques touches pour un portrait impressionniste de l'époque.

Il me semble que la séquence ouverte par la Shoah est « monstrueuse », non seulement parce que la Shoah elle-même est un crime dont l'horreur déborde toute tentative de l'expliquer, mais aussi dans le sens que j'indiquais plus haut. Notre époque est marquée par la prédominance de la *facticité* juive. La « question juive des modernes » et la « question moderne des Juifs » ont produit le dernier grand paradigme réfléchissant, celui du « judaïsme éthique ». L'existence même de cette *question* indique que le *fait* juif fait exception au grand récit de la modernité. Le nom « Auschwitz », comme « solution » finale du problème juif, signe la faillite de toute tentative moderne de *justifier* le *fait* juif. La création de l'État d'Israël peut, entre autres choses, se comprendre comme une conséquence de cette faillite.

Une caractéristique dominante de la période contemporaine est l'importance considérable qu'ont les Juifs, réels ou imaginaires, dans toutes les problématiques liées à l'identité, et la prédominance des notions d'« identité » et d'« être juif » dans les réflexions produites par les Juifs sur ce qui les fait tels.

Dans le discours, tant intellectuel que médiatico-politique, les Juifs représentent tantôt la figure par excellence d'une identité fixe telle que celle de l'altérité qui nourrit la déconstruction de l'identité. La France s'avère à cet égard un cas exemplaire. Des intellectuels médiatiques et des personnages politiques particulièrement inquiétants y associent ces dernières années judéité et nostalgie d'une identité nationale fantasmée. On se souvient par ailleurs du très signifiant slogan « Mais qui ? » apparu en France sur une pancarte d'une manifestation d'opposants au pass sanitaire lors de la pandémie de la Covid-19. « Mais qui ? » était devenu un code complotiste antisémite après qu'un ancien général, dénonçant une mainmise des médias sur un plateau de télévision, interrogé pour savoir à qui il faisait allusion, avait répondu : « La communauté que vous connaissez bien ! » Cette formule, « Mais qui ? », renvoie à l'imaginaire de l'antijudaïsme traditionnel d'un adversaire dont l'invocation du seul nom pourrait libérer des forces diaboliques[5]. Elle dit aussi combien les Juifs, dans la pensée d'extrême droite, représentent une menace à l'identité en tant que telle. C'est le « qui » lui-même qu'ils mettent en question.

La place qu'occupe la « figure » du Juif dans la philosophie (française en particulier) d'après-guerre reflète également ce grand écart entre identité et différence, comme l'a bien montré Elad Lapidot[6]. Pour tout un courant de penseurs, engagés dans une réflexion sur la signification de la Shoah pour l'histoire de l'Occident, marqués par l'affaire Heidegger et l'influence de Levinas, le Juif représente l'altérité. Maurice Blanchot dans un texte de 1962 intitulé « Être juif » se propose ainsi de répondre à la question symptomatique de Pasternak : « Pourquoi cela [être juif] existe-t-il ? » Le Juif, écrit-il, existe *pour* qu'existe l'exil « comme mouvement juste », *pour* que « l'expérience de l'étrangeté s'affirme auprès de *nous* » et *pour* que « *nous* apprenions à parler »[7]. Le Juif *représente* « autrui » et, *in fine*, c'est ce mot que l'entreprise nazie aura cherché à supprimer. On retrouve cette association de la figure du Juif et de « l'autre » chez Lyotard[8]. La judéité est bien sûr un motif important et récurrent dans la pensée de Derrida[9]. Elle l'est aussi chez d'autres penseurs de la déconstruction tels que Jean-Luc Nancy[10] et Philippe Lacoue-Labarthe[11]. On la retrouve plus incidemment dans la pensée de Judith Butler (dont le rejet de l'État d'Israël a pris récemment une tournure maladive, même si elle va puiser dans la pensée juive des ressources pour un messianisme politique libérateur des identités mortifères[12]).

Réactivant un vieux schème paulinien, Alain Badiou envisage, en revanche, la judéité comme l'exemple-type d'une particularité, entendue comme appartenance à une communauté empirique et historique. Paul aura su affirmer l'universalisme en s'arrachant à cette communauté empirique. Une telle identité collective, façonnée par une histoire commune, ne doit pas nécessairement disparaître lorsque advient un « sujet politique » plus vaste. Elle est en tout cas indifférente du point de vue de la véritable politique. La forme étatique dont peut se doter ce type de particularités est une dangereuse parodie de la politique qui ne peut aboutir qu'à la violence destructrice[13].

Les Juifs sont donc tantôt les représentants du même et de l'autre, de l'identité et de la différence. Dans le lexique post- et dé-colonial, cette même tension prend depuis quelques années la forme de la question « les Juifs sont-ils "blancs"[14] ? ». Remarquons que l'on retrouve ici l'ambiguïté que j'évoquais à l'ouverture de ce livre : la question de « l'essence du judaïsme » entendue comme celle de ce qui fait que les Juifs sont juifs rejoint dans le moment contemporain la problématique de la « race », qu'elle soit envisagée comme une catégorie biologique ou épistémologique. La position du « Blanc » est celle du point de vue « neutre », à partir de laquelle la pensée occidentale s'est construite. C'est la position du « même », vis-à-vis de laquelle toute différence relève de l'altérité et permet stigmatisation et oppression. C'est en réalité celle des héritiers de l'histoire occidentale qui disposent de moyens culturels, étatiques, militaires si puissants qu'ils en viennent à confondre leurs privilèges avec la position du sujet universel. Alors que les Juifs ont été constamment « racisés » tout au long de leur histoire, qu'ils représentent, pour des philosophes comme je viens de le mentionner et pour des historiens[15], « l'autre » de l'Occident, alors que les « études juives » constituent le premier cas historique des « *minority* ou *cultural studies* », l'indigéniste Houria Bouteldja proposait en 2016 une réponse particulièrement symptomatique à cette question[16]. Les « Juifs » ont trahi leur alliance naturelle avec « nous » les indigènes, les « autres » du sujet universel républicain, au profit d'une alliance avec « vous » les Blancs. L'instance de « l'autre » qu'ils étaient s'est niée pour s'associer avec le même et en revêtir la forme la plus vile. Cette tendance, à voir les Juifs comme des « super-Blancs », d'autant plus blancs qu'ils sont des « racisés » blanchis, ne fait que s'amplifier depuis l'attaque du Hamas du 7 octobre 2023 et la riposte israélienne d'une violence inouïe à Gaza.

Tournons-nous à présent vers des réflexions juives contemporaines sur « la chose » juive, qui sont bien sûr indissociables de celles qui mettent en jeu la « figure » du Juif dans le discours contemporain[17]. On retrouve au premier plan la problématique de « l'identité ». L'État d'Israël affirmant un « droit au retour », selon lequel tout « Juif » peut obtenir la citoyenneté israélienne, a régulièrement été amené à poser la question de savoir

« qui » est juif[18]. La question de l'identité de l'État ne cesse elle-même d'être débattue jusqu'à ce jour, comme en témoignent les discussions en 2018 à l'occasion du vote d'une loi définissant Israël comme l'« État-nation des Juifs », infléchissant sa définition comme « État juif et démocratique », inspirée de la Déclaration d'indépendance de 1948. La proposition de « réforme judiciaire » de la coalition des forces de droite et d'extrême droite et le grand mouvement d'opposition qu'elle a suscité au sein de la société israélienne en 2023 constituaient une autre forme de cette question de l'identité de l'État, brutalement interrompue par le 7 Octobre. La tournure des événements depuis lors ne fait que démontrer l'urgente nécessité de relancer cette interrogation.

Sans prétendre à une impossible exhaustivité, j'évoquerai encore, pour terminer, deux voies d'interprétation contemporaines de la « facticité » juive qui témoignent selon des modalités très différentes de cette prégnance du motif de l'identité : celle qui se dessine dans une séquence bien française dans la controverse de Benny Lévy avec Levinas, et celle bien américaine des frères Boyarin.

« Être juif », le titre de l'essai de Blanchot de 1962, est une reprise de celui d'un court texte de Levinas de 1947. Dans ses *Réflexions sur la question juive* (1946), Sartre propose une définition purement négative du Juif demeurée célèbre : il n'a aucune consistance propre sinon le fait d'exister comme objet de haine pour l'antisémite. Dans « Être juif », Levinas s'engage en réponse à conférer un contenu positif à la « facticité juive » – expression que j'ai reprise à mon compte dans le présent livre. Dans un geste qui rappelle la critique de la « mission » par Ahad Haam et de « l'essence du judaïsme » par Rosenzweig, Levinas constate que le monothéisme est un « lieu commun de l'apologétique synagogale », « tombé dans le domaine public » dans les sociétés modernes. Ce motif est donc incapable de rendre compte de la place des Juifs « dans l'économie de l'être ». Une « idée », écrit-il, est « sans origine »[19]. Or, dans ce texte, c'est précisément l'originalité – le fait d'avoir un passé et de ne pas être rivé au présent comme l'est le monde chrétien – qui constitue pour Levinas la « différenciation » de la facticité juive[20]. Dans l'être juif, il y va d'une passivité d'être que désignent les termes de « création » et « d'élection ». Être juif c'est être créé, c'est-à-dire avoir à répondre à une injonction divine qui précède toute décision que je pourrais prendre, tout choix que je pourrais faire. Création et élection se traduisent en chaque Juif dans le « sentiment d'exister métaphysiquement » et expliquent un « attachement au judaïsme qui reste quand aucune idée particulière ne le justifie plus, quand il a constaté que la morale de ses pères est devenue la morale, leur monothéisme – le monothéisme, leurs psaumes – la liturgie[21] ».

Benny Levy consacre un séminaire, puis son dernier texte publié avant sa mort prématurée, *Être juif. Étude lévinassienne* (2003), à un commentaire de ce texte de Levinas. Lévy traque dans le texte de 1947 un Levinas « ésotérique » : un Levinas véritablement juif que dissimulera ensuite un Levinas exotérique n'assumant pas ses références juives au sein de ses textes philosophiques et s'engageant, dans ses textes « confessionnels », à traduire la Torah dans le langage de la philosophie. Dans ce texte jamais réimprimé par la suite du vivant de Levinas, le Levinas ésotérique aura donc perçu la passivité essentielle de « l'être juif », son injonction à répondre au commandement et son association indéfectible au « Nom » qu'énonce l'élection. Il n'aura pas su s'en tenir à la définition (circulaire) que Lévy donne de « l'être juif » : « L'être rivé du Juif au judaïsme, c'est l'être juif comme nécessité d'exister comme Juif[22]. » Dans « Être juif » déjà comme dans ses textes philosophiques plus tardifs, Levinas s'écarte de cette stricte définition (« être juif, c'est la nécessité d'exister comme juif ») en s'efforçant de « traduire l'être-juif en être-homme »[23]. « L'existence juive – écrit en effet Levinas dans son propre "Être juif" – est donc l'accomplissement de la condition humaine en tant que fait, personnalité et liberté[24]. » Or, ce qu'il s'agit d'assumer pour Lévy, c'est l'être juif dans son *unicité* qui renvoie à l'unicité de Dieu et qui demeure absolument intraduisible. Dans le chapitre central de son essai, intitulé « Unicité d'Auschwitz », Lévy tient qu'Auschwitz visait, à travers les Juifs, à en finir avec le Dieu unique auquel, bon gré, mal gré, ils sont liés. Dans la mort de l'enfant innocent, du Juif fidèle ou non, dans les chambres à gaz, Lévy repère une « sanctification du Nom » et il y voit ce qu'il nomme « l'ultime identité ».

> L'ultime identité. Par-delà les multiples identités dont s'enorgueillit le Juif moderne, qui se veut héritier du marrane. Le marrane vrai, douloureusement, tentait de s'identifier à la reine Esther qu'un roi gentil contraignit dans son lit. Le marrane imaginaire – le Juif moderne aux multiples cultures et identités – ne retient de Pourim que la possibilité donnée dans la fête de se déguiser. Aucun marrane vrai n'oubliait que de simples Juifs fidèles – leurs contemporains – mouraient sur les bûchers de l'Inquisition, en sanctifiant le Nom. Aucun marrane vrai n'oubliait l'ultime identité[25].

Qu'entend Lévy par « l'ultime identité » ? L'expression est délibérément équivoque. C'est d'abord « l'ultime identité » du « Nom », Dieu comme identité à soi, seul être identique. Il est d'ailleurs intéressant de constater à quel point le penseur radical et anti-moderne de la « facticité juive » qu'est Lévy associe, plus que Levinas qui le critique comme on l'a vu, « l'être juif » au « monothéisme », le concept cadre du paradigme réflexif médiéval et…

moderne[26]. C'est aussi « l'ultime identité » du Juif et du Nom, en ce sens que, à travers l'alliance, ils sont unis et en quelque sorte identifiés l'un à l'autre. L'unicité les unit : Dieu est unique comme les Juifs sont peuple unique. C'est enfin l'ultime identité du Juif ou l'être Juif comme « ultime identité ». Pour Lévy, Auschwitz est le désaveu absolu du « marranisme moderne ». Le Juif marrane, c'est celui qu'il nomme aussi « Juif du siècle », le Juif oublieux qui dissimule et se dissimule à soi-même sa judéité. Le Juif marrane, c'est Lévy lui-même, avant qu'il fasse « retour » et s'engage dans la « pensée du Retour », et c'est Levinas, qui n'aura cessé de cacher le Juif derrière le philosophe.

Lévy vise ici aussi plus généralement le marrane comme figure générale de la modernité, celle d'une diffraction et d'une démultiplication des identités. Le phénomène marrane introduit, sous la contrainte, une dissolution de l'identité, une division de la personnalité, la constitution d'une sphère intime où vient se loger la « religion », où d'aucuns voient une anticipation non seulement de la condition juive moderne mais de la condition moderne en tant que telle[27]. Selon Lévy, Auschwitz vient opposer à la figure moderne du marrane « l'ultime identité », l'unique véritable identité, « l'être juif », la garantie d'une singularité qui se veut au-delà de toute politique (même s'il y a tout lieu de penser qu'une telle idée de l'être juif ne peut que conduire à des politiques identitaires désastreuses). Pour Blanchot, le Juif est la figure de l'exil et d'autrui. Pour Lévy, il y va d'une complaisance marrane pour l'exil qui n'est après tout que la sanction de la faute qui consiste à avoir oublié « l'ultime identité ».

L'année de la publication d'« Être juif », le compagnon de route de Benny Lévy, Jean-Claude Milner, publiait *Les Penchants criminels de l'Europe démocratique*, où il propose une théorie du « nom juif ». Pour Milner, l'Europe poursuit inlassablement le projet universaliste paulinien :

« ni Juif, ni Grec, ni homme, ni femme, tous uns dans le Christ », sous la figure de « l'illimité ». Or, le nom juif renvoie à ce qu'il nomme la quadriplicité, c'est-à-dire le double partage masculin/féminin/parents/enfant[28] : différence sexuelle et filiation. « Tous les groupes d'êtres parlants rencontrent la quadriplicité, dira-t-on. Tous les noms qu'ils se donnent ou se refusent reposent sur elle. Oui, certes, mais je poserai en thèse ceci : le nom juif est le seul nom qui ait pu reposer sur la seule quadriplicité[29]. » Le nom juif est porteur de ces dimensions constitutives de l'identité propre de tout groupe. Or, au nom de l'illimité et de l'universel, l'Europe ne cesse d'en vouloir au nom juif. L'hostilité des institutions européennes à l'égard de l'État d'Israël, cet État qui oppose de manière anachronique l'État-nation à la fédération transnationale (une forme dissimulée de l'Empire), est, selon Milner, la dernière expression de l'antagonisme entre universel abstrait et principe de différenciation.

C'est d'une tout autre façon que les frères Boyarin entrevoient une alternative aux écueils de l'universalisme paulinien dans une réflexion sur l'*identité* juive[30]. On a vu que c'était aussi déjà une critique de l'universalisme homogénéisant de Paul qui se joue dans la construction de la « figure » philosophique du Juif comme « autre » que nous avons rencontrée chez Blanchot, Lyotard ou Nancy. Selon les Boyarin, alors même qu'il s'agit pour ces auteurs de formuler une critique d'un « nous » homogène, exclusiviste, occidental, le Juif réel ou « charnel » est par là même exclu de ce « nous » (comme il apparaissait clairement dans les citations de Blanchot). Il convient alors de lui redonner sa voix[31], ce qui passe, comme chez Lévy, par un « retour » au texte rabbinique traditionnel[32] et à l'histoire des Juifs. Or, dans ce texte et dans cette histoire, les Boyarin puisent une caractéristique spécifique des Juifs : l'existence diasporique. Ainsi écrivent-ils : « À ce qu'il nous semble, c'est la Diaspora et non le monothéisme qui pourrait bien constituer l'apport le plus important que le judaïsme a à offrir au monde, bien que nous ne niions pas le rôle positif joué par le monothéisme dans le fait de rendre possible la Diaspora[33]. » Les Juifs, tant par leur tradition de pensée que par leur existence en exil (à l'exclusion donc du sionisme et de l'État d'Israël), proposent un modèle politique qui repose non sur la *renonciation à la différence* proposée par Paul, mais sur la *renonciation à la souveraineté*. Ils représentent l'être sans la puissance. Cette capacité à « incarner » un modèle politique de *l'identité*, ils ne la doivent en définitive qu'à la position dans laquelle ils ont été placés d'être *l'autre* de l'Occident chrétien. Et malgré leur volonté d'en finir avec la « figure » allégorique du Juif, les Boyarin ne parviennent pas – est-ce seulement possible ? – à parler au nom des Juifs indépendamment de cette place assignée.

On comprend dès lors que cette tension entre le même et l'autre, l'identité et la différence, l'incarnation la plus radicale de la souveraineté ou l'impuissance radicale de la minorité éternelle, dans laquelle la pensée juive contemporaine et la pensée contemporaine sur les Juifs sont prises tient, dans toute la diversité des manifestations que nous avons observées, à la place qu'occupent les Juifs dans l'imaginaire occidental. Dans la construction du sujet européen, ils ont été une altérité mais intérieure, un autre, mais qui travaille et se situe à l'intérieur de soi, entretenant avec soi une relation constitutive.

Suivons pour finir la proposition tant de Lévy que des Boyarin. Revenons au texte talmudique et observons comment il pense l'identité. Nous y découvrons précisément un maniement subtil des catégories identitaires ; elles sont constamment invoquées et fabriquées en pensée pour ensuite être révoquées et dissoutes au moins partiellement en pratique. Il y a là peut-être une autre manière de répondre à Sartre : les Juifs sont même et autre, parce qu'ils *pensent* constamment l'identité et qu'ils ne la tiennent jamais pour un fait définitif.

Comment le Talmud présente-t-il l'identité d'Israël ? On l'a rappelé plus haut, l'appartenance à Israël y est définie en des termes juridiques. Elle est acquise selon deux modalités bien connues : la naissance d'une mère juive ou la conversion. L'identité d'Israël est travaillée par cette dualité : elle est à la fois généalogique et « symbolique ». Être d'Israël, c'est être soumis aux lois de la Torah, soit parce que l'on descend des « patriarches et des matriarches », soit parce qu'on les a « librement » assumées. Ces deux modalités se complètent et s'entremêlent. La possibilité de la conversion signifie qu'être d'Israël n'est pas un privilège généalogique. L'ancrage généalogique signifie que ce n'est pas non plus un positionnement purement subjectif : cela implique une inscription dans un corps collectif. Plus profondément, les registres généalogique (ou réel) et symbolique travaillent l'un dans l'autre. Du point de vue de la tradition rabbinique, la catégorie de « patriarche » par exemple n'est pas un donné. Elle est élaborée par la Torah orale qui énonce que « seuls trois personnages sont appelés "Patriarches" (*avot* = pères) et seules quatre sont appelées "Matriarches" (*immahot* = mères)[34] ». Parmi tous les personnages bibliques, y compris ceux qui constituent la lignée généalogique d'Israël en amont et en aval des patriarches, seuls ceux-ci (Abraham, Isaac, Jacob, Sarah, Rébecca, Rachel et Léa) sont désignés comme « père » et « mère ». Ce n'est que parce qu'ils sont institués comme « père » et « mère » par l'enseignement rabbinique qu'ils fonctionnent comme tels dans la tradition. De sorte qu'ils deviennent autre chose que des ancêtres biologiques et que ces personnages deviennent un objet dont l'interprétation engage la compréhension du collectif d'Israël.

À l'inverse, l'inscription « symbolique » au sein d'Israël par la conversion est aussi elle-même travaillée par une dialectique entre réel et symbolique. Le converti est certes « comparable à un nouveau-né » (*ke-qatan še-nolad dameh*)[35] : à maints égards, il est considéré comme sorti de sa filiation biologique et entré dans une filiation purement symbolique. Ayant répété le geste d'Abraham d'arrachement à « l'idolâtrie », il ou elle sera désormais désigné comme fils ou fille d'Abraham. Le converti, après la procédure de conversion, est considéré « comme un Israélite en toute chose » (*ke-Yiśra'el le-khol devaraw*)[36]. Du point de vue du rapport à la loi, la conversion annule toute différence imputable au peuple de naissance. Et néanmoins, la formule même fait entendre la limite de cet effacement des distinctions de naissance. Le converti est *comparable* à un Israélite (littéralement à un « Israël »), mais il reste un étranger (*ger* : un résident au sein d'Israël). La conversion transforme quelqu'un en un « étranger » et les « étrangers » forment, selon un avis du Talmud, un sous-groupe (*qahal*) parmi les « enfants d'Israël »[37]. Ils ne disparaissent pas comme étrangers au sein du collectif, ils y existent comme tels de sorte que le corps collectif d'Israël est lui-même intérieurement travaillé par des alliances et des confrontations entre identité et différence[38].

La société israélite telle que décrite par la Bible forme en effet une structure comparable à une série de cercles concentriques, parfois désignée par le terme de « lévitisme ». Le centre est constitué par le Temple, la maison de Dieu. Le Grand Prêtre (*kohen gadol*), qui accomplit les parties les plus solennelles du culte, se trouve dans la plus grande proximité possible avec ce centre, servant d'intermédiaire entre Dieu et le peuple. Plus « loin », se trouve la « famille » des prêtres (*kohanim*) dont il est issu, celle des descendants d'Aaron, qui est consacrée au culte du Temple. Plus loin encore, les Lévites qui assistent les *kohanim*. Plus loin enfin, les « Israélites », « simples Juifs » qui ne sont ni prêtres ni Lévites. La société israélite ne s'arrête pas à ces trois sous-groupes qui forment ce qui est nommé « l'Assemblée de Dieu ». Une série de versets bibliques énonce en effet que certaines catégories de personnes ne « peuvent entrer dans l'Assemblée de Dieu » : l'Édomite et l'Égyptien jusqu'à la troisième génération, l'Ammonite et le Moabite, pour toujours, de même que le *mamzer* (l'enfant issu d'une union interdite, incestueuse ou adultérine)[39]. Dès lors que l'on sait par ailleurs que les mariages entre Juifs et non-Juifs sont interdits[40], ces versets sont compris par le Talmud comme parlant des convertis issus de ces différents peuples. Les convertis des autres peuples peuvent se marier avec un Israélite de naissance (mais pas un *kohen*). En revanche, les convertis issus des peuples édomite, égyptien, ammonite et moabite restent affiliés à ces peuples qui ont une histoire litigieuse avec Israël. Autrement dit, la conversion subvertit les distinctions « ethniques » et constitue un ordre « symbolique » unifié par la soumission à une même loi. Toutefois, des différences internes de type ethnico-généalogique sont maintenues dans ce nouvel ensemble.

Or, dans le mouvement même où ces différences sont affirmées et même consolidées, le texte talmudique les rend inopérantes. D'un côté, la Mishnah affirme que, au moment du retour d'exil, la structuration d'Israël en « sous-groupes » (y compris celui des « étrangers-convertis ») susceptibles ou non de sceller des alliances matrimoniales a été maintenue[41]. Ezra le Scribe, le dirigeant du peuple lors du retour d'exil, qui est connu pour avoir rompu les unions entre Israélites et femmes étrangères[42] et proposé ainsi une refondation d'Israël sur une base ethnique « uniforme », s'avère donc aussi paradoxalement celui qui a réintroduit au sein du peuple une forme d'hétérogénéité, signifiant par là que ce travail interne des différences est constitutif du collectif.

D'un autre côté, les catégories identitaires élaborées et même consolidées sont parfois complètement, parfois partiellement abolies. Ainsi, l'interdit d'épouser un converti « ammonite » ou « moabite » est limité au mariage entre une Israélite de naissance et un *homme* converti de ces peuples. Le Talmud propose en revanche une exégèse audacieuse qui rend le mariage d'un Israélite et d'une *femme* ammonite ou moabite permis. Le verset dit « Un Ammonite ni un Moabite ne seront admis dans l'Assemblée du Seigneur » (Dt 23, 4) : « *Un* Ammonite et non *une* Ammonite, *un* Moabite et non *une* Moabite[43] ». D'une telle union, qui fait exception à un interdit et qui introduit au sein d'Israël une part de ses ennemis, est réputée provenir rien moins que de la lignée messianique puisque Ruth, l'ancêtre du roi David, est une convertie moabite. La Mishnah rapporte aussi le cas de « Juda, un converti ammonite », qui a été autorisé à la fin de l'époque du Second Temple à « entrer dans l'Assemblée » (à épouser une Israélite de naissance). Ces peuples, dit Rabbi Yehoshua, n'existent plus comme tels dès lors que « Sennachérib, le roi Assyrien, a mélangé tous les peuples[44] » lors de la conquête assyrienne qui remonte au VIIIe siècle avant J.-C. Le prénom choisi pour cet Ammonite, Juda, est bien sûr signifiant : il signifie qu'il est désormais à même d'être le « Juif » type.

Quel est l'intérêt de ce jeu du Talmud consistant à poser des différences internes à Israël pour ensuite les annuler ? La réponse la plus simple, mais aussi la plus pauvre, consiste à considérer que les rabbins héritent d'un texte biblique dont ils doivent tant bien que mal rendre compte. Il leur faut proposer une interprétation un tant soit peu cohérente du texte biblique qu'ils reçoivent, y compris lorsqu'il parle de catégories ethniques obsolètes. Ils leur donnent une certaine interprétation purement théorique, sans aucune applicabilité. Toutefois, il me semble que l'interprétation proposée des versets sur la possibilité d'entrer dans « l'Assemblée de Dieu » a, à double titre, un enjeu plus fondamental pour les rabbins. Il s'agit d'abord de garantir la possibilité d'une conversion authentique. Rappelons que l'un des cas envisagés dans le texte « paradigmatique » mettant en scène Hillel et Shammay est celui de quelqu'un qui voudrait se convertir à condition de devenir le Grand Prêtre[45]. Rendre impossible l'alliance conjugale entre convertis et prêtres[46] permet d'éloigner la perspective de cette conversion « en vue du pouvoir ». Il n'en demeure pas moins que, à trois générations, un Grand Prêtre pourra être issu d'un converti : une femme convertie se marie avec un Israélite, elle donne naissance à une Israélite qui se marie avec un prêtre qui donne naissance à un fils qui pourrait en droit occuper la fonction de Grand Prêtre. Les catégories « maudites » de convertis ammonites et moabites permettent de situer le converti en quelque sorte au cœur de la dynamique interne du lévitisme : à une position où il peut choisir des stratégies matrimoniales vers le centre ou vers les marges. Une altérité interne qui peut tantôt se rapprocher de la figure intérieure du même (le Grand Prêtre) ou de celle de l'autre (l'étranger-converti issu de l'ennemi radical). L'autre enjeu est de construire précisément une certaine compréhension du collectif d'Israël, en signalant l'importance constitutive de son rapport avec certains peuples, tel que décrit dans le récit biblique. L'exemple de l'Égypte est particulièrement parlant : il y existe une mémoire douloureuse d'Israël vis-à-vis de l'ancien oppresseur et une nécessité de conjurer l'attraction du retour en Égypte, motif récurrent du texte biblique.

Autrement dit, le maniement des distinctions « identitaires » dans le discours talmudique témoigne du fait qu'elles sont à fois centrales dans la compréhension de soi d'Israël, telle que déployée par les rabbins, et qu'elles sont des catégories de *pensée*. Elles ont souvent une portée juridique pratique, et sont parfois parfaitement inapplicables sans pour autant que la réflexion à leur égard soit vaine. Le cas de la conversion n'est qu'un exemple du fonctionnement des catégories identitaires dans le Talmud[47]. La dialectique du *fait* et de la *réflexion* fonctionne ici également : les catégories « identitaires » ne sont pas des faits posés comme des réalités qu'il ne s'agirait que de décrire ou même sur lesquelles il ne s'agirait que de légiférer. Elles sont constituées par la réflexion déployée sur elles et s'offrent comme des outils à la réflexion sur les enjeux fondamentaux de l'humain.

Peut-être, cette capacité d'Israël ou du « nom » juif à représenter aujourd'hui, aux yeux des non-Juifs comme des Juifs, tant l'identité que la différence, n'est-elle pas sans rapport avec ce fonctionnement de la pensée juive. L'identité y est constamment réfléchie et la réflexion l'a constamment pour objet. Tel est peut-être un trait « essentiel » singulier du collectif qui a pour nom Israël : considérer ce que l'on est pour un objet de pensée toujours relancé. Redéfinir ce collectif en niant sa capacité à se redéfinir et en l'enfermant dans des catégories identitaires figées est la matrice de toute violence faite au nom d'Israël.

Notes

Introduction

1. On trouvera quelques exemples de revendications du nom d'Israël dans l'histoire moderne dans M. Walzer, *De l'Exode à la liberté. Essai sur la sortie d'Égypte*, trad. M. Pouteau, Paris, Calmann-Lévy, 1986.

2. Je cite la traduction du rabbinat que je modifie au besoin.

3. E. Renan, *De la part des peuples sémitiques dans l'histoire de la civilisation : discours d'ouverture du cours de langues hébraïque, chaldaïque et syriaque, au Collège de France*, Paris, Michel Lévy Frères, 1862, p. 12.

4. *Ibid.*, p. 13.

5. *Ibid.*, p. 18.

6. *Ibid.*, p. 28, sur ce texte, voir G. Anidjar, *Sémites : religion, race et politique en Occident chrétien*, Lormont, Le Bord de l'eau, 2016, Préface, p. 7-13 ; E. Lapidot, *Jews Out of the Question. A Critique of Anti-Anti-Semitism*, Albany, SUNY Press, 2020, chap. v, p. 195-222.

7. L. Baeck, *L'Essence du judaïsme*, trad. M.-R. Hayoun, Paris, PUF, 1993.

8. A. von Harnack, *L'Essence du christianisme*, trad. J.-M. Tétaz, Genève, Labor et Fides, 2015.

9. L. Feuerbach, *L'Essence du christianisme*, trad. J.-P. Osier, Paris, F. Maspéro, 1973.

10. Sur ce thème, voir M. Crépon, *Les Géographies de l'esprit : enquête sur la caractérisation des peuples de Leibniz à Hegel*, Paris, Payot, 1996.

11. Notamment G. W. F. Hegel, *Leçons sur la philosophie de l'histoire*, trad. J. Gibelin, Vrin, 1939, première partie, p. 200-203, section « La Judée » et *L'Esprit du christianisme et son destin*, précédé de *L'Esprit du judaïsme*, trad. O. Depré, Paris, J. Vrin, 2003.

12. D. Boyarin, *Judaism : the Genealogy of a Modern Notion*, New Brunswick, Rutgers University Press, 2019. Voir aussi M. L. Satlow, « Defining Judaism : Accounting for "Religions" in the Study of Religion », *Journal of the American Academy of Religion* (74, 4), 2006, p. 837-860 ; *id.*, *Creating Judaism : History, Tradition, Practice*, New York, Columbia University Press, 2006.

13. Sur le caractère spécifiquement moderne de la notion de « religion », voir notamment J. Z. Smith, « Religion, Religions, Religious », dans M. Taylor, *Critical Terms for Religious Studies*, Chicago, The University of Chicago Press, 1998, p. 269-284 ; B. Nongbri, *Before Religion : A History of a Modern Concept*, New Haven, Yale University Press, 2013 ; D. Dubuisson, *L'Invention des religions*, Paris, CNRS Éditions, 2020.

14. L. Batnitzky, *How Judaism Became a Religion : An Introduction to Modern Jewish Thought*, Princeton, Princeton University Press, 2011.

15. J. Neusner, *Judaism and its Social Metaphors : Israel in the History of Jewish Thought*, Cambridge, Cambridge University Press, 1989, p. 14.

16. S. Sand, *Comment le peuple juif fut inventé : de la Bible au sionisme*, trad. S. Cohen-Wiesenfeld et L. Frenk, Paris, Fayard, 2008.

17. Talmud de Babylone (= TB), *Shabbat*, 31b.

18. Pour un ouvrage récent orienté plutôt vers le pôle de la « facticité » juive, voir D. Haziza, *Mythes juifs. Le retour du sacré*, Paris, Calmann-Lévy, 2024.

19. S. Tank-Storper, « Judaïsme : une méta-définition », *Archives de sciences sociales des religions* (200), 2022, p. 41-54 (46).

20. R. Misrahi, *La Condition réflexive de l'homme juif*, Paris, René Julliard, 1963, p. 252.

21. E. Levinas, *Être juif*, Paris, Payot & Rivages, 2015, p. 61. Je reviens sur ce court texte paru dans la revue *Confluence* en 1947 dans ma conclusion.

22. J.-P. Sartre, *L'Être et le Néant : essai d'ontologie phénoménologique*, Paris, Gallimard, 1994, p. 119 : « Cette contingence perpétuellement évanescente de l'en-soi qui hante le pour-soi et le rattache à l'être-en-soi sans jamais se laisser saisir, c'est ce que nous nommerons la facticité du pour-soi. »

1. Fondation talmudique : Israël, le peuple de la « Torah »

1*. La Mishnah désigne la première strate de la littérature talmudique. C'est un recueil d'enseignements compilé à la fin du IIe siècle. Je note Mishnah pour désigner le recueil et *mishnah* lorsque je me réfère à un enseignement spécifique de ce recueil.

2. Mishnah, *Nedarim*, III, 11.

3. Les sept lois données à toute l'humanité (les fils de Noé) selon la tradition rabbinique : l'interdit du blasphème, de l'idolâtrie, du meurtre, du vol, de certaines relations sexuelles, de manger des membres d'un animal vivant, et l'obligation d'établir des tribunaux (voir TB, *Sanhedrin*, 56a).

4. TB, *Beiṣah*, 32b.

5. TB, *Yevamot*, 78b.

6. A. Tamari, « Erev Rav, Erev-Rav », trad. D. Lemler, dans B. Cassin (éd.), *Philosopher en langues : les intraduisibles en traduction*, Paris, Éditions Rue d'Ulm, 2014, p. 116-147.

7. TB, *Sanhedrin*, 44a.

8. Mishnah, *Sanhedrin* X (XI), 1.

9*. La *halakhah*, littéralement la « démarche », désigne la loi juive, selon son interprétation rabbinique, ainsi que le genre juridique de la littérature rabbinique.

10. TB, *Shabbat*, 31a.

11. Voir déjà le commentaire classique du Maharsha (Shemuel Eidels, 1555-1631), *Ḥiddušei aggadot, ad loc* : « *Sur un pied.* [...] de sorte que la Torah ait un pied et une fondation (*yesod*) unique. *[Shammay] le repoussa avec une règle de bâtisseur* [...] de manière

à lui enseigner par allusion (*ramaz lo*) que de même que le bâtiment ne peut tenir sur une unique fondation, de même la Torah est aussi large que [l'ensemble de] ses commandements (*reḥavah be-miṣwoteiha*). Il n'est pas possible de lui conférer (*litten lah*) une fondation unique. »

12. Entre autres, R. Jospe, « Hillel's Rule », *The Jewish Quarterly Review* (81, 1-2), 1990, p. 45-57 et W. Z. Harvey, « Rabbinic Attitudes Toward Philosophy », dans H. J. Blumberg *et al.* (éd.), *Open Thou Mine Eyes : Essays on Aggadah and Judaica Presented to Rabbi William G. Braude on His Eightieth Birthday and Dedicated to His Memory*, Hoboken (NJ), Ktav Publishing House, 1992, p. 100-101.

13. W. Z. Harvey, « Rabbinic Attitudes Toward Philosophy », *loc. cit.*

14. TB *Shabbat*, 30b.

15. W. Z. Harvey, « Rabbinic Attitudes Toward Philosophy », *loc. cit.*

16*. Le *midrash* désigne tout à la fois la méthode d'interprétation des versets spécifiquement rabbiniques, le nom générique des recueils de telles interprétations (que je note Midrash) et une interprétation spécifique de ce type (que je note *midrash*).

17. M. Lavee, *The Rabbinic Conversion of Judaism : The Unique Perspective of the Bavli on Conversion and the Construction of Jewish Identity*, Leyde, Brill, 2018, chap. VII, « Hillel and Shammai revisited », p. 117-143.

18. Ou bien : « Il fallut à Moïse quarante jours et quarante nuits sur la montagne pour l'apprendre. » Voir H. J. Becker (trad.), *Avot de-Rabbi Natan B*, Tübingen, Mohr Siebeck, 2016, p. 78, qui traduit « *bis er sie gelernt hatte* » (et n. 640) et M. Lavee, *The Rabbinic Conversion of Judaism*, p. 136, qui traduit « *before he learned it* ».

19. *Avot de-Rabbi Natan : synoptische Edition beider Versionen*, éd. C. Berner, Tübingen, Mohr Siebeck, 2006, chap. XXVI, p. 357. Pour un passage parallèle, voir *Sifra*, *Qedoshim*, 2, 4 : « *Tu aimeras ton prochain comme toi-même* (Lv 19, 18), Rabbi Akiva dit : tel est un grand principe (*kelal*) de la Torah ; Ben Azai dit : *Voici le livre des générations d'Adam* (Gn 5, 1) est un plus grand principe que celui-ci. »

20. J. L. Rubenstein, *The Land of Truth. Talmud Tales, Timeless Teachings*, Philadelphie, The Jewish Publication Society, 2018, p. 257.

21. J. L. Rubenstein, *The Land of Truth*, p. 256 (je souligne).

22. Le passage du traité *Shabbat* nourrit toute une littérature sur les relations de Jésus aux Pharisiens, sur la « dette » de Jésus envers Hillel ou inversement sur la reprise polémique de passages du Nouveau Testament dans le Talmud de rédaction beaucoup plus tardive. Voir notamment D. Flusser, *Jésus*, trad. G. R. Veyret, Paris, Éd. de l'Éclat, 2005, p. 79. Je laisse ces débats de côté ainsi que ceux concernant la distinction entre la formulation « négative » de la règle d'or dans le Talmud et sa formulation « positive » dans les Évangiles (Mt 7, 12 ; 22, 39-40 ; Lc, 6, 31 ; 10, 2).

23. Mc 12, 28-31. Passages parallèles dans Mt 22, 34-40 et Lc 10, 25-28.

24. K. D. Stanglin, « The Historical Connection Between the Golden Rule and the Second Greatest Love Command », *The Journal of Religious Ethics* (33, 2), 2005, p. 357-371.

25. Voir toutefois S. Ruzer, *Mapping the New Testament : Early Christian Writings as a Witness for Jewish Biblical Exegesis*, Leyde, Brill, 2007, p. 88, n. 45, selon qui le terme traduit en fait le mot hébraïque *kelal* (« principe »). C'est en raison de son style simpliste que l'auteur de Matthieu traduit simplement par « premier des commandements ». Dans un texte analogue, Philon (*Spec. Leg.* II : 63) évoque les « têtes » (*kephálaia*) de tous les commandements.

26. M. Lavee, *The Rabbinic Conversion of Judaism*, p. 128.

27. A. Dihle, *Die goldene Regel : eine Einführung in die Geschichte der antiken und frühchristlichen Vulgärethik*, Göttingen, Vandenhoeck & Ruprecht, 1962.

28. R. Jospe, « Hillel's Rule », p. 53.

29. Mishnah, *Makkot*, III, 16, reprise dans le traité *Avot*, VI, 12.

30. Mishnah, *Makkot*, III, 15.

31*. La *aggadah*, littéralement le « récit », désigne le genre non juridique de la littérature rabbinique, consistant en des enseignements de nature variée.

32. E. E. Urbach, *Les Sages d'Israël : conceptions et croyances des maîtres du Talmud*, trad. M.-J. Jolivet, Paris, Cerf, 1996, p. 357-359. D. Steinmetz, « Justification by Deed : The Conclu-

sion of "Sanhedrin-Makkot" and Paul's Rejection of Law », *Hebrew Union College Annual* (76), 2005, p. 133-187.

33. Maïmonide et Naḥmanide, *Sefer ha-Miswot le-ha-Rambam 'im Haśśagot ha-Ramban*, Hayim Dov Chavel (éd.), Jérusalem, Mosad ha-Rav Kook, 1981, p. 1-6 qui cite TB, *Shevu'ot*, 29a ; *Nedarim*, 25a ; *Shabbat*, 87a ; *Midrash Tanḥuma, Ki teṣe'*, 2 ; *Shir ha-Shirim Rabbah*, I, 17 ; *Pirqei de-Rabbi Eliezer*, chap. XLI (trad. M.-A. Ouaknin et E. Smilévitch, Lagrasse, Verdier, 1983, p. 256). Voir aussi H. Davidson, *Moses Maimonides. The Man and His Works*, New York, Oxford University Press, 2005, p. 168-170. Voir récemment sur cette question R. Krygier, *Fondamentalisme et humanisme dans le judaïsme*, Paris, In Press, 2025.

34. TB, *Makkot*, 23b. C'est ici le corps masculin qui sert de norme. Dans l'anatomie rabbinique, 248 est le nombre des « membres » du corps humain masculin, les femmes en ont 252, car l'Écriture leur a ajouté « deux charnières et deux portes » (voir Mishnah, *Oholot*, I, 8 ; TB, *Bekhorot*, 45b et C. E. Fonrobert, *Menstrual Purity : Rabbinic and Christian Reconstructions of Biblical Gender*, Stanford, Stanford University Press, 2000, p. 57-59).

35. Pour H. Davidson, c'est un indice clair qu'il s'agit d'un décompte purement symbolique. H. Davidson, *Moses Maimonides*, p. 169.

36. Selon Rachi *ad loc* : « Chaque membre exhorte l'homme à accomplir un commandement à travers lui. »

37. TB, *Makkot*, 24a.

38. Par exemple, Jacob ben Salomon ibn Habib, *Aggadoth du Talmud de Babylone : 'Eyn Yaakov*, trad. A. Elkaïm-Sartre, Lagrasse, Verdier, 1983, p. 1188-1190.

39. Dans le premier commentaire de « Rachi », en haut de TB, *Makkot*, 19b, on lit : « Notre maître avait un corps pur, son âme s'en est allée et il n'a pu commenter davantage. À partir d'ici, ce sont les mots de son disciple, R. Juda ben Nathan. »

40. Rivan, *Makkot*, 24a, s.v. « [David] les fit se tenir sur onze » (c'est moi qui souligne). Pour une lecture contemporaine et anti-paulinienne de ce passage qui va dans le sens de Rivan, R. Lévy, *Disgrâce du signe. Essai sur Paul de Tarse*, Paris, L'Âge d'homme, 2010, p. 56-60.

41. J. Albo, *Sefer ha-'Iqqarim*, III, 30, Tel Aviv, Maḥbarot la-Sifrut, 1964, vol. 1, p. 518-519.

42. Rm 1, 17 ; Ga 3, 11 ; He 10, 38.

43. M. Buber, *Deux types de foi : foi juive et foi chrétienne*, trad. B. Delattre, Paris, Cerf, 1991.

44. D. Flusser postface à M. Buber, *Two Types of Faith*, trad. angl. P. Kamecke, Syracuse (NY), Syracuse University Press, 2003, en particulier p. 177-178 ; p. 196-197. Voir aussi G. Agamben, *Le Temps qui reste : un commentaire de l'*Épître aux Romains, trad. J. Revel, Paris, Payot & Rivages, 2004, p. 209-213.

45. Comme le fait G. F. Moore, *Judaism in the First Centuries of the Christian Era*, Cambridge, Harvard University Press, 1960 (1927), vol. 2, p. 84-88.

46. D. Flusser, *loc. cit.*, p. 195, conteste toutefois que l'on puisse identifier à la fin du Second Temple une position à laquelle Paul viendrait répondre, envisageant une « justification » par la loi.

47. Euclide, *Éléments de géométrie*, « notions communes », § 9, éd. F. Peyrard, Paris, F. Louis, 1804, p. 6.

48. Voir par exemple Gersonide, *Guerres du Seigneur*, I, 9, éd. O. Élior, Tel Aviv, Tel Aviv University Press, 2018, p. 128 : « Quant aux propositions premières, dont nous ne savons dire quand elles nous sont parvenues, comme par exemple la proposition *le tout est plus grand que la partie*, etc. ».

49. La circoncision : Mishnah, *Nedarim*, III, 11 – le respect du *shabbat* : Talmud de Jérusalem (= TJ), *Berakhot*, I, 5 ; TJ, *Nedarim*, 3, 9 ; *Devarim Rabbah*, 4, 4 ; *Shemot Rabbah*, 25, 12 ; *Midrash Tanḥuma*, *Ki tiśa'*, 33, 6 ; *Mekhilta de-R. Shim'on ben Yoḥay*, chap. XVI (sur Ex 16, 28) – le rejet de l'idolâtrie, TB, *Horayot*, 8a ; *Qiddushin*, 40a ; *Ḥullin*, 5a ; *Shevu'ot*, 29a ; *Nedarim*, 25a – la charité ou bienfaisance (*gemilut ḥasadim*) : TB, *Bava Batra*, 9a ; TJ, *Pe'ah*, I, 1 – les *ṣiṣit* : TB, *Menaḥot*, 43b ; *Shevu'ot*, 29a ; *Nedarim*, 25a – le fait d'habiter sur la terre d'Israël : *Sifrei Devarim*, 80, 4 et 5 – et l'étude de la Torah, Mishnah, *Pe'ah*, I, 1.

50. Voir *supra*.

51. Mishnah, *Tamid*, V, 1.

52. TJ, *Berakhot*, I, 5. Voir aussi Mishnah, *Avot*, II, 1 : « Rabbi dit : [...] sois aussi attentif au commandement léger qu'au commandement important, car tu ne connais pas le salaire des commandements » (trad. Smilévitch, p. 85).

53. À notre connaissance, seul le R. Shlomo Wolbe (1914-2005) y a consacré un ouvrage, *Ha-Miṣwot ha-Šequlot* (Jérusalem, Beyt ha-Musar, 2013, qui reprend des cours donnés entre 1983 et 1992), poursuivant l'enseignement de son maître R. Yeruḥam Leivovitz (1873-1936) de Mir (*Da'at Ḥokhmah u-Musar*, Daas Chochmo Umussar Publications, Brooklyn, 1966, chap. XXIX, p. 87-90 *et passim.* Je dois cette référence au R. Gérard Zyzek.

54. TB, *Horayot*, 8a.

55. TB, *Qiddushin*, 40a ; *Ḥullin*, 5a ; *Shevu'ot*, 29a ; *Nedarim*, 25a.

56*. Les *amoraïm* sont les rabbins, actifs en Babylonie ou Galilée, dont les enseignements, consistant en commentaires et compléments de la Mishnah, sont recueillis dans la *gemarah*. La Mishnah et la *gemarah* forment le Talmud.

57. La discussion de TB, *Ḥullin*, 5a est à cet égard exemplaire.

58. Voir Mishnah, *Keritot*, I, 1.

59. *Sifrei Bamidbar*, 111, 1.

60. F.-X. Licari, *Le Droit talmudique*, Paris, Dalloz, 2015, p. 126-133.

61. Aristote, *De la génération et de la corruption*, I, 1, 314a20 définit l'homéomère comme un corps dont la partie est « synonyme » du tout ; C. Godin, « Le tout dans la partie », *Les Cahiers de médiologie* (9, 1), 2000, p. 179-188.

62. Le texte précise « … revient à renier le Décalogue, les commandements donnés par Moïse, par les Patriarches et par les prophètes ».

63. *Sifrei Bamidbar*, 111, 1.

64. Voir TB, *Horayot*, 4a, où l'on précise que l'erreur du Sanhedrin ne consiste pas dans l'oubli d'un interdit explicite de la Torah écrite (comme celui de se prosterner devant une idole, énoncé dans Dt 5, 8). Dans ce cas, chacun est tenu de connaître l'interdit et personne ne devrait suivre l'instruction du Sanhedrin (*zil qeri be rav :* littéralement : « retourne à l'école ! »). L'oubli porte plutôt sur les détails de l'interdit véhiculés par la tradition orale (*davar še-eyn ha-ṣaddoqim modim bo* : littéralement « une chose que les Sadducéens [qui ne reconnaissent pas la Torah orale] n'admettent pas »), comme l'interdit de se prosterner devant une idole sans s'allonger complètement devant elle (*hištaḥawaya de-leyt bah piššuṭ raglayim we-yadayim*). Le Sanhedrin aurait donc énoncé

qu'il est permis de signifier une déférence quelconque envers une idole. En d'autres termes, l'oubli ne porte pas sur l'interdit de l'idolâtrie en tant que tel, mais sur la *signification* de cet interdit.

65. Sur l'idolâtrie comme concept opératoire, qui permet de définir un « soi » par distinction avec un « autre », voir M. Halbertal et A. Margalit, *Idolatry*, Cambridge (Mass.), Harvard University Press, 1992, et D. Barbu, *Naissance de l'idolâtrie : image, identité, religion*, Liège, Presses universitaires de Liège, 2016.

66. Le traité *Avot* est intégré dans le corpus de la Mishnah. Mais il est considéré comme probablement plus tardif, et donc à peu près contemporain du *Sifrei*.

67. Mishnah, *Avot*, III, 5.

68. Pour deux ouvrages récents montrant la centralité de ce motif révolutionnaire de l'arrachement dans les sources juives, voir I. Segré, *La Souveraineté adamique : une mystique révolutionnaire*, Paris, Éditions Amsterdam, 2022 et J. Rogozinski, *Moïse l'insurgé*, Paris, Cerf, 2022.

69. TB, *Shevu'ot*, 29a ; *Nedarim*, 25a.

70. C'est l'interprétation que donne E. E. Urbach, *Sages d'Israël*, p. 362, de l'usage de la formule à propos du commandement des franges : « [Les *tannaïm*] ne reculèrent pas devant l'hyperbole, en particulier touchant des commandements que les gens prenaient à la légère. »

71. TB, *Menaḥot*, 43b.

72. Des commentateurs traditionnels reconnaissent déjà le rôle de l'hyperbole dans les textes rabbiniques classiques (par exemple, Abraham Maïmonide, dans sa typologie des *aggadot*, trad. fr. É. Smilévitch, « Interpréter le Talmud », *Cahiers philosophiques* (145), 2016, p. 121). Voir C. Gafni, « Hyperbolic Language in the Mishnah » (en hébreu), *Jewish Studies, an Internet Journal* (8), 2009, p. 153-166.

73. Il cite à plusieurs reprises la formule d'équivalence de l'idolâtrie et de toute la Torah : Maïmonide, Mishneh Torah (= MT), *'Akum* (« Lois sur l'idolâtrie »), 2, 4 et *Guide des égarés*, III, 29, trad. fr. S. Munk, Paris, Maisonneuve et Larose, 2003, p. 243. Voir aussi MT, *Shabbat*, 30, 15.

74. H. Cohen, *Religion de la raison tirée des sources du judaïsme*, trad. A. Lagny et M. de Launay, Paris, PUF, 1994, p. 475 : « Le simple fait qu'un commandement devienne la

quintessence de tous les autres ôte à l'acte pris pour lui-même sa valeur absolue. »

2. L'invention médiévale du monothéisme juif

1. Sur l'ambivalence des Juifs vis-à-vis de l'islam au moment de son émergence, R. Firestone, « Regards juifs sur la naissance de l'islam », dans A. Meddeb, B. Stora et S. A. Goldberg (éd.), *Juifs et musulmans : échanges et différences entre deux cultures*, Paris, Albin Michel, 2021, p. 101-108. Pour des considérations quantitatives sur les conversions des Juifs au début de l'islam, voir R. W. Bulliet, *Conversion to Islam in the Medieval Period : an Essay in Quantitative History*, Cambridge (Mass.), Harvard University Press, 1979 ; M. Botticini et Z. Eckstein, *La Poignée d'élus : comment l'éducation a façonné l'histoire juive*, trad. P. E. Dauzat, Paris, Albin Michel, 2016, p. 341 *et passim.*

2. Pour un état de la recherche récent sur le karaïsme, voir M. Polliack (éd.), *Karaite Judaism : a Guide to its History and Literary Sources*, Leyde, Brill, 2003 et, pour une introduction en français, J.-C. Attias, « Un judaïsme sans Talmud : le karaïsme », dans *Penser le judaïsme*, Paris, CNRS Éditions, 2013, p. 61-78.

3. D. Gutas, *Pensée grecque, culture arabe : le mouvement de traduction gréco-arabe à Bagdad et la société abbasside primitive IIe-IVe/VIIIe-Xe siècles*, trad. A. Cheddadi, Paris, Aubier, 2005.

4. Voir H. Atlan, *Croyances : comment expliquer le monde ?*, Paris, Éditions Autrement, 2018, p. 35-48 ; 132-134.

5. Voir notamment É. Balibar, « Note sur l'origine et les usages du terme "monothéisme" », *Critique* (704-705, 1-2), 2006, p. 19-45.

6. J. Bottéro, *Naissance de Dieu : la Bible et l'historien*, Paris, Gallimard, 1986 ; A. Lemaire, *Naissance du monothéisme : point de vue d'un historien*, Paris, Bayard, 2003 ; T. Römer, *L'Invention de Dieu*, Paris, Seuil, 2014. Y. Kaufmann, *The Religion of Israel : From Its Beginnings to the End of the Second Temple* [en hébreu], Jérusalem. Mosad Bialik, 1937-1956, est l'un des rares historiens modernes à soutenir la thèse d'un monothéisme israélite originel.

7. J. Assmann, *Moïse l'Égyptien : un essai d'histoire de la mémoire*, trad. L. Bernardi, Paris, Aubier, 2001, en particulier p. 17-24.

8. Notamment du même auteur, *Le Monothéisme et le Langage de de la violence : les débuts bibliques de la religion radicale*, trad. J.-M. Tétaz, Montrouge, Bayard, 2018 ; H. Cohen assume pleinement cette violence du monothéisme : « Le monothéisme ne saurait faire preuve de la moindre tolérance à l'égard du polythéisme. Le culte des idoles doit nécessairement être purement et simplement éradiqué » (*Religion de la raison*, p. 79, et plus généralement la section 3 « Le culte des idoles »).

9. E. E. Urbach, *Les Sages d'Israël : conceptions et croyances des maîtres du Talmud*, trad. M.-J. Jolivet, Paris, Cerf, 1996.

10. S. J. D. Cohen, « The Significance of Yavneh : Pharisees, Rabbis, and the End of Jewish Sectarianism », *Hebrew Union College Annual* (55), 1984, p. 27-53, remarque que le judaïsme rabbinique rompt avec la tendance du judaïsme du Second Temple à produire des schismes par sa capacité à intégrer les dissensions. M. Halbertal, *Le Peuple du Livre. Canon, sens et autorité*, trad. J. Carnaud, Paris, In press, 2005, chap. II, p. 93 et 113 évoque une « canonisation de la controverse » au sein de la Mishnah.

11. Voir notamment, D. Boyarin, *La Partition du judaïsme et du christianisme*, trad. J., C. et M. Rastoin, Paris, Cerf, 2011, p. 171-272 ; *Le Christ juif. À la recherche des origines*, Paris, trad. M. Rastoin, Cerf, 2013, p. 37-122 ; P. Schäfer, *The Jewish Jesus. How Judaism and Christianity Shaped Each Other*, Princeton-Oxford, Princeton University Press, 2012 ; *id.*, *Anziehung und Abstossung. Juden und Christen in den ersten Jahrhunderten ihrer Begegnung*, Tübingen, Mohr-Siebeck, 2015 ; *id.*, *Zwei Götter im Himmel. Gottesvorstellungen in der jüdischen Antike*, Munich, C. H. Beck, 2017.

12. Par exemple, TB, *Ḥagigah*, 15a.

13. Voir notamment, J. Costa, « Le corps de Dieu dans le judaïsme rabbinique ancien. Problèmes d'interprétation », *Revue de l'histoire des religions* (227, 3), 2010, p. 283-316 ; *id.*, « La représentation anthropomorphique du divin chez les rabbins de l'Antiquité », dans I. Sachet et C. Robin (éd.), *Dieux et déesses d'Arabie : images et représentations*, Paris, Éd. De Boccard, 2012, p. 149-180 ; Y. Lorberbaum, *In God's Image. Myth, Theology, and Law in Classical Judaism*, New York, Cambridge University Press, 2015. Merci à José Costa pour ces références.

14. M. Kellner, *Must a Jew Believe Anything ?*, Londres, Portland, Littman Library of Jewish Civilization, 1999, p. 33-38.

15. Mishnah, *Sanhedrin*, X (XI), 1.

16. On se rappele qu' « un Israélite, bien qu'il ait fauté reste un Israélite » (d'après, TB, *Sanhedrin*, 43b).

17. TB, *Sanhedrin*, 96b-100a.

18. Parmi les défenseurs contemporains de la thèse selon laquelle la tradition juive a toujours comporté des dogmes et des croyances fondamentales, M. B. Shapiro, *The Limits of Orthodox Theology : Maimonides' Thirteen Principles Reappraised*, Oxford, Portland, Littman Library of Jewish Civilization, 2004, p. 30 considère que ce texte de la Mishnah ne mentionne que les « dogmes rabbiniques » qui n'étaient pas alors évidents. Autrement dit, le fait même que certains dogmes (l'incorporéité de Dieu, son éternité etc.) ne soient pas discutés dans le Talmud témoigne de leur « orthodoxie ». Cet argument est une version moderne d'un vieil artifice apologétique et rhétorique, que nous retrouverons plus loin avec Baḥya Ibn Paquda sous le nom de « preuve par le silence ». Il permet de prêter à des auteurs anciens une thèse plus tardive : s'ils n'en parlent pas, c'est qu'ils n'avaient pas *besoin* d'en parler. Une telle « preuve » permet de « justifier » virtuellement n'importe quelle innovation au sein d'une tradition. Je tiens pour ma part pour un principe méthodologique sobre et prudent de ne prêter à des auteurs que les problèmes et les croyances qu'ils énoncent explicitement.

19. La meilleure synthèse sur le sujet reste : M. M. Kellner, *Dogma in Medieval Jewish Thought : From Maimonides to Abravanel*, Oxford, Oxford University Press, 1986. Voir E. Gurfinkel, « The Discourse on Maimonides' Principles : Between Continuity and Change » (en hébreu), *Alei Sefer* (22), 2011, p. 5-17 qui propose une histoire plus complète des discussions sur les principes de croyances après Maïmonide.

20. H. Atlan, *Croyances*, p. 39. Je préfère, pour ma part, éviter le terme « religion » pour des raisons déjà évoquées.

21. H. A. Wolfson, *Philo : Foundations of Religious Philosophy in Judaism, Christianity and Islam*, Cambridge, Mass., Harvard University Press, 1947, vol. 1, chap. III. Voir N. Arieli, *Ha-Maḥašavah ha-Yehudit bi-Yemei ha-Beynayim : Hemšekh o Mifneh*

(« La pensée juive médiévale : continuité ou rupture »), Jérusalem, Eliner Library, 1995, p. 200-202.

22. Abraham Ibn Ezra, *Sefer Moznayim*, M. S. Goodman (éd.), Jésuralem, Mosad ha-Rav Kook, 2016, p. 6-7.

23. Sur le *kalām*, voir notamment L. Gardet, M. M. Anawati, et L. Massignon, *Introduction à la théologie musulmane : essai de théologie comparée*, Paris, Vrin, 1970 ; H. A. Wolfson, *The Philosophy of the Kalam*, Cambridge (Mass.) & Londres, Harvard University Press, 1976 ; à propos du *kalām* juif, voir G. Vajda, « Le "kalām" dans la pensée religieuse juive du Moyen Âge », *Revue de l'histoire des religions* (83, 2), 1973, p. 143-160, H. Ben-Shammai, « Kalam in Medieval Jewish Philosophy », dans D. H. Frank et O. Leaman (éd.), *History of Jewish Philosophy*, New York, Routledge, 1997, p. 2-115.

24. Pour une « défense et illustration » du discours apologétique, E. Schonfeld, *L'Apologie de Mendelssohn*, Lagrasse, Verdier, 2018.

25. S. Stroumsa, « Saadya and Jewish kalam », dans D. Frank et O. Leaman, *The Cambridge Companion to Medieval Jewish Philosophy*, Cambridge, Cambridge University Press, 2003, p. 71-90.

26. Saadia a produit, dans d'autres textes, des listes de croyances fondamentales de la Torah qu'il désigne explicitement comme telles, H. Ben-Shammai, « Saadya Gaon's Ten Articles of Faith » (en hébreu), *Daat* (37), 1996, p. 11-26.

27. Saadia Gaon, *Kitāb al-Amānāt wal-I'tiqādāt*, Y. Kapah (éd.), New York, Yeshiva University, Introduction, p. 32.

28. Voir notamment, S. Harvey, « The Author's *Haqdamah* as a Literary Form in Jewish Thought », dans A. W. Hughes et J. T. Robinson, *Medieval Jewish Philosophy and its Literary Forms*, Indianapolis, Indiana University Press, 2019, p. 133-160 ; J.-C. Attias, « L'âme et la clef. De l'introduction comme genre littéraire dans la production exégétique du judaïsme médiéval », dans J.-D. Dubois et B. Roussel, *Entrer en matière : les prologues*, Paris, Cerf, 1998, p. 337-358 et mon introduction à Gersonide, *Guerres du Seigneur* (traduction partielle), trad. D. Lemler, Paris, Vrin, « La philosophie juive par ses introductions » (à paraître).

29. Saadia Gaon, *Amānāt*, Y. Kapah (éd.), Introduction, p. 5.

30. Mishnah *Ḥagigah*, II, 1.

31. *Ibid.*, p. 23-24. S. Stroumsa met en cause l'existence de tels opposants au rationalisme à l'époque de Saadia Gaon et leur mention pourrait n'être qu'une « relique de la littérature musulmane ». S. Stroumsa, « Saadya and Jewish kalam », p. 88.

32. Voir O. Michaelis, « Crisis Discourse and Framework Transition in Maimonides' *Mishneh Torah* », *Open Philosophy* (3, 1), 2020, p. 664-680 et D. Lemler, « Justifier la théologie. Les rhétoriques de la crise de la tradition dans la pensée juive médiévale », dans O. Boulnois, S. De Franceschi, Ph. Hoffmann (éd.), *Connaître Dieu. Métamorphoses de la théologie comme science dans les religions monothéistes*, Turnhout, Brepols, 2024, p. 171-191.

33. O. Ducrot, « Présupposés et sous-entendus », *Langue française* (4, 1), 1969, p. 30-43 ; *id.*, *Dire et ne pas dire : principes de sémantique linguistique*, Paris, Hermann, 1991.

34. O. Ducrot, *Dire et ne pas dire*, p. 8 : « Certains actes de parole [...] peuvent s'interpréter comme visant à faire admettre leur propre possibilité ». Voir J. R. Searle, *Speech Acts : an Essay in the Philosophy of Language*, Londres, Cambridge University Press, 1969, p. 66 (la table des règles des différents actes illocutoires, « *assert, state (that), affirm* »). Sur l'affirmation comme une prétention au savoir, voir aussi K. DeRose, « Assertion, Knowledge, and Context », *The Philosophical Review* (111, 2), 2002, p. 167-203.

35. Reposant sur ce même présupposé, le paragraphe qui précède immédiatement la description de la crise énonce : « Mon âme a été ébranlée à cause de notre communauté (*'umma*), les enfants d'Israël, en observant en notre temps de nombreux fidèles (*mawminīn*) dont la foi (*'īmān*) n'est pas pure et les croyances (*i'tiqādāt*) ne sont pas correctes » (Saadia Gaon, *Amānāt*, Y. Kapah [éd.], Introduction, p. 5).

36. A. S. Halkin, « Saadiah (ben Joseph) Gaon », dans M. Berenbaum et F. Skolnik (éd.), *Encyclopædia Judaica*, 2e éd., vol. 17, Détroit, 2007, p. 608.

37. M. Foucault, *Surveiller et punir. Naissance de la prison*, Paris, Gallimard, 1975, p. 32.

38. B. Klar, « Arba'ah Šemot Sefarim : Sefer ha-Emunot weha-De'ot », *Qiryat Sefer* (16), 1939-1940, p. 241-258 (242).

39. Avec des divergences quant à la signification précise de chaque terme, les auteurs suivants contestent tous leur synony-

mie : I. Efros, « Saadia's Theory of Knowledge », *JQR* (33, 2), 1942, p. 133-170 (164-166) ; A. J. Heschel, « The Quest for Certainty in Saadia's Philosophy », *JQR* (33, 3), 1943, p. 265-313 (306-308) ; A. Altmann, « Preface of the translator », dans Saadiah ben Yosef, *The Book of Doctrines and Beliefs*, Oxford, East and West Library, 1946, p. 34, n. 2 ; G. Vajda, « Études sur Saadia », *REJ* (109), 1948-1949, p. 68-102 ; *id.*, « Autour de la théorie de la connaissance chez Saadia », *REJ* (126, 2-3), 1967, p. 135-189, 375-397 ; J. J. Ross, « Saadya's Concept of Belief », *Papers of the Fourth World Congress of Jewish Studies* (2), 1968, p. 97-101 ; H. Ben-Shammai, « Saadya Gaon's Ten Articles of Faith », p. 22-26.

40. Saadia Gaon, *Amānāt*, Introduction, Y. Kapah (éd.), p. 7.

41. *Ibid.*, p. 12. B. Klar, *loc. cit.*

42. Saadia Gaon, *Amānāt*, Y. Kapah (éd.), p. 12.

43. *Ibid.*, III, 7, p. 132.

44. F. M. Denny, s.v. « Umma », *Encyclopædia of Islam*, 2e éd, Leyde, Brill, 2012 ; L. Massignon, « L'*Umma* et ses synonymes : notion de "communauté sociale" en Islam », *Revue des études islamiques*, 1947, p. 151-157 ; L. Gardet, *La Cité musulmane. Vie sociale et politique*, Paris, J. Vrin, 1954.

45. *Ibid.*, Introduction, p. 15.

46. On peut dès lors dire avec H. Atlan, *Croyances*, p. 134 : « Le judaïsme doit être considéré comme la troisième religion monothéiste plutôt que comme la première. »

47. Pour une analyse de la genèse du mythe de l'âge d'or andalou, voir E. Tixier du Mesnil, *Savoir et pouvoir en Al-Andalus au XIe siècle*, Paris, Seuil, 2022, p. 31-87.

48. M. Mansoor, « Arabic Sources on Ibn Pakuda's "Duties of the Heart" » (en hébreu), *Proceedings of the World Congress of Jewish Studies* (6), 1973, p. 81-90 ; D. Lobel, *A Sufi-Jewish Dialogue : Philosophy and Mysticism in Baḥya Ibn Paqūda's* Duties of the Heart, Philadelphie, University of Pennsylvania Press, 2007 ; P. B. Fenton, « Judaism and Sufism », dans D. H. Frank et O. Leaman (éd.), *The Cambridge Companion to Medieval Jewish Philosophy*, Cambridge, Cambridge University Press, 2003, p. 201-217 (204-206).

49. Baḥya Ibn Paquda, *Kitāb al-Hidāya ilā Farā'id al-Qulūb*, Y. Kapah (éd.), Defus Aqiva Yosef, Jérusalem, Introduction, 1973,

p. 15. Sur la conception de « l'intérieur » et du « caché » chez Baḥya, voir O. Michaelis, *Interiority and Law : Bahya Ibn Paquda and the Concept of Inner Commandments*, Stanford, Stanford University Press, 2023.

50. W. V. Quine, « On What There Is », *The Review of Metaphysics* (2, 5), 1948, p. 21-38.

51. Baḥya Ibn Paquda, *Fara'iḍ al-Qulūb*, Y. Kapah (éd.), Introduction, p. 28.

52. *Ibid.*, p. 23.

53. *Ibid.*, p. 32.

54. *Ibid.*, p. 39.

55. *Ibid.*, p. 15.

56. D. Lasker, *From Judah Hadassi to Elijah Bashyatchi : Studies in Late Medieval Karaite Philosophy*, Leyde, Brill, 2008, p. 42-43. La liste d'Hadassi est la suivante : 1° existence d'un Créateur, 2° éternité et unité du Créateur, 3° création du monde, 4° la prophétie de Moïse et des autres prophètes, 5° véracité de la Torah, 6° obligation de connaître la langue hébraïque, 7° le Temple comme résidence de Dieu, 8° la résurrection des morts, 9° existence d'une justice divine, 10° rétribution. Elle est exposée dans *Eškol ha-Kofer*, alphabets 33-34 (texte édité dans D. Lasker, J. Niehoff-Panogiotidis, D. Sklare [éd.], *Theological Encounters at a Crossroads : an Edition and Translation of Judah Hadassi's* Eshkol ha-Kofer, *First commandment, and Studies of the Book's Judaeo-Arabic and Byzantine Contexts*, Leyde, Brill, 2019, p. 302-309).

57. Dans un contexte sans rapport direct avec la controverse contre le karaïsme, un auteur rabbanite, le « Ran » (R. Nissim de Gérone, 1290-1376), écrit ainsi : « Le principe (*'iqqar*) de la Torah [...] repose dans ce que les Sages ont décrété et établi sans que cela n'ait d'appui dans la Torah [écrite] » (Nissim de Gérone, *Derašot*, VII, A. L. Feldman [éd.], Jérusalem, Mosad ha-Rav Kook, 2016, p. 107). Le Ran, qui n'est au demeurant pas fondamentalement hostile à l'établissement d'une liste de croyances fondamentales, n'a pas choisi ses mots au hasard. Qu'on se permette ou non d'établir une telle liste, le *principe*, l'essentiel, sur lequel la Torah repose, doit toujours demeurer la tradition orale.

58. Cette expression, employée de manière manifestement ironique par Moses Mendelssohn (*Jérusalem : ou Pouvoir religieux et judaïsme*, trad. D. Bourel, Paris, Gallimard, 2007, p. 138), est

reprise notamment par M. B. Shapiro, *The Limits of Orthodox Theology*, p. 14 *et passim* ; S. Lebens, *The Principles of Judaism*, Oxford, Oxford University Press, 2020, p. 3-4.

59. E. Gurfinkel, « The Order and Structure of the List of the Maimonidean Principles » (en hébreu), *Jewish Studies* (55), 2020, p. 115-182.

60. Maïmonide, « Introduction au *Pereq Ḥeleq* », dans Y. Kapah (éd.), *Mishnah 'im Peruš ha-Rambam. Maqor we-Targum, Seder Neziqim*, Jérusalem, Mosad ha-Rav Kook, 1965, p. 215.

61. *Ibid.*, p. 210 (je souligne).

62. M. B. Shapiro, *The Limits of Orthodox Theology*, p. 29.

63. Maïmonide, « Introduction au *Pereq Ḥeleq* », Y. Kapah (éd.), p. 316-317.

64. Maïmonide, *Mishneh Torah, Issurei Bi'ah* (« Relations interdites »), XV, 3 (pour le principe de la transmission matrilinéaire de la judéité).

65. Maïmonide a annoté et amendé son *Commentaire sur la Mishnah* tout au long de sa vie (S. Hopkins, *Maimonides's Commentary on Tractate Shabbat. The Draft Commentary According to Autograph Fragments from the Cairo Geniza*, Jérusalem, Ben-Zvi Institute, 2001, p. XXI). Mais il n'a pas repris le paragraphe en question.

66. Voir *supra*.

67. Maïmonide, *Mishneh Torah, Issurei Bi'ah* (« Relations interdites »), XIV, 1 ; pour une comparaison précise de ce passage de Maïmonide et de sa source talmudique (TB, *Yevamot*, 46a-48b), voir M. Kellner, *Must a Jew Believe Anything ?*, p. 58-60.

68. M. B. Shapiro, *The Limits of Orthodox Theology*, p. 7.

69. S. Stroumsa, *Maimonides in His World : Portrait of a Mediterranean Thinker*, Princeton, Princeton University Press, 2009, p. 68-70.

70. J. Neusner, *Judaism and its Social Metaphors : Israel in the History of Jewish Thought*, Cambridge, Cambridge University Press, 1989, p. 14.

71. *Ibid.*, chap. XI, « Other Judaisms and Their Social Metaphors ».

72. Voir Maïmonide, *Mishneh Torah*, *Melakhim u-milḥamoteihem* (« Rois et guerres »), XI, 3 : « Ne te prends pas à penser que le Roi-Messie devra réaliser des signes et des

prodiges, modifier l'ordre du monde ou ressusciter les morts ou autres choses du même genre. »

73. S. Stroumsa, *Beginnings of the Maimonidean Controversy in the East : Yosef Ibn Shim'on's* Silencing Epistle Concerning the Resurrection of the Dead *: Arabic And Hebrew Texts of* Risālat al-Iskāt fī Ḥashr al-Amwāt, Jérusalem, Ben-Zvi Institute, 1999.

74. Maïmonide, *Guide des égarés,* I, 50, trad. S. Munk, Paris, Maisonneuve et Larose, 2003 (désormais « *Guide* »), p. 179-181 (trad. mod.).

75. H. A. Wolfson, « The Terms *Taṣawwur* and *Taṣdīq* in Arabic Philosophy and their Greek, Latin and Hebrew Equivalents », *The Muslim World* (33, 2), 1943, p. 114-128.

76. Maïmonide, *Guide,* I, 35, p. 132.

77. *Ibid.*, III, 27, p. 210-211 (voir aussi II, 40, p. 310-311).

78. *Ibid.,* III, 28, p. 214-217.

79. Platon, *République,* III, 414b-c. C. Touati, « Croyances vraies et croyances nécessaires : Platon, Averroès, philosophie juive [Maïmonide, Nissim de Marseille, Moïse Narboni] et Spinoza », dans C. Touati et G. Nahon (éd.), *Hommage à Georges Vajda,* Louvain, Peeters, 1980, p. 169-182.

80. Maïmonide, « Introduction au *Pereq Ḥeleq* », Y. Kapah (éd.), p. 216.

81. Voir en particulier *Guide,* III, 17.

82. B. Spinoza, *Traité théologico-politique,* chap. XIV, trad. D. Arbib, dans *Œuvres complètes* (« La Pléiade »), Paris, Gallimard, 2022, p. 533. Voir aussi la « religion civile » de Jean-Jacques Rousseau (*Du contrat social,* IV, 8).

83. Maïmonide, « Traité sur la résurrection des morts », dans Y. Shailat (éd.), *The Letters and Essays of Moses Maimonides* (en arabe et hébreu), Jérusalem, Shailat Publishing – Ma'aleh Adumim, 1995, vol. 1, p. 320 (arabe), p. 342 (hébreu). Pour une lecture de l'entreprise maïmonidienne, insistant sur sa dimension pédagogique, voir C. Fraenkel, *Philosophical Religions from Plato to Spinoza : Reason, Religion, and Autonomy,* Cambridge, Cambridge University Press, 2012 et P. Bouretz, *Lumières du Moyen Âge. Maïmonide philosophe,* Paris, Gallimard, 2015.

84. Dans une correction autographe marginale à sa propre copie du *Commentaire sur la Mishnah,* Maïmonide lui-même associe la croyance à la création et à l'éternité de Dieu. Voir

M. Kellner, *Dogma*, p. 53-61 et C. Sirat et S. Di Donato, *Maïmonide et les brouillons autographes du* Dalâlat al-Ḥâ'irîn *(*Guide des égarés*)*, Paris, Vrin, 2011, p. 57-59.

85. Nissim de Marseille, *Ma'aśeh Nissim*, H. Kreisel (éd.), chap. xi, Jérusalem, Mekize Nirdamim, 2000, p. 149.

86. Sur le demi-échec de Maïmonide, voir M. Kellner, *Must a Jew Believe Anything ?*, p. 65-86.

87. A. Melamed, « Maimonides' Thirteen Principles : From Elite to Popular Culture », dans J. T. Robinson (éd.), *The Cultures of Maimonideanism : New Approaches to the History of Jewish Thought*, Leyde, Brill, 2009, p. 171-190 ; Voir aussi A. Kosman, « Maimonides' Thirteen Principles in the Mishnah Commentary, the *Yigdal* and the *Ani Ma'amin* », dans I. Warhaftig (éd.), *Minḥah le-Ish*, Jérusalem, 1991, p. 337-348 (en hébreu).

88. A. Melamed, « Maimonides' Thirteen Principles », p. 178, n. 5 ; H. Hirschfeld, « Immanuel of Rome and Other Poets on the Jewish Creed », *JQR* (5), 1914/1915, p. 529-542, l'attribue à Immanuel de Rome.

89. A. Melamed, « Maimonides' Thirteen Principles », p. 185 ; E. Gurfinkel, « The Discourse on Maimonides' Principles : Between Continuity and Change » (en hébreu), *Alei Sefer* (22), 2011, p. 13.

3. Israël, le peuple des croyants

1. Cette section s'inspire de mon article : D. Lemler, « The Radicality of Religious Dogmatism : Medieval Jewish Philosophers and the Principles of Judaism », dans M. Brinzei *et al.* (dir.), *Radical Thinking in the Middle Ages*, Turnhout, Brepols, 2025, p. 513-524.

2. S. Stroumsa, *Maimonides in His World*, chap. iii, « An Almohad "Fundamentalist" ? ».

3. J. Derenbourg *et al.* (éd.), *Œuvres complètes de Saadia ben Iosef al-Fayyoûmî*, vol. 1 : *Version arabe du Pentateuque*, Paris, Ernest Leroux, 1893, Introduction, p. 3. Sur la traduction du terme *amānāt*, voir H. Ben-Shammai, « Saadya Gaon's Ten Articles of Faith », p. 23-26.

4. Baḥya Ibn Paquda, *Fara'iḍ al-Qulūb*, Y. Kapah (éd.), p. 21.
5. *Ibid.*, p. 29.
6. *Ibid.*, p. 18.
7. *Ibid.*, p. 36.
8. *Ibid.*
9. Maïmonide, « Introduction au *Pereq Ḥeleq* », Y. Kapah (éd.), p. 210.
10. Maïmonide, *Einleitung to Chelek*, J. Holzer (éd.), Berlin, M. Poppelauer's Buchhandlung, 1901, p. 20.
11. Maïmonide, *Mishneh Torah, Yesodei ha-Torah* (« Fondations de la Torah »), I, 1.
12. *Ibid.*, I-IV.
13. M. Halbertal, *Maimonides : Life and Thought*, Princeton, Oxford, Princeton University Press, 2013, p. 197.
14. J. Albo, *Sefer ha-'Iqqarim*, I, 4, éd. cit., p. 60-61 (notre traduction).
15. Voir notre introduction.
16. A. Melamed, *Dat : From Law to Religion. A History of Formative Term* (en hébreu), Jérusalem, Hakibbutz Hameuchad, 2014, p. 36-52 (en particulier, p. 51). Pour une synthèse en français de la thèse de l'ouvrage, *id.*, « De la loi à la religion », *Pardès* (47-48, 1), 2010, p. 61-76.
17. D. Boyarin, *Judaism*, p. 61. R. Glei et S. Reichmuth, « Religion between Last Judgement, Law and Faith : Koranic *dīn* and its Rendering in Latin Translations of the Koran », *Religion* (42), 2012, p. 247-271.
18. Maïmonide, « Traité sur la résurrection des morts », Y. Shailat (éd.), p. 320.
19. Maïmonide, *Mishneh Torah, Issurei Bi'ah* (« Relations interdites »), XIV, 1.
20. Melamed, *Dat*, p. 45.
21. Voir C. Fraenkel, *Philosophical Religions from Plato to Spinoza*, p. 29. C. Fraenkel récuse le paradigme historiographique d'une « rencontre » médiévale entre philosophie et religion. Pour les auteurs comme Maïmonide souscrivant à l'idée de ce qu'il nomme « religion philosophique », « la distinction entre philosophie et religion *n'est pas signifiante* ». Si le terme « religion » dans « religion philosophique » demeure à élucider, cette idée recoupe

l'impossibilité de disjoindre chez des auteurs comme Maïmonide le champ des doctrines et celui de la loi divine.

22. Voir *supra*.

23. J. Albo, *Sefer ha-'Iqqarim*, I, 3, éd. cit., p. 53.

24. *Ibid.*, I, 7, éd. cit., p. 70.

25. Thomas d'Aquin, *Somme théologique*, I-II, q. 90-91.

26. Notamment, J. Albo, *Sefer ha-'Iqqarim*, I, 25 et III, 20.

27. Maïmonide, MT, *Ḥameṣ u-Maṣṣah*, IX.

28. Maïmonide, « Introduction au *Pereq Ḥeleq* », Y. Kapah (éd.), p. 217.

29. Il est intéressant de noter que ce passage présente des variantes dans les différentes versions de ce texte (voir J. Tabory, « The Baraita of the Four Sons », *Tarbiz* (81), 2012, p. 165-189). La *Mekhilta de-Rabbi Yishmael* (*Massekhta de-Pisḥa*) contient le même texte que la Haggadah. Le Talmud de Jérusalem (*Pesaḥim*, X, 7) omet l'expression *il a nié le principe*. Dans un recueil midrashique plus tardif, on lit « Puisqu'il s'est exclu du collectif [...] il est clair (*be-yadua'*) qu'il a nié le principe » (*Midrash Leqaḥ Ṭov*, Ex 13, 8). La version de Saadia Gaon énonce : « puisqu'il s'est exclu du collectif *et* qu'il a nié (*we-kafar*) le principe, etc. » (M. Kasher (éd.), *Haggadah šelemah*, Torah Shelemah Intitute, Jérusalem, 1967, p. 101).

30. J. Albo, *Sefer ha-'Iqqarim*, I, 1.

31. *Ibid.*, IV, 38.

32. F.-X. Licari, *Le Droit talmudique*, p. 126-133.

33. Pour d'autres usages talmudiques de l'expression « *yaṣa' min ha-kelal* » dans ce sens politique et non exégétique, voir TB, *Berakhot*, 49b ; TJ, *Berakhot*, VII, 3.

34. Voir *supra* l'usage de cette expression dans le *midrash* à propos de l'idolâtrie, *Sifri Bamidbar*, 111, 1.

35. Le dossier khazar a fait couler beaucoup d'encre depuis le XIIe siècle. Il a resurgi au cours du XXe siècle et est récemment devenu un objet de polémique : visant à contester radicalement la légitimité de l'État d'Israël, l'hypothèse selon laquelle les Juifs ashkénazes sont les descendants de Khazars est très en vogue dans les discours antisionistes radicaux. Si l'existence des Khazars n'est plus sujette à caution, la question de savoir s'il y a eu conversion ou non, comme celle de la nature de cette conversion si elle a eu lieu, reste ouverte. Pour une réfutation de l'authenticité de la

conversion khazare, voir S. Stampfer, « Did the Khazars Convert to Judaism ? », *Jewish Social Studies* (19, 3), 2013, p. 1-72.

36. Voir l'article fondateur de cette perspective, H. A. Wolfson, « Maimonides and Halevi. A Study in Typical Jewish Attitudes Towards Greek Philosophy in the Middle Ages », *The Jewish Quarterly Review* (2-3), 1912, p. 297-337. A. Shear, *The Kuzari and the Shaping of Jewish Identity, 1167-1900*, Cambridge, New York, Cambridge University Pres, 2008 montre toutefois que cette polarisation Halevi/Maïmonide est tardive. Dans l'histoire longue de sa réception, J. Halevi a généralement été envisagé comme un rationaliste modéré.

37. Juda Halevi, *Le Kuzari*, I, 1, trad. Ch. Touati, Lagrasse, Verdier, 1994, p. 1.

38. Pour des lectures du *Kuzari*, comme texte ésotérique, voir notamment L. Strauss, « La loi de la Raison dans le "Kuzari" », dans *La Persécution et l'Art d'écrire*, trad. O. Seyden, Paris, Gallimard, 2009, p. 140-186 et D. Schwartz, *Contradiction and Concealment in Medieval Jewish Thought* (en hébreu), Ramat-Gan, Bar-Ilan University Press, 2002, p. 45-67.

39. Juda Halevi, *Kuzari*, I, 1, trad. C. Touati, p. 1.

40. *Ibid.*, I, 4 et 5, p. 5 et 7.

41. *Ibid.*, I, 10, p. 9.

42. *Ibid.*, I, 4, p. 5.

43. *Ibid.*, I, 5, p. 7. Voir D. Schwartz, « Judah Ha-Levi on Christianity and on the Empirical Science » (en hébreu), *AJS Review* (19, 1), 1994, p. 1-24.

44. Juda Halevi, *Kuzari*, I, 10, trad. C. Touati, p. 9.

45. M. Bar-Asher, *Les Juifs dans le Coran*, Paris, Albin Michel, 2019, p. 63-66.

46. Selon E. Krinis, *God's Chosen People : Judah Halevi's « Kuzari » and the Shī'ī Imām doctrine*, Turnhout, Brepols, 2014, p. 259-273, il s'agit là d'une transposition créatrice de la part d'Halevi du débat interne à l'islam autour de la légitime postérité du Prophète. Le rabbin adopte la position shi'ite d'une légitimité conférée par la filiation généalogique, face au chrétien qui représente la position sunnite d'un transfert symbolique de la filiation.

47. E. Krinis, *God's Chosen People*, p. 111-112. E. Krinis fait aussi remarquer la reprise de la terminologie du shi'isme imamite

au sein duquel l'imam représente en lui-même « la preuve de Dieu » (*ḥujjat Allāh*), p. 40-42.

48. Juda Halevi, *Kuzari*, I, 12, trad. C. Touati, p. 9.

49. Sur ce terme voir D. Lemler, « *Mofet* : From Miracle to Scientific Proof », dans R. Leicht et G. Veltri (éd.), *Studies in the Formation of Medieval Hebrew Philosophical Terminology*, Leyde, Brill, 2020, p. 131-150.

50. Juda Halevi, *Kuzari*, II, 53, trad. C. Touati, p. 71 (je souligne), les mots entre crochets sont ajoutés par C. Touati.

51. Gerson Cohen le lit comme un texte de réaction contre l'intellectualisme dominant l'élite juive espagnole de l'âge d'or d'Espagne (dans Abraham Ibn Da'ud, *Book of Tradition :* Sefer Ha-Qabbalah, G. D. Cohen [éd.], Philadelphie, Jewish Publication Society of America, 1967, p. 295-300). J. Halevi présente de manière récurrente cette élite comme se détournant de Dieu au profit de la soumission idolâtre à des puissances étrangères. Voir D. Berger, « Judaism and General Culture in Medieval and Early Modern Times », dans J. J. Schachter (éd.), *Judaism's Encounter with Other Cultures : Rejection or Integration ?*, Northvale, NJ, Jason Aronson, 1997, p. 57-142 (77-80).

52. Juda Halevi, *Kuzari*, I, 11, trad. C. Touati, p. 9.

53. *Ibid.*, I, 15, p. 9 (trad. mod.).

54. *Ibid.*, I, 80-91, p. 20-25.

55. C'est ce qui ressort d'un manuscrit autographe découvert dans la genizah du Caire. S. D. Goitein, « Autographs of Yehuda Halevi » (en hébreu), *Tarbiz* (25), 1955-1956, p. 393-412 et D. H. Baneth, « Some Remarks on the Autographs of Yehudah Halevi and the Genesis of the *Kuzari* » (en hébreu), *Tarbiz* (26), 1956-1957, p. 297-303. Sur J. Halevi et le karaïsme, voir D. J. Lasker, *From Judah Hadassi to Elijah Bashyatchi*, chap. IX, p. 141-154 et M. Zawanowska, « The Art of Ambiguity : The Karaites as Portrayed in Judah Halevi's *Book of the Kuzari* », *AJS Review : The Journal of the Association for Jewish Studies* (45, 1), 2021, p. 143-166.

56. *Ibid.*, III, 65, p. 138, les mots entre crochets sont ajoutés par C. Touati. M. Schwartz « Juda Halevi, *Sefer ha-Kuzari* », trad. héb. M. Schwartz, Beer-Sheva, Ben Gurion University Press, 2017, p. 199 et n. 680 comprend le passage comme se référant non pas à la spéculation théologique, mais au raisonnement juridique.

57. Juda Halevi, *Kuzari*, III, 50, trad. C. Touati, p. 130 ; voir aussi la parabole du voyageur en II, 21, trad. C. Touati, p. 111-112 ; II, 23, trad. C. Touati, p. 113 ; II, 37, *in fine*, trad. C. Touati, p. 120 ; II, 38, trad. C. Touati, p. 120.

58. *Ibid.*, V, 1, p. 194. Cette discussion est la réponse tardive à une demande formulée par le roi dès la fin du livre II (*ibid.*, II, 81, p. 89).

59. *Ibid.*, V, 15, p. 217.

60. *Ibid.*, V, 1, p. 194.

61. *Ibid.*

62. *Ibid.*, V, 2, p. 194.

63. Juda Halevi, *Kuzari*, V, 16, trad. C. Touati, p. 218-219 (trad. mod.). Chez C. Touati, on trouve « de la religion » à la place des mots entre crochets.

64. C'est du moins l'interprétation de A. Shear, *The Kuzari and the Shaping of Jewish Identity*, p. xii.

65. Juda Halevi, *Kuzari*, III, 17, trad. C. Touati, p. 106 (trad. mod.). C. Touati traduit *'aqīdat al-yahūdiyya* par « la croyance des Juifs ». M. Schwartz (trad. cit., p. 156) traduit *'iqqarei emunah ha-yehudiyim* (« les principes juifs de croyance »).

66. D. Kaufmann, « Jehuda-ha-Levi on the Dogmas of Judaism », *Jewish Quarterly Review* (1, 4), 1889, p. 441-442.

67. *Yahadut* est attesté dans des sources médiévales antérieures à Ibn Tibbon, mais désigne alors le statut juridique des Juifs, voir D. Boyarin, *Judaism*, p. 80-88.

68. M. Schwartz, trad. cit., p. 156.

69. J. Decter, « *Al-Yahūdiyya* : The Emergence of a Comparative Framework in Medieval Jewish Thought », *Journal of Religion* (101, 3), 2021, p. 299-325 (315-316, 319).

70. D. Boyarin, *Judaism*, p. 60.

71. *Ibid.*, p. 73.

72. *Ibid.*

73. Juda Halevi, *Kuzari*, III, 17, trad. C. Touati, p. 106.

74. *Ibid.*, I, 26-27, p. 11, I, 43, p. 12 ; I, 115, p. 39 *et passim*.

75. Y. Silman, *Philosopher and Prophet : Judah Halevi, the* Kuzari, *and the Evolution of his Thought*, Albany, SUNY Press, 1995, notamment p. 130 et p. 230, n. 4.

76. Titre tiré de Cant 4, 8, signifiant littéralement « le sommet de l'Amana », mais s'appuyant sur la proximité des mots *amanah*

et *emunah* pour laisser entendre une autre traduction possible : « le principe de la croyance ».

77. Ce pastiche schématique saute de nombreuses « étapes » dans l'histoire de la littérature des *ʻiqqarim* depuis Maïmonide. Pour ne citer que quelques auteurs : aux XIIIe et XIVe siècles : Abba Mari de Lunel, Shem Ṭov Falaquera, David ha-Kokhavi, au XVe siècle : Abraham Shalom, Isaac Arama, Joseph Yaʻveṣ, Abraham Bibago (voir M. Kellner, *Dogma*). E. Gurfinkel, « The Discourse on Maimonides' Principles », insiste sur le caractère continu de la réflexion sur les *ʻiqqarim* après Maïmonide et ajoute encore un certain nombre de noms.

78. Y. H. Yerushalmi, « Assimilation et antisémitisme racial : le modèle ibérique et le modèle allemand », dans *Sefardica. Essais sur l'histoire des Juifs, des marranes et des nouveaux-chrétiens d'origine hispano-portugaise*, Paris, Chandeigne, 2016, p. 259-296 ; 348-365 (notes). Pour une bonne synthèse sur le marranisme, Y. Yovel, *L'Aventure marrane : judaïsme et modernité*, Paris, Seuil, 2011.

79. Y. Baer, *A History of the Jews in Christian Spain*, Philadelphie, Jewish Publication Society of America, 1971, Index, s.v. Averroism, est allé jusqu'à compter l'influence de la philosophie dans l'élite intellectuelle espagnole parmi les facteurs explicatifs des conversions massives (sur cela, voir D. J. Lasker, « Averroism, the Jewish-Christian Debate, and Mass Conversions in Iberia », dans *Averroes and Averroism in Medieval Jewish Thought*, Leyde, Brill, 2024, p. 185-197). À cet égard, l'œuvre de Crescas est ambigüe puisqu'elle semble partager ce diagnostic d'un danger que fait courir l'intellectualisme à la fidélité à la Torah, mais n'en poursuit pas moins, à sa manière, l'œuvre maïmonidienne.

80. Isaac Abravanel, *Roš Amanah*, chap. XXIII, M. Kellner (éd.), Ramat-Gan, Bar-Ilan University, 1993, p. 147.

81. D. Neumark, *Toledot ha-Iqqarim be-Yiśr'ael*, Odessa, Moriah, 1919, vol. 2, p. 179 ; voir aussi M. Kellner, *Dogma*, p. 282, n. 28.

82. Isaac Abravanel, *Roš Amanah*, chap. VI, M. Kellner (éd.), p. 66.

83. Maïmonide, « Introduction au *Pereq Ḥeleq* », Y. Kapah (éd.), p. 215. Dans le chapitre XI, I. Abravanel affirme par ailleurs que les commandements pratiques relèvent de la « matière », les croyances de la « forme » de la Torah. Les principes de la Torah

ne peuvent être tirés des commandements. Quiconque les transgresse fait partie des Israélites pécheurs mais non des hérétiques. En revanche, il fait partie des « négateurs (*koferim*) », « s'il doute qu'un [commandement pratique] quelconque est d'origine divine, ce qui revient à affirmer que la Torah ne vient pas du ciel à propos de quoi tous les commandements de la Torah sont équivalents. Le nombre des principes (*'iqqarim*) serait alors, de ce point de vue, égal au nombre des commandements » (Isaac Abravanel, *Roš Amanah*, chap. XI, 6e prémisse, M. Kellner [éd.], p. 85).

84. C. Cohen-Skalli, *Don Isaac Abravanel. An Intellectual Biography*, Waltham (Mass.), Brandeis University Press, 2020, p. 219.

85. Isaac Abravanel, *Roš Amanah*, chap. XI, 9e prémisse, M. Kellner (éd.), p. 86-87. C. Cohen-Skalli, *Don Isaac Abravanel*, p. 220-222.

86. Juda Halevi, *Kuzari*, I, 81, trad. C. Touati, p. 20.

87. Isaac Abravanel, *Roš Amanah*, chap. I, M. Kellner (éd.), p. 51.

88. *Ibid.*, chap. VI, p. 68.

89. D. Boyarin, *Judaism*, p. 90-93.

90. Voir mes remarques sur ce point *supra*.

91. Isaac Abravanel, *Mif'alot Elohim*, I, 4, Lemberg, Druck des S. Back, 1863, p. 9a, voir TB, *'Eruvin*, 13b, cité dans E. Mihaly, « Isaac Abravanel on the Principles of Faith », *Hebrew Union College Annual* (26), 1955, p. 481-502 (484).

92. Simon ben Ṣemaḥ Duran, *Ohev Mišpaṭ*, Introduction, Venise, 1590, 3b. Sur Duran, voir M. Kellner, *Dogma*, chap. III.

93. Isaac Abravanel, *Roš Amanah*, chap. XXII, M. Kellner (éd.), p. 144.

94. Voir E. Mihaly, « Isaac Abravanel on the Principles of Faith », p. 486.

95. Isaac Abravanel, *Roš Amanah*, Prologue, M. Kellner (éd.), p. 39.

96. *Ibid.*, Prologue, p. 40.

97. Juda Halevi, *Kuzari*, I, 81, trad. C. Touati, p. 20.

98. Isaac Abravanel, *Roš Amanah*, chap. XXIII, p. 147.

4. Du monothéisme juif au judaïsme éthique

1. B. Karsenti, *La Question juive des modernes. Philosophie de l'émancipation*, Paris, PUF, 2017 ; A. Sutcliffe, *Judaism and Enlightenment*, 2003 ; D. Nirenberg, *Antijudaïsme*, trad. J. E. Jackson, Genève, Labor et Fides, 2023, chap. x, « La révolte des Lumières contre le judaïsme », p. 461-509.

2. Sur le monothéisme éthique, voir W. S. Dietrich, *Cohen and Troeltsch : Ethical Monotheistic Religion and Theory of Culture*, Chico, Scholars press, 1986 ; T. M. Vial et M. A. Hadley (éd.), *Ethical Monotheism, Past and Present : Essays in Honor of Wendell S. Dietrich*, Providence, Brown Judaic Studies, 2001 ; E. Benor, *Ethical Monotheism : a Philosophy of Judaism*, Abingdon, Oxon, New York (N.Y.), Routledge, 2018.

3. Je reprends l'idée d'un « anarchisme » de Hermann Cohen à Daniel Weiss, qui le qualifie d'« anarchisme prophétique » (D. H. Weiss, *Modern Jewish Philosophy and the Politics of Divine Violence*, Cambridge, Cambridge University Press, 2023, p. 108-164).

4. S. Freud, *Moïse et le monothéisme*, trad. A. Berman, Paris, Gallimard, 1948. Voir pour la clause finale, S. Freud, *L'Homme Moïse et la religion monothéiste*, trad. J.-P. Lefebvre, Paris, Points, 2012, p. 71 (*GW*, p. 103). Je cite désormais cette traduction en ajoutant la référence dans les *Gesammelte Werke*, t. 16, Francfort-sur-le-Main, S. Fischer, 1981.

5. M. Buber, *Moïse*, trad. A. Kohn, Paris, Les Belles Lettres, 2015, p. 2, n. 1.

6. S. Freud, *L'Homme Moïse et la religion monothéiste*, trad. cit., p. 227 (*GW*, p. 212).

7. « [P]armi les coutumes par lesquelles les Juifs se distinguaient des autres, celle de la circoncision a fait une impression déplaisante, inquiétante, qui s'explique sans doute par le rappel de la castration redoutée, touchant ainsi à un pan volontiers oublié du passé des temps primitifs » (S. Freud, *L'Homme Moïse et la religion monothéiste*, trad. cit., p. 207, *GW*, p. 198).

8. Pour D. Boyarin, S. Freud est le cas typique du penseur juif moderne qui, après l'Émancipation, intériorise les valeurs de la culture dominante y compris certains des éléments de sa

dépréciation de la culture juive, « Freud's *Moses and Monotheism* is best read as part of a massive sociocultural attempt by German-speaking Jews in the nineteenth century to rewrite themselves and particularly their masculine selves as Aryans, and especially as Teutons » (D. Boyarin, *Unheroic Conduct the Rise of Heterosexuality and the Invention of the Jewish Man*, Berkeley – Los Angeles, University of California Press, 1997, p. 246). Sur la « banalité » de l'antisémitisme dans l'Allemagne des années 1930, voir, bien sûr, H. Arendt, *Eichmann à Jérusalem : rapport sur la banalité du mal*, trad. A. Guérin, Paris, Gallimard, 1966 et J.-L. Nancy, *Banalité de Heidegger*, Paris, Galilée, 2015.

9. S. Freud, *L'Homme Moïse et la Religion monothéiste*, trad. cit., p. 225, *GW*, p. 211.

10. E. Rice, *Freud and Moses : the Long Journey Home*, Albany (N.Y.), State University of New York Press, 1990 et Y. H. Yerushalmi, *Le Moïse de Freud : judaïsme terminable et interminable*, trad. J. Carnaud, Paris, Gallimard, 1993, ont insisté sur l'arrière-plan juif de la vie et de la pensée de S. Freud. Il n'en demeure pas moins un Juif moderne ou, pour citer le même Yerushalmi, un « Juif perdu » (Y. H. Yerushalmi, *Zakhor : histoire juive et mémoire juive*, Paris, Gallimard, 1991, p. 115), produit de la rupture moderne du *continuum* de la tradition.

11. P. Schäfer, « The Triumph of Pure Spirituality. Sigmund Freud's Moses and Monotheism », dans R. Ginsburg et I. Pardes (éd.), *New Perspectives on Freud's « Moses and Monotheism »*, Tübingen, Niemeyer, 2006, p. 19-44 entreprend une enquête similaire.

12. Y. H. Yerushalmi, *Le Moïse de Freud*, p. 191.

13. *Ibid.*, p. 228, n. 58

14. *Ibid.*, p. 114 ; voir aussi les mots de J.-P. Lefebvre en introduction de sa traduction : « La religion monothéiste n'est pas le monothéisme en général, qui pourrait être une idéologie métaphysique sans enracinement anthropologique, la matrice philosophique du déisme progressiste et abstrait des Lumières européennes. C'est une religion, une pratique, la religion qui a fini par s'appeler juive, appelée aussi judaïsme, avec son histoire compliquée, ses paradoxes et son grand roman familial » (Préface dans S. Freud, *L'Homme Moïse et la Religion monothéiste*, trad. cit., p. 13).

15. *Ibid.*, p. 273 (*GW*, p. 245).

16. *Ibid.*, p. 209 (*GW*, p. 199).

17. J. Assmann, *Moïse l'Égyptien : un essai d'histoire de la mémoire*, Paris, Flammarion, 2010, p. 257.

18. *Ibid.*, p. 387, n. 20.

19. S. Freud publiait en 1927 une critique radicale de la religion intitulée *L'Avenir d'une illusion.*

20. S. Freud, *L'Homme Moïse et la religion monothéiste*, trad. cit., p. 243 (*GW*, p. 271).

21. *Ibid.*, p. 103 (*GW*, p. 124).

22. *Ibid.*, p. 236 (*GW*, p. 219). Sur ce thème, voir J. Assmann, « The Advance in Intellectuality : Freud's Construction of Judaism », dans Ginsburg et Pardes (éd.), *New Perspectives on Freud's « Moses and Monotheism »*, p. 7-18 et B. Karsenti, *Moïse et l'idée de peuple. La vérité historique selon Freud*, Paris, Cerf, 2012, chap. VI, p. 175-200.

23. S. Freud, *L'Homme Moïse et la religion monothéiste*, trad. cit., p. 239 (*GW*, p. 220).

24. Voir P. Schäfer, « The Triumph of Pure Spirituality. Sigmund Freud's Moses and Monotheism », p. 33.

25. S. Freud, *L'Homme Moïse et la religion monothéiste*, trad. cit., p. 247 (*GW*, p. 226).

26. *Ibid.*, p. 271 (*GW*, p. 243).

27. *Ibid.*, p. 247 (*GW*, p. 226). Voir la note de J.-P. Lefebvre *ad. loc* qui définit le terme éthique chez S. Freud comme le « catalogue des bonnes mœurs ».

28. *Ibid.*, p. 248 (*GW*, p. 226-227).

29. Y. H. Yerushalmi, *Le Moïse de Freud*, p. 220, n. 32.

30. P. Schäfer, « The Triumph of Pure Spirituality. Sigmund Freud's Moses and Monotheism », p. 44.

31. Trad. fr. I. Wolf, « Comment concevoir une science du judaïsme », trad. M. de Launay, dans *Pardès*, 19-20, Paris, Cerf, 1994, p. 33. Original allemand : I. Wolf, « Über den Begriff einer Wissenschaft des Judentums », *Zeitschrift für die Wissenschaft des Judentums*, 1/1, p. 1.

32. I. Wolf, « Comment concevoir une science du judaïsme », p. 34 ; éd. cit., p. 4.

33. *Ibid.*

34. Pour une prolongation, quelques années après I. Wolf, de cette compréhension du monothéisme comme idée de « l'unité du

tout » et ses conséquences politiques chez Joseph Salvador, voir B. Karsenti, *La Question juive des modernes*, p. 98-108.

35. I. Wolf, « Comment concevoir une science du judaïsme », p. 40 ; all., p. 15.

36. *Ibid.*, p. 34 ; éd. cit., p. 4.

37. *Ibid.*, p. 35 ; éd. cit., p. 7.

38. *Ibid.*, p. 33 ; éd. cit., p. 2.

39. *Ibid.*, p. 38. Voir Mishnah, *Avot*, I, 3.

40. G. G. Scholem, « La Science du judaïsme, hier et aujourd'hui », dans *Le Messianisme juif : essais sur la spiritualité du judaïsme*, trad. B. Dupuy, Paris, Les Belles Lettres, 2016, p. 427-441. Sur la formule de M. Steinschneider, voir C. H. Manekin, « Steinschneider's 'Decent Burial' : A Reassessment », dans H. Kreisel (éd.), *Study and Knowledge in Jewish Thought*, Jérusalem, Bialik, 2006, p. 239-251.

41. Voir S. Heschel, *Abraham Geiger and the Jewish Jesus*, Chicago, University of Chicago Press, 1998.

42. I. Wolf, « Comment concevoir une science du judaïsme », p. 36 (trad. mod.) ; éd. cit., p. 8.

43. *Ibid.*, p. 39 ; éd. cit., p. 13.

44. *Ibid.*, p. 34 ; éd. cit., p. 3.

45. A. Funkenstein, *Perceptions of Jewish History*, Berkeley, University of California Press, 1993, p. 238-240.

46. H. Blumenberg, *La Légitimité des Temps modernes*, Paris, Gallimard, 1999.

47. D. Hume, *History of England*, Londres, Printed for A. Millar, in the Strand, 1762, p. 294 ; *Histoire d'Angleterre*, trad. V. Campenon, Paris, Furne, 1839-1840, p. 349.

48. Pour un tableau général du regard sur le Moyen Âge à l'époque des Lumières, voir R. Münster, « Enlightenment Perspectives on the Middle Ages », dans A. Classen, *Handbook of Medieval Studies. Terms – Methods – Trends*, Berlin – New York, De Gruyter, 2010, p. 468-489.

49. E. Tixier du Mesnil, *Savoir et pouvoir en Al-Andalus au XIe siècle*, Paris, Seuil, 2022, p. 44-52.

50. H. Graetz utilise lui-même le terme d'*Aufklärung* appliqué aux Juifs du Moyen Âge (ici à propos des Juifs de Tolède à la fin du XIIe et au début du XIIIe siècle) : « Les Tolédans avaient plus de goût pour la science et la poésie [que pour le Talmud].

Ils préféraient la philosophie, menaient une réflexion approfondie sur la religion, et défendaient la foi contre le doute. Ils étaient les plus éclairés (*Aufgeklärtesten*) des Juifs espagnols » (H. Graetz, *Geschichte der Juden von den ältesten Zeiten bis auf die Gegenwart*, Leipzig [1896], vol. 6, p. 191, notre traduction).

51. D. Lemler, « À la lumière des temps obscurs : les Lumières juives modernes et le Moyen Âge », colloque « Lumières multiples », org. A. Lilti, Collège de France, juin 2023 (*https://www.college-de-france.fr/fr/agenda/colloque/lumieres-multiples/la-lumiere-des-temps-obscurs-les-lumieres-juives-modernes-et-le-moyen-age*). Voir aussi A. Funkenstein, *Perceptions of Jewish History, loc. cit.*

52. G. Bensussan, *Qu'est-ce que la philosophie juive ?*, Paris, Desclée de Brouwer, 2004, Introduction, p. 13.

53. Voir E. Schonfeld, *L'Apologie de Mendelssohn.*

54. Sur le contexte de ces deux épisodes, voir D. Bourel, *Moses Mendelssohn : la naissance du judaïsme moderne*, Paris, Gallimard, 2004, p. 224-234 et 315-318.

55. Voir en particulier B. Spinoza, *Traité théologico-politique*, chap. v.

56. M. Mendelssohn, *Jérusalem : ou Pouvoir religieux et judaïsme*, trad. D. Bourel, Paris, Gallimard, 2007, p. 123 ; original allemand : *Jerusalem, oder, Über religiöse Macht und Judentum*, M. Albrecht (éd.), Hambourg, Meiner, 2005, p. 98.

57. J'ai analysé ce mouvement en détail dans D. Lemler, « Plaidoyer pour l'exégèse allégorique », *Cahiers philosophiques*, 145, 2016, p. 55-71.

58. E. Levinas, « L'actualité de Maïmonide », *Paix et Droit*, 15/4, 1935, p. 6-7.

59. Maïmonide, Com. Mishnah, *Ḥagigah*, II, 1, dans Y. Kapah (éd.), *Mishnah 'im Peruš ha-Rambam. Maqor we-Targum, Seder Zemanim*, Jérusalem, Mosad ha-Rav Kook, 1964, p. 251 ; MT, *Yesodei ha-Torah* (« Fondations de la Torah »), II, 11-12 ; IV, 10 et 13 ; *Guide des égarés*, I, Introduction, p. 9.

60. Voir K. Löwith, *Histoire et salut : les présupposés théologiques de la philosophie de l'histoire*, trad. J.-F. Kervégan *et alii*, Paris, Gallimard, 2002.

61. F. Rosenzweig (*L'Étoile de la rédemption*, trad. A. Derczanski et J.-M. Schlegel, Paris, Seuil, 2003, section « Le peuple

éternel », p. 417-426) en est le représentant le plus radical. Voir aussi Y. H. Yerushalmi, *Zakhor*.

62. Dt 4, 19-20 ; 32, 8-9 ; J. Halevi, *Kuzari*, II, 16 *et passim* ; Nahmanide, *Derašah le-Roš ha-Šanah*, dans *Kitevei ha-Ramban*, Chavel (éd.), vol. 1, Jésuralem, Mosad ha-Rav Kook, 1963, p. 250-251 ; N. Krochmal, *Moreh Nevukhei ha-Zeman*, chap. VII, Y. Amir (éd.), Raanana, Open University Press, 2018, p. 34-39.

63. *Ibid.*, p. 36. Merci à Aaron Lahmi d'avoir attiré mon attention sur ce passage.

64. Saadia Gaon, *Amānāt*, Y. Kapah (éd.), III, 7, p. 132, voir *supra*.

65. G. W. F. Hegel, *Encyclopédie des sciences philosophiques en abrégé*, § 142, trad. M. de Gandillac, Paris, Gallimard, 1970, p. 177.

66. N. Krochmal, *Moreh Nevukhei ha-Zeman*, Amir (éd.), chap. XII, p. 167.

67. H. Grätz, *La Construction de l'histoire juive*, Paris, Cerf, 1992, p. 49.

68. Y. H. Yerushalmi, *Zakhor*.

69. A. von Harnack n'explicite pas, dans ses cours, ce qu'il entend par « essence du christianisme ». Dans une série d'articles consacrés à l'ouvrage d'Harnack, Ernst Troeltsch propose une analyse détaillée de ce concept d'« essence », le montrant tributaire d'une philosophie de l'histoire, déterminant un « idéal » qui peut servir à critiquer l'histoire positive de la religion (trad. fr. E. Troeltsch, « Que signifie l'essence du christianisme ? » (1903), dans A. von Harnack, *L'Essence du christianisme*, trad. cit., p. 308-354). Voir aussi récemment en français : O. Boulnois, *Saint Paul et la philosophie : une introduction à l'essence du christianisme*, Paris, PUF, 2022, en particulier p. 6-7.

70. M. Mendelssohn, *Jérusalem*, trad. cit., p. 138, éd. cit., p. 101.

71. L. Baeck, « Besitzt das überlieferte Judentum Dogmen ? », *Monatsschrift für Geschichte und Wissenschaft des Judentums*, 70, 7/8, 1926, p. 225-236 et *L'Essence du judaïsme*, tr. fr. M.-R. Hayoun, Paris, PUF, 1993, p. 49.

72. A. Geiger, « Über die jüdische Philosophie », *Jüdische Zeitschrift für Wissenschaft und Leben*, 1, 1862, p. 278-288 cité par L. Baeck (« Besitzt das überlieferte Judentum Dogmen ? »,

p. 228-229). Sur A. Geiger, voir A. Heschel, *Abraham Geiger and the Jewish Jesus.*

73. L. Baeck, « Besitzt das überlieferte Judentum Dogmen ? », p. 236.

74. « Le monothéisme éthique n'a existé qu'au sein d'Israël et si on le trouve ailleurs par la suite, c'est d'Israël qu'il provient directement ou indirectement », L. Baeck, *L'Essence du judaïsme*, trad. M.-R. Hayoun, Paris, PUF, 1993, p. 106.

75. « Au sein du judaïsme, l'aspect essentiel de la religion est la doctrine de *l'action* et de l'engagement ou, pour reprendre le vieux terme biblique, la Torah », *ibid.*, p. 92 ; « Le Dieu des commandements nous fait savoir qu'une chose nous appartient et que nous pouvons, par nous-mêmes, lui donner un sens et une valeur, c'est l'acte éthique libre », *ibid.*, p. 183 ; « C'est d'abord en Dieu que l'éthique trouve son fondement et sa garantie », *ibid.*, p. 213.

76. Voir notamment, *ibid.*, p. 89, p. 105, p. 124 et p. 135.

77. « Est-ce que le prophète a dit : "Ouvrez les portes pour que les prêtres, les Lévites et les Israélites entrent" ? N'a-t-il pas plutôt dit : "Ouvrez les portes pour qu'entre un peuple juste et fidèle" ? Vous avez aussi entendu : "Ceci est la voie menant vers l'Éternel, les justes l'emprunteront." Et non pas : "Ceci est la voie menant vers l'Éternel, les prêtres, les Lévites et les Israélites l'emprunteront", etc. », *ibid.*, p. 117-118.

78. *Ibid.*, p. 95.

79. « [O]n s'est toujours refusé à confondre ces deux choses, à savoir la religion et ces prescriptions », *ibid.*, p. 349.

80. L. Baeck, *L'Essence du judaïsme*, *op. cit.*, p. 357.

81. *Ibid.*, p. 341.

82. *Ibid.*, p. 115, ou encore p. 89 : « L'essence de la religion prophétique veut qu'elle soit la même pour tous et qu'elle fasse à tous la même promesse et leur présente la même exigence. »

83. Y. Fehler, *The Jewish Imperial Imagination : Leo Baeck and German-Jewish Thought*, Cambridge, Cambridge University Press, 2023, p. 46-47.

84. L. Baeck, *L'Essence du judaïsme*, *op. cit.*, p. 360-361.

5. Judentum : *Israël entre judaïsme et judéité*

1. H. Cohen, *Germanité et judéité*, trad. M. de Launay, Paris, Hermann, 2015. Il est très significatif que dans l'ensemble du corps de ce texte, le terme de *Judentum* soit traduit par « judaïsme », de manière incohérente avec son titre.

2. P. Schäfer, « The Triumph of Pure Spirituality. Sigmund Freud's Moses and Monotheism », p. 42, souligne la proximité de la conception du judaïsme chez S. Freud et chez H. Cohen et n'exclut pas que S. Freud ait pu connaître certains textes de ce dernier.

3. H. Cohen, *Der Begriff der Religion im System der Philosophie*, A. Töpelmann, Giesen, 1915, chap. v, § 36, p. 126 (trad. fr. *La Religion dans les limites de la philosophie*, trad. M. de Launay et C. Prompsy, Paris, Cerf, 1990, p. 152) ; *Religion der Vernunft : aus den Quellen des Judentums*, Leipzig, G. Fock, 1919 (trad. fr : *Religion de la raison tirée des sources du judaïsme*, chap. XIII, § 52, trad. A. Lagny et M. de Launay, Paris, PUF, 1994, p. 365) ; chap. XIV, § 28, éd. cit., p. 334 (trad. p. 398).

4. Sur le rapport de H. Cohen à la pensée juive médiévale en général, voir le commentaire d'A. S. Bruckstein dans H. Cohen, *Ethics of Maimonides*, Madison, trad. A. S. Bruckstein, The University of Wisconsin Press, 2004.

5. « [N]ous devons considérer comme un *prolongement légitime du monothéisme* (*rechtmäßig Fortwirkung des Monotheismus*) la théorie que les philosophes juifs du Moyen Âge ont tous cherché à développer sur l'harmonie de la Révélation avec la Raison » (H. Cohen, *Religion de la raison*, chap. IV, § 17, tr. fr., p. 121 ; éd. cit., p. 96, [je souligne]). Ou encore : « La philosophie juive du Moyen Âge a moins pour origine le monothéisme de l'islam que le monothéisme originel » (trad. fr., p. 135).

6. H. Cohen, « La définition de l'éthique de Maïmonide », p. 178, voir aussi *Religion de la raison*, p. 232 : « Son rationalisme [= de Maïmonide], uni au rationalisme théorique, ne cesse d'être éthique. »

7. H. Cohen, « La définition de l'éthique de Maïmonide », p. 178.

8. Maïmonide, *Guide*, III, 54, trad. Munk, p. 466.

9. Un exemple symptomatique est la manière dont le traducteur du *Guide* et son premier lecteur intellectualiste, Samuel Ibn Tibbon, affronte ce passage, M. Kellner, « Maimonides and Samuel Ibn Tibbon on Jeremiah 9:22-23 and Human Perfection », dans M. Beer (éd.), *Studies in Halakha and Jewish Thought Presented to Rabbi Professor Menahem Emanuel Rackman on His 80th Birthday*, Ramat-Gan, Bar-Ilan University Press, 1994, p. 49-57.

10. Maïmonide, *Guide*, III, 51, p. 433 ; H. Cohen, « La définition de l'éthique de Maïmonide », p. 178.

11. G. Y. Kohler, « Maimonides and Ethical Monotheism : The Influence of the *Guide of the Perplexed* on German Reform Judaism in the Late Nineteenth and Early Twentieth Century », dans J. T. Robinson (éd.), *The Cultures of Maimonideanism*, p. 309-334.

12. H. Cohen, « La définition de l'éthique de Maïmonide », p. 185 *et passim* ; *La Religion dans les limites de la philosophie*, p. 24, Leo Strauss dénonce une « diabolisation » d'Aristote par H. Cohen, « Car qu'est-ce qu'un homme qui est rempli d'hostilité contre l'Idée du Bien, qui hait l'Idée du Bien sinon un diable ? », L. Strauss, « Cohen et Maïmonide », éd. et trad. fr. C. Pelluchon, *Revue de métaphysique et de morale*, 38/2, 2003, p. 233-275 (254).

13. H. Cohen, « La définition de l'éthique de Maïmonide », p. 185.

14. « Le contenu premier [du concept de monothéisme] n'est pas tant Dieu que l'homme, ou plus précisément, non pas Dieu seul et en soi, mais toujours en *corrélation avec l'homme*, tout comme, en vertu de la corrélation, il ne s'agit pas de l'homme seul, mais toujours de l'homme en corrélation avec Dieu » (*La Religion dans les limites de la philosophie*, p. 49). Sur la corrélation, voir A. Altmann, « Hermann Cohens Begriff der Korrelation » et S. Nordmann, *Philosophie et judaïsme : H. Cohen, F. Rosenzweig, E. Levinas*, Paris, PUF, 2011, p. 39-61.

15. H. Cohen, « La définition de l'éthique de Maïmonide », p. 189.

16. J'ai étudié ailleurs les conséquences de cette thèse dans la pensée juridique et philosophique de Maïmonide. D. Lemler, « On Consensus, Tradition and Anonymity in Maimonidean

Legal and Philosophical Thought », dans A. Speer et T. Jeschke, *Consensus*, Berlin, De Gruyter, 2024, p. 232-248.

17. *Ibid.*, p. 185.

18. *Ibid.*, p. 192.

19. Maïmonide, *Guide*, I, 52-54.

20. Ex 33, 13 et Maïmonide, *Guide*, I, 54.

21. Voir par exemple, pour ce type d'interprétation, S. Pinès, « Les sources philosophiques du *Guide des Perplexes* (1963) », dans *La Liberté de philosopher. De Maïmonide à Spinoza*, Malakoff, Desclée de Brouwer, 1997, p. 193 (cxv dans la version anglaise), H. Kreisel, « *Imitatio Dei* in Maimonides' *Guide of the Perplexed* », *AJS Review* (19, 2), 1994, p. 169-212 ; D. Schwartz, *Contradiction and Concealment in Medieval Jewish Thought* (en hébreu), Ramat-Gan, Bar-Ilan University Press, 2002, p. 71-74.

22. H. Cohen, « La définition de l'éthique de Maïmonide », p. 190-202 ; *La Religion dans les limites de la philosophie*, p. 41 et 103 ; *Religion de la raison*, p. 92-95 (sur les attributs), p. 78-79 (sur « la métamorphose de la connaissance en amour ») ; G. Y. Kohler, *Reading Maimonides' Philosophy in 19th Century Germany : The Guide to Religious Reform*, Dordrecht, Springer, 2012, p. 167-179, 183-185 et *id.*, « Maimonides and Ethical Monotheism », *loc. cit.*

23. G. Y. Kohler, « Moses Mendelssohn as an Influence on Hermann Cohen's "Idiosyncratic" Reading of Maimonides' Ethics », *Religions* (14, 1), 2023, p. 65.

24. Leo Strauss note à juste titre : « La propre affirmation de Cohen qu'il croit pouvoir retrouver chez Rambam à savoir l'affirmation selon laquelle l'être de Dieu est être en corrélation avec l'homme comme être moral signifie en d'autres termes : l'homme, la moralité de l'homme est la finalité du monde. [...] Au contraire, pour Aristote : [...] "Demander quelle est la finalité de la nature tout entière et répondre que la moralité constitue cette finalité, c'est donner une question et une réponse qui sont extérieures et à l'esprit d'Aristote." *Est-ce que Maïmonide enseigne là-dessus autrement qu'Aristote ?* Il enseigne sans aucun doute la même chose » (L. Strauss, « Cohen et Maïmonide », p. 266, citant H. Cohen, « La définition de l'éthique de Maïmonide », p. 177).

25. « La théorie maïmonidienne des attributs implique l'abolition de toute différence entre l'intellect et la volonté », H. Cohen, « La définition de l'éthique de Maïmonide », p. 202.

26. H. Cohen, *La Religion dans les limites de la philosophie*, p. 19.

27. F. Rosenzweig, « Einleitung », dans H. Cohen, *Jüdische Schriften*, vol. 1, B. Strauss (éd.), Berlin, Schwetschke, 1924, p. XXI *sq* ; A. Altmann, « Hermann Cohens Begriff der Korrelation », dans H. Tramer (éd.), *Zwei Welten : Siegfried Moses zum 75. Geburtstag*, Tel Aviv, Bitaon, 1962, p. 377-399. Et la synthèse de ces discussions dans S. Nordmann, *Du singulier à l'universel : Essai sur la philosophie religieuse de Hermann Cohen*, Paris, Vrin, 2007, p. 17-24.

28. H. Cohen, *La Religion dans les limites de la philosophie*, p. 31.

29. Voir S. Nordmann, *Philosophie et judaïsme : H. Cohen, F. Rosenzweig, E. Levinas*, Paris, PUF, 2011, p. 17-61.

30. H. Cohen, *La Religion dans les limites de la philosophie*, p. 75 *et passim*. Le « judaïsme » doit aussi son privilège au fait qu'il est un « monothéisme pur » (*ibid.*, chap. III, § 68, p. 86. Voir aussi *Religion de la raison*, Introduction, p. 24-42.

31. « Israël est un peuple qui n'a pas d'intérêt, qui n'a pas de part créatrice à la science. [...] [Toutefois, d]ès lors que nous avons reconnu la part de la raison dans le monothéisme, force nous est de considérer celui-ci comme une forme de philosophie, même s'il n'a pas de caractère scientifique » (H. Cohen, *Religion de la raison*, chap. XIII, § 44, p. 360 *et passim*).

32. H. Cohen, *Religion de la raison*, chap. V, § 8, p. 121, 134 et 136.

33. Voir *supra*, chap. II.

34. Il est possible que H. Cohen s'appuie sur un passage étonnant du *Emunah Ramah* d'Abraham Ibn Da'ud (S. Weill [éd.], Francfort-sur-le-Main, 1852, p. 75), qu'il cite par ailleurs (H. Cohen, « La définition de l'éthique de Maïmonide », dans *L'Éthique du judaïsme*, trad. M.-R. Hayoun, Paris, Cerf, 1994, p. 182) où Ibn Da'ud explique que les énoncés de la loi divine reposant sur le savoir communément admis ou conventionnel (*mefursamot*) sont de nature « intellectuelle » ou rationnelle (*śikhliyot*). Sur ce passage, H. Kasher et A. Malachi, « On the

Certainty of Tradition : Maimonides versus Ibn Daud », dans Y. Halper (éd.), *The Pursuit of Happiness in Medieval Jewish and Islamic Thought*, Turnhout, Brepols, 2021, p. 135-136.

35. *Ibid.*, p. 15.

36. *Ibid.*, p. 42.

37. H. Cohen, *Religion de la raison*, Introduction, p. 14.

38. *Ibid.*, p. 51, éd. cit., p. 35.

39. *Ibid.*, p. 42, éd. cit., p. 28.

40. *Ibid.*, p. 52, éd. cit., p. 36.

41. « Le judaïsme est un concept cohérent, non seulement en ce qui regarde l'unité de la nation, mais aussi sur le terrain de la religion. Cette unité se vérifie également dans le concept du Dieu unique, comme dans le concept d'homme, lui aussi unique par rapport à tous les êtres de la nature » (*ibid.*, p. 53).

42. N'en déplaise à L. Strauss (« Introductory Essay », dans H. Cohen, *Religion of Reason*, trad. angl. S. Kaplan, 1995, p. xxv), la métaphore du « lit de Procruste » semble bien refléter l'opération que H. Cohen fait subir à la tradition juive à travers son concept de « judaïsme ».

43. *Ibid.*

44. Voir par exemple, H. Cohen, *Religion de la raison*, chap. v, § 6, p. 133, chap. vii, § 11, p. 152, § 14, p. 155, chap. ix, § 35, p. 234 ; chap. xii, § 22, p. 323 ; chap. xxii, p. 616 (lire la « le quiétisme qui favorise la mystique et l'ascétisme » et non « l'esthétique »).

45. *Ibid.*, chap. vii, § 18, p. 158 ; § 19, p. 160 ; § 14, p. 155.

46. *Ibid.*, chap. x, § 7, p. 247.

47. L'unique mention, dans la *Religion de la raison*, de la « kabbale », dont les « multiples aspects dialectiques » menacent l'idée de vérité comme essence de Dieu, témoigne de cette méfiance (*ibid.*, chap. xviii, p. 571).

48. *Ibid.*, Introduction, p. 45-46 ; éd. cit., p. 30, 31.

49. *Ibid.*, Introduction, p. 43.

50. H. N. Bialik, *Halakha et Aggada*, trad. J. Getzel, Paris, L'Éclat, 2017, p. 8 (trad. mod.).

51. Isaac Polqar, *'Ezer ha-Dat*, II, 7, J. Levinger (éd.), 1984, Tel Aviv, p. 63, merci à R. Haliva pour cette référence. Cette position est partagée par divers courants de la pensée juive médiévale.

52. Entre autres : « Voilà l'essence du prophétisme (*der Inbegriff des Prophetismus*) : la réalisation de l'unité de l'humanité à l'ère messianique. Et l'essence du messianisme (*der Inbegriff des Messianismus*) est l'espoir, la confiance en cet avenir de l'humanité » (H. Cohen, *La Religion dans les limites de la philosophie*, chap. III, § 4, p. 50, éd. cit., p. 33) ; « Le messianisme est la quintessence du monothéisme (*Der Messianismus ist die Quintessenz des Monotheismus*) » (*Religion de la raison*, chap. XVII, p. 551, éd. cit., p. 471).

53. J. Neusner, *Judaism and its Social Metaphors : Israel in the History of Jewish Thought*, Cambridge, Cambridge University Press, 1989.

54. Mishnah, *Sanhedrin*, X (XI), 1.

55. H. Cohen, *Religion de la raison*, chap. XV, « L'immortalité et la résurrection », p. 466.

56. *Ibid.*, chap. XIII, § 53, p. 366.

57. Sur le « reste d'Israël », voir S. Nordmann, *Du singulier à l'universel : essai sur la philosophie religieuse de Hermann Cohen*, Paris, Vrin, 2007, p. 110-124.

58. « Le judaïsme signifie la religion (*Das Judentum bedeutet die Religion*). Mais autant celle-ci – en tant que religion messianique – tend dès le début à devenir religion universelle (*Weltreligion*), elle n'a cependant jamais cessé d'être, tout au long de son histoire et malgré toutes les influences qu'elle a fait siennes, l'expression unitaire de l'*esprit national* (*Volksgeistes*) juif » (H. Cohen, *Religion de la raison*, Introduction, « Les sources du judaïsme », § 13, p. 51 ; éd. cit., p. 35, [je souligne]).

59. *Ibid.*, chap. XVI, « La loi », p. 497-498, éd. cit., p. 424.

60. *Ibid.*, p. 474.

61. Pour une analyse comparée de la pensée de H. Cohen et de la théologie libérale protestante de Troeltsch, voir Dietrich, *Cohen and Troeltsch*. Sur l'influence de J. Wellhausen sur l'approche de la Bible de H. Cohen, voir D. Weidner, « The Political Theology of Ethical Monotheism », dans R. Rashkover et M. Kavka (éd.), *Judaism, Liberalism, and Political Theology*, Bloomington, Indiana University Press, 2014, p. 178-196 et J.-M. Tétaz, « Un mot d'adieu [à Julius Wellhausen] par Hermann Cohen », *Études théologiques et religieuses*, 92/3, 2017, p. 653-660. H. Cohen écrit par ailleurs que « [l]e protestantisme moderne se rapproche du

monothéisme pur » (*La Religion dans les limites de la philosophie*, p. 87).

62. S. Munk, *Palestine, description géographique, historique et archéologique*, Paris, Firmin-Didot Frères, 1845, p. 99.

63. H. Cohen, *Religion de la raison*, chap. XVI, « la loi », p. 499 et p. 501.

64. *Idem.* (trad. mod.) ; éd. cit., p. 427.

65. *Ibid.*, p. 504 ; éd. cit., p. 430.

66. *Ibid.*, p. 498 (trad. mod.) ; éd. cit., p. 424.

67. L. Batnitzky traite ainsi de H. Cohen dans un chapitre intitulé « Religion as Reason and the Separation of Religion from Politics » (L. Batnitzky, *How Judaism Became a Religion*, chap. III, p. 53-59).

68. H. Cohen, *Religion de la raison*, Introduction, « Les sources du judaïsme », § 13, p. 51, cité *supra* en note.

69. M. Buber, *La Monarchie de Dieu*, trad. J.-L. Évrard, Lagrasse, Verdier, 2013.

70. *Id.*, *Utopie et socialisme*, trad. P. Corset et F. Girard, Paris, L'Échappée, 2025.

71. B. Lévy écrit dans le même sens à propos de Philon : « Il faudrait peut-être soutenir que si Philon s'embarrasse du fait du corps, c'est au fond parce qu'il ne peut – ne veut – se débarrasser du *fait* d'Israël » (B. Lévy, *Le Logos et la Lettre : Philon d'Alexandrie en regard des pharisiens*, Lagrasse, Verdier, 1988, p. 41).

72. M. Hess, *Rome et Jérusalem* [1862], trad. A.-M. Boyer-Mathia, Paris, Albin Michel, 1981, p. 101.

73. S. R. Hirsch, *Die Religion im Bunde mit dem Fortschritte* [« La religion alliée au progrès »], Francfort-sur-le-Main, R. Baist, 1854, p. 16.

74. Dans J. Halpérin (éd.), *La Conscience juive, données et débats* [Actes du premier colloque des intellectuels juifs de langue française], Paris, PUF, 1963, p. 15. H. Atlan écrit pour sa part : « Il existe certes une religion juive, mais ce n'est qu'un aspect du judaïsme » (*Croyances*, p. 133), le judaïsme formant à ses yeux une « demi-religion ». Voir aussi J.-M. Salanskis, *Le Fait juif*, Paris, Les Belles Lettres, 2017, p. 55-62.

75. L. Batnitzky, *How Judaism Became a Religion*, p. 13 *sq.*

76. K. Barth, *Dogmatique*, trad. F. Ryser, Genève, Labor et Fides, 1954, I/2**, § 17.

77. Saint Augustin, *La Cité de Dieu*, X, 1, trad. L. Jerphagnon, Paris, Gallimard, 2000, p. 371.

78. D. Boyarin, *Judaism*.

79. A. Haam, « La servitude dans la liberté », trad. D. Charbit, dans *Sionismes : textes fondamentaux*, Paris, Albin Michel, 1998, p. 67.

80. *Ibid.*, p. 72 (trad. mod.).

81. *Ibid.*, p. 67.

82. *Ibid.*, p. 69, lire Rabbi J. Albo et non Isaac.

83. *Ibid.*, p. 70.

84. *Ibid.*, p. 67.

85. Pour deux orientations de pensée divergentes autour du « nom » juif, voir J.-C. Milner, *Les Penchants criminels de l'Europe démocratique*, Lagrasse, Verdier, 2003 et A. Badiou, *Circonstances 3 : Portées du mot « juif »*, Paris, Lignes, 2005. Je reviens sur ces deux auteurs dans la conclusion.

86. A. Haam, *ibid.*, p. 70 (trad. mod.).

87. *Ibid.*, p. 67, trad. mod. Noter l'usage du verbe *le-ha'amid 'al*, « faire se tenir sur » qui fait écho à la *aggadah* talmudique de la fin du traité *Makkot* commentée plus haut, où les prophètes « font se tenir » tous les commandements sur un nombre de plus en plus restreint d'énoncés.

88. *Ibid.*, p. 72.

89. *Ibid.*, p. 69 (trad. mod.).

90. F. Rosenzweig, « L'essence du judaïsme », dans *Confluences : politique, histoire, judaïsme*, M. Crépon, G. Bensussan, M. de Launay (éd.), Paris, Vrin, 2003, p. 155-161 ; original allemand : « Das Wesen des Judentums », dans A. Mayer et R. Mayer (éd.), *Zweistromland : Kleinere Schriften zu Glauben und Denken*, Dordrecht, Springer Netherlands, 1984, p. 521-526.

91. F. Rosenzweig, « L'essence du judaïsme », p. 155 ; éd. cit., p. 521.

92. *Ibid.*

93. On se rappelle le rôle stratégique du doute dans la redéfinition du collectif juif par Saadia Gaon.

94. F. Rosenzweig, « L'essence du judaïsme », p. 155 ; éd. cit., p. 521. E. Levinas écrira de même, mais à propos de « l'identité »

juive : « S'interroger sur l'identité juive, c'est déjà l'avoir perdue », E. Levinas, « Pièces d'identités », dans *Difficile liberté*, Paris, Le Livre de poche, 1990, p. 86.

95. F. Rosenzweig, « L'essence du judaïsme », p. 160.

96. *Ibid.*, p. 158.

97. *Ibid.*, p. 160.

98. *Ibid.*

99. *Ibid.*, p. 161 ; éd. cit., p. 526 (trad. mod.).

100. *Ibid.*, p. 157 (trad. mod.) ; éd. cit., p. 523.

101. *Ibid.*, p. 160.

Conclusion. Mais qui *sont les Juifs ?*

1. D. Trom, *Persévérance du fait juif : une théorie politique de la survie*, Paris, EHESS-Gallimard-Seuil, 2018.

2. B. Spinoza, *Traité théologico-politique*, chap. III, trad. cit., p. 393.

3. Y. H. Yerushalmi, *Serviteurs des rois et non serviteurs des serviteurs : sur quelques aspects de l'histoire politique des Juifs*, trad. É. Vigne, Paris, Allia, 2011. D. Trom, *Persévérance du fait juif*, p. 291-300 désigne ce dispositif par l'expression « axiomatique du gardien », axiomatique rendue obsolète par le nazisme.

4. Aristote, *De la génération des animaux*, 769b.

5. Sur cet épisode, voir R. Reichstadt, « L'homme qui sifflait les chiens », *K, les Juifs, l'Europe, le XXI*e *siècle*, 20 octobre 2021, *https://k-larevue.com/lhomme-qui-sifflait-les-chiens/*

6. E. Lapidot, *Jews Out of the Question. A Critique of Anti-Anti-Semitism*, Albany, SUNY Press, 2020.

7. M. Blanchot, *L'Entretien infini*, Paris, Gallimard, 1969 (je souligne).

8. J.-F. Lyotard, *Heidegger et « les juifs »*, Paris, Galilée, 1988.

9. Voir récemment, le recueil J. Derrida, *Le Dernier des Juifs*, Paris, Galilée, 2014.

10. Notamment J.-L. Nancy, *Banalité de Heidegger*, Paris, Galilée, 2015 ; ainsi que *Exclu le Juif en nous*, Galilée, 2018.

11. Notamment, P. Lacoue-Labarthe, *La Fiction du politique. Heidegger, l'art et la politique*, Paris, Christian Bourgois, 1987.

12. J. Butler, *Parting Ways. Jewishness and the Critique of Zionism*, New York, Columbia University Press, 2012.

13. A. Badiou, *Saint Paul, la fondation de l'universalisme*, Paris, PUF, 1997. A. Badiou a pris quelque distance vis-à-vis de cette position, en reconnaissant que « juif » était le nom d'une « pensée » et non uniquement d'une « communauté », dans A. Badiou, « Discussion argumentée avec Ivan Segré », *Lignes* 30 (2009), p. 201-206 (201-202).

14. Le débat n'est pas neuf aux États-Unis : K. Brodkin, *How Jews Became White Folks and What that Says about Race in America*, New Brunswick, Rutgers University Press, 1998 ; E. Goldstein, *The Price of Whiteness*, Princeton et Oxford, Princeton Universty Press, 2006 ; J. Boyarin, « Traditionalist Jews and the Question of Whiteness », *Jewish Social Studies* (28, 3), 2023, p. 55-79. Il s'est plus récemment introduit en France : S. Ghiles-Meilhac, « Les juifs français sont-ils (devenus) des Blancs comme les autres ? », dans E. Tartakowsky et M. Dimentstein (éd.), *Juifs d'Europe : Identités plurielles et mixité*, Tours, Presses universitaires François-Rabelais, 2017, p. 27-40 ; I. Weizmann, *Des Blancs comme les autres ? Les Juifs, angle mort de l'antiracisme*, Paris, Stock, 2022.

15. Voir M. R. Cohen, *Sous le croissant et sous la croix : les Juifs au Moyen Âge*, trad. J.-P. Ricard, Paris, Le Grand Livre du mois, 2008, chap. VI, « Hiérarchie, marginalité et ethnicité », p. 233-257 qui explique la virulence de l'hostilité aux Juifs dans l'Occident médiéval par le fait qu'ils constituent la seule minorité non chrétienne en Europe ou encore D. Nirenberg, *Antijudaïsme*, trad. J. E. Jackson, Genève, Labor et Fides, 2023, qui montre comment la pensée occidentale s'est constamment construite par opposition à une figure repoussoir du « Juif » sans rapport nécessaire avec les Juifs réels.

16. H. Bouteldja, *Les Blancs, les Juifs et nous : vers une politique de l'amour révolutionnaire*, Paris, la Fabrique, 2016, p. 49-69.

17. Voir les propos de E. Lapidot, *Jews Out of the Question*, p. 179-182, sur le « passage » entre la pensée de J.-L. Nancy sur « le Juif » et celle des frères Boyarin sur l'identité juive (voir ci-après).

18. Voir les textes rassemblés dans M. Catane, *Qui est Juif ? : le jugement de janvier 1970 de la Cour suprême d'Israël*, Paris, Robert Laffont, 1972, notamment p. 75-100, les réponses apportées par

une cinquantaine de « savants juifs » (*Jewish scholars*) sollicités par David Ben Gourion pour définir les critères d'inscription comme « Juif » à l'état civil israélien en 1958.

19. E. Levinas, *Être juif*, Paris, Payot & Rivages, 2015, p. 50-51.

20. *Ibid.*, p. 61.

21. *Ibid.*, p. 65-66.

22. B. Lévy, *Être juif : étude lévinassienne*, Paris, Librairie générale française, 2005, p. 67.

23. *Ibid.*

24. *Ibid.*, p. 65.

25. *Ibid.*, p. 108.

26. Par exemple : « Dans la Torah, qui est une pensée de l'existence, il s'agit assurément de viser l'un, puisque nous sommes monothéistes – il faut tout de même le rappeler ! » (B. Lévy, « Lévinas et le grec », *Cahiers d'études lévinassiennes*, 2005, vol. hors-série « Benny Lévy », p. 270).

27. Y. Yovel, *L'Aventure marrane : judaïsme et modernité*, trad. B. Bonne, Paris, Seuil, 2011 ; D. Lindenberg, *Destins marranes : l'identité juive en question*, Paris, Hachette littératures, 2004 ; J. Ehrenfreund et J.-P. Schreiber (éd.), *Les Marranismes : De la religiosité cachée à la société ouverte*, Paris, Demopolis, 2014.

28. Qui rappelle la différence masculin/féminin, Israël/nations, lettre/esprit que B. Lévy reproche à Philon d'avoir (en vain) cherché à abolir, B. Lévy, *Le Logos et la Lettre : Philon d'Alexandrie en regard des pharisiens*, Lagrasse, Verdier, 1988, p. 15.

29. J.-C. Milner, *Les Penchants criminels de l'Europe démocratique*, Lagrasse, Verdier, 2003, p. 119.

30. D. Boyarin et J. Boyarin, « Diaspora : Generation and the Ground of Jewish Identity », *Critical Inquiry* (19, 4), 1993, p. 693-725.

31. Voir le geste analogue de S. de Beauvoir à propos de la femme construite comme « l'autre », S. de Beauvoir, *Le Deuxième Sexe*, Introduction, Paris, Gallimard, 2016, p. 18-22.

32. E. Lapidot, *Jews Out of the Question*, p. 303, relève que de parler du Talmud comme d'une « littérature » comme le font encore les frères Boyarin reste tributaire de la construction occidentale de la figure juive.

33. D. Boyarin et J. Boyarin, « Diaspora », p. 723 (je traduis). Noter, dans ce texte des années 1990, l'usage non critique du terme de judaïsme qui sera vivement critiqué par Daniel Boyarin dans son livre de 2019.

34. TB, *Berakhot*, 17b.

35. TB, *Yevamot*, 97b *et passim.*

36. TB, *Yevamot*, 47b.

37. TB, *Yevamot*, 57a *et passim.*

38. Voir aussi sur le motif de l'altérité au cœur d'Israël, A. Tamari, « Erev Rav, Erev-Rav ».

39. Dt 23, 3-9. Parmi les « exclus définitifs », la Mishnah ajoute les Gabaonites (ou *Netinim*), *Qiddushin*, IV, 1.

40. Dt 7, 3.

41. Mishnah, *Qiddushin*, IV, 1. L'enjeu, selon les commentateurs traditionnels (voir Bartenora ou Maïmonide, *ad loc.*), était d'éviter que des unions interdites soient scellées en Babylonie, en l'absence de tribunal compétent. Il a donc fallu rapatrier les sous-groupes marqués du sceau d'un interdit marital pour ne laisser sur place que les sous-groupes autorisés à se marier entre eux.

42. Voir Ezra 10, 10-11.

43. TB, *Yevamot*, 76b.

44. D'après Is 10, 13. Mishnah, *Yadaym*, IV, 4.

45. TB, *Shabbat*, 31a.

46. Selon l'interprétation donnée à Lv 21, 7, dans TB, *Yevamot*, 81a.

47. La Mishnah fournit même une méthode pour annuler les effets de la catégorie infamante de *mamzer* (Mishnah, *Qiddushin*, III, 13), qui théoriquement enferme un individu et sa lignée dans la faute (inceste ou adultère) à l'origine de sa naissance. La catégorie, anachronique et problématique, d'« esclave », bien que totalement inapplicable aujourd'hui, conserve un intérêt en tant que catégorie de pensée des processus d'humanisation. À s'en tenir à l'intérieur du système de pensée rabbinique, certaines catégories semblent toutefois résister mieux que d'autres à toute tentative de les réduire à des pures catégories de pensée. La catégorie « femme » en est l'exemple type, ce qui pose d'inextricables problèmes aux reconfigurations contemporaines de la pratique juive « orthodoxe ».

Bibliographie

ABRAHAM IBN DA'UD, *Book of Tradition :* Sefer Ha-Qabbalah, Gerson D. Cohen (éd.), Philadelphie, Jewish Publication Society of America, 1967.

—, *Emunah Ramah*, S. Weill (éd.), Francfort-sur-le-Main, 1967.

ABRAVANEL, Isaac, *Mif'alot Elohim*, Lemberg, Druck des S. Back, 1863.

—, Isaac, *Roš Amanah*, Menachem Kellner (éd.), Ramat-Gan, Universitat Bar Ilan, 1993.

AGAMBEN, Giorgio, *Le Temps qui reste : un commentaire de l'épître aux Romains*, trad. Judith Revel, Paris, Payot & Rivages, 2004.

AHAD HA'AM, « La servitude dans la liberté », in Denis Charbit (éd.), *Sionismes : textes fondamentaux*, Paris, Albin Michel, 1998, p. 61-72.

ALTMANN, Alexander, « Preface of the Translator », in Saadiah Gaon, *The Book of Doctrines and Beliefs*, trad. Daniel H. Frank, Indianapolis (Ind.), Hackett Publishing Company, Inc., 2002.

AMADO LEVY-VALENSI, Éliane et HALPERIN, Jean (éd.), *La Conscience juive, données et débats*, Paris, PUF, 1963.

ANIDJAR, Gil, *Sémites : religion, race et politique en Occident chrétien*, trad. Mark Nšanean, Lormont, Le Bord de l'eau, 2016.

ARENDT, Hannah, *Eichmann à Jérusalem. Rapport sur la banalité du mal*, trad. Anne Guérin, Paris, Gallimard, 1966.
ARIELI, Nahum, *Ha-Maḥašavah ha-Yehudit bi-Yemei ha-Beynayim : Hemšekh o Mifneh* (« La pensée juive médiévale : continuité ou rupture »), Jérusalem, Eliner Library, 1995.
ARISTOTE, *De la génération et de la corruption*, trad. Jules Tricot, Paris, Vrin, 2005.
ASSMANN, Jan, *Le Monothéisme et le Langage de de la violence : les débuts bibliques de la religion radicale*, Montrouge, Bayard, 2018.
—, *Moïse l'Égyptien : un essai d'histoire de la mémoire*, trad. Laure Bernardi, Paris, Flammarion, 2010.
—, « The Advance in Intellectuality : Freud's Construction of Judaism », in Ruth Ginsburg, Ilana Pardes (éd.), *New Perspectives on Freud's* Moses and Monotheism, Tübingen, Niemeyer, 2006, p. 7-18.
ATLAN, Henri, *Croyances : comment expliquer le monde ?*, Paris, Autrement, 2018.
ATTIAS, Jean-Christophe, « L'âme et la clef. De l'introduction comme genre littéraire dans la production exégétique du judaïsme médiéval », in Jean-Daniel Dubois, Bernard Roussel (éd.), *Entrer en matière : les prologues*, Paris, Cerf, 1998, p. 337-358.
—, « Un judaïsme sans Talmud : le karaïsme », in *Penser le judaïsme*, Paris, CNRS Éd., 2013, p. 61-78.
AUGUSTIN, *Œuvres II. La Cité de Dieu*, Lucien Jerphagnon (éd.), vol. 2, Paris, Gallimard, 2000.
Avot de-Rabbi Natan B, Hans-Jürgen Becker (éd.), Tübingen, Mohr Siebeck, 2016.
BADIOU, Alain, *Circonstances 3 : portées du nom « juif »*, Paris, Lignes, 2005.
—, « Discussion argumentée avec Ivan Segré », *Lignes*, vol. 30/3, Éditions Lignes, 2009, p. 201-206.
—, *Saint Paul, la fondation de l'universalisme*, Paris, PUF, 1997.
BAECK, Leo, « Besitzt das überlieferte Judentum Dogmen ? », *Monatsschrift für Geschichte und Wissenschaft des Judentums*, 70 (N. F. 34), 1926, p. 225-236.
—, *L'Essence du judaïsme*, trad. Maurice-Ruben Hayoun, Paris, PUF, 1993.

BAER, Yitzhak Fritz, *A History of the Jews in Christian Spain*, Philadelphie, Jewish Publication Society of America, 1961.
BAḤYA IBN PAQUDA, *Kitāb al-Hidāya ilā Farā'id al-Qulūb*, Yosef Kapah (éd.), Jérusalem, Defus Aqiva Yosef, 1973.
BALIBAR, Étienne, « Note sur l'origine et les usages du terme "monothéisme" », *Critique*, vol. 704-705/1-2, Paris, Minuit, 2006, p. 19-45.
BANETH, David H., « Some Remarks on the Autographs of Yehudah Hallevi and the Genesis of the Kuzari », *Tarbiz*, vol. 26/3, p. 297-303.
BAR-ASHER, Meir, *Les Juifs dans le Coran*, Paris, Albin Michel, 2019.
BARBU, Daniel, « Le judaïsme est-il une religion ? », *Revue des études juives*, vol. 182/3-4, 2023, p. 431-442.
—, « Naissance de l'idolâtrie : image, identité, religion », Liège, Presses universitaires de Liège, 2016.
BARTH, Karl, *Dogmatique*, I/2**, trad. Fernand Ryser, Genève, Éditions Labor et Fides, 1954.
BATNITZKY, Leora, *How Judaism Became a Religion : An Introduction to Modern Jewish Thought*, Princeton, Princeton University Press, 2011.
BEAUVOIR, Simone de, *Le Deuxième Sexe*, Paris, Gallimard, 1949.
BEN-SHAMMAI, Haggai, « Kalam in Medieval Jewish Philosophy », in Daniel H. Frank, Oliver Leaman (éd.), *History of Jewish Philosophy*, New York, Routledge, 1997, p. 2-115.
—, « Saadya Gaon's Ten Articles of Faith », *Daat : A Journal of Jewish Philosophy & Kabbalah*, Bar Ilan University Press, 1996, p. 11-26.
BENSUSSAN, Gérard, *Qu'est-ce que la philosophie juive ?*, Paris, Desclée de Brouwer, 2004.
BERGER, David, « Judaism and General Culture in Medieval and Early Modern Times », in Jacob J. Schachter (éd.), *Judaism's Encounter with Other Cultures : Rejection or Integration ?*, Northvale, NJ, Jason Aronson, 1997, p. 57-142.
BIALIK, Haïm Nahman, *Halakha et Aggada*, trad. Jean Getzel, Paris, L'Éclat, 2017.
BLANCHOT, Maurice, *L'Entretien infini*, Paris, Gallimard, 1969.

BLUMENBERG, Hans, *La Légitimité des Temps modernes*, trad. Marc Sagnol, Jean-Louis Schlegel et Denis Trierweiler, Paris, Gallimard, 1999.

BOTTÉRO, Jean, *Naissance de Dieu : la Bible et l'historien*, Paris, Gallimard, 1986.

BOTTICINI, Maristella et ECKSTEIN, Zvi, *La Poignée d'élus : comment l'éducation a façonné l'histoire juive*, trad. Pierre-Emmanuel Dauzat, Paris, Albin Michel, 2016.

BOULNOIS, Olivier, *Saint Paul et la philosophie : une introduction à l'essence du christianisme*, Paris, PUF, 2022.

BOUREL, Dominique, *Moses Mendelssohn. La naissance du judaïsme moderne*, Paris, Gallimard, 2004.

BOURETZ, Pierre, *Lumières du Moyen Âge. Maïmonide philosophe*, Paris, Gallimard, 2015.

BOUTELDJA, Houria, *Les Blancs, les Juifs et nous. Vers une politique de l'amour révolutionnaire*, Paris, La Fabrique, 2016.

BOYARIN, Daniel, *Judaism : the Genealogy of a Modern Notion*, New Brunswick, Rutgers University Press, 2019.

—, *La Partition du judaïsme et du christianisme*, trad. Jacqueline Rastoin, Cécile Rastoin et Marc Rastoin, Paris, Cerf, 2011.

—, *Le Christ juif*, trad. Marc Rastoin et Philippe Barbarin, Paris, Cerf, 2013.

—, *Unheroic Conduct : the Rise of Heterosexuality and the Invention of the Jewish Man*, Berkeley-Los Angeles, University of California Press, 1997.

BOYARIN, Daniel et BOYARIN, Jonathan, « Diaspora : Generation and the Ground of Jewish Identity », *Critical Inquiry*, vol. 19/4, The University of Chicago Press, 1993, p. 693-725.

BOYARIN, Jonathan, « Traditionalist Jews and the Question of Whiteness », *Jewish Social Studies*, vol. 28/3, Indiana University Press, 2023, p. 55-79.

BRODKIN, Karen, *How Jews Became White Folks and What that Says about Race in America*, New Brunswick, N. J., Rutgers University Press, 1998.

BRUCKSTEIN, Almut Shulamit, « Hermann Cohen. *Ethics of Maimonides* : Residues of Jewish Philosophy—Traumatized », in Robert Gibbs (éd.), *Hermann Cohen's Ethics*, Leyde, Brill, 2006, p. 115-125.

—, « On Jewish Hermenutics : Maimonides and Bachya as Vectors in Cohen's Philosophy of Origin », in Stéphane Mosès, Hartwig Wiedebach (éd.), *Hermann Cohen's Philosophy of Religion : International Conference in Jerusalem, 1996*, Hildesheim, Olms, 1997, p. 35-50.

BUBER, Martin, *La Monarchie de Dieu*, trad. Jean-Luc Évard, Lagrasse, Verdier, 2013.

—, *Utopie et socialisme*, trad. Paul Corset et François Girard, Paris, L'Échappée, 2025.

—, *Deux types de foi : foi juive et foi chrétienne*, trad. Bertrand Delattre, Paris, Cerf, 1991.

—, *Moïse*, trad. Albert Kohn, Paris, Les Belles Lettres, 2015.

BULLIET, Richard W., *Conversion to Islam in the Medieval Period : an Essay in Quantitative History*, Cambridge (Mass.), Harvard University Press, 1979.

BUTLER, Judith Pamela, *Parting Ways : Jewishness and the Critique of Zionism*, New York, Columbia University Press, 2012.

CATANE, Moché, *Qui est Juif ? : le jugement de janvier 1970 de la Cour suprême d'Israël*, Mario Muchnik (éd.), Paris, Robert Laffont, 1972.

COHEN, Hermann, *Der Begriff der Religion im System der Philosophie*, Giesen, A. Töpelmann, 1915.

—, *Die Religion der Vernunft : aus den Quellen des Judentums*, Leipzig, G. Fock, 1919.

—, *Ethics of Maimonides*, trad. Almut Shulamit Bruckstein, Madison (Wis.), The University of Wisconsin Press, 2004

—, *Germanité et judéité*, trad. Marc Buhot de Launay, Paris, Hermann, 2015.

—, *La Religion dans les limites de la philosophie*, trad. Marc Buhot de Launay, Paris, Cerf, 1990.

—, *Religion de la raison : tirée des sources du judaïsme*, trad. Anne Lagny et Marc Buhot de Launay, Paris, PUF, 1994.

—, « La définition de l'éthique de Maïmonide », in *L'Éthique du judaïsme*, trad. Maurice-Ruben Hayoun, Paris, Cerf, 1994. 1 vol., p. 169-228.

COHEN, Mark R., *Sous le croissant et sous la croix : les Juifs au Moyen Âge*, trad. Jean-Pierre Ricard, Paris, Le Grand Livre du mois, 2008.

COHEN, Shaye J. D., « The Significance of Yavheh : Pharisees, Rabbis, and the End of Jewish Sectarianism », *Hebrew Union College Annual*, vol. 55, Hebrew Union College – Jewish Institute of Religion, 1984, p. 27-53.

COHEN-SKALLI, Cedric, *Don Isaac Abravanel. An Intellectual Biography*, Waltham (Mass.), Brandeis University Press, 2020.

COSTA, José, « La représentation anthropomorphique du divin chez les rabbins de l'Antiquité », in Isabelle Sachet, Christian Julien Robin (éd.), *Dieux et déesses d'Arabie : images et représentations*, Paris, De Boccard, 2012, p. 149-177.

—, « Le corps de Dieu dans le judaïsme rabbinique ancien. Problèmes d'interprétation », *Revue de l'histoire des religions*, Armand Colin, octobre 2010, p. 283-316.

CRÉPON, Marc, *Les Géographies de l'esprit : enquête sur la caractérisation des peuples de Leibniz à Hegel*, Paris, Payot, 1996.

DAVIDSON, Herbert, *Moses Maimonides. The Man and His Works*, NYC, Oxford University Press, 2005.

DECTER, Jonathan, « Al-Yahūdiyya : The Emergence of a Comparative Framework in Medieval Jewish Thought », *Journal of Religion*, vol. 101/3, University of Chicago Press, juillet 2021, p. 299-325.

DENNY, F. M., « Umma », *Encyclopædia of Islam*, Second Edition, Leyde, Brill, 2012.

DEROSE, Keith, « Assertion, Knowledge, and Context », *The Philosophical Review*, vol. 111/2, 2002, p. 167-203.

DERRIDA, Jacques, *Le Dernier des Juifs*, Paris, Galilée, 2014.

DIETRICH, Wendell S., *Cohen and Troeltsch : Ethical Monotheistic Religion and Theory of Culture*, Chico, Scholars Press, 1986.

DIHLE, Albrecht, *Die goldene Regel : eine Einführung in die Geschichte der antiken und frühchristlichen Vulgärethik*, Göttingen, Vandenhoeck & Ruprecht, 1962.

DUBUISSON, Daniel, *L'Invention des religions : impérialisme cognitif et violence épistémique*, Paris, CNRS Éditions, 2020.

DUCROT, Oswald, *Dire et ne pas dire : principes de sémantique linguistique*, Paris, Hermann, 1991.

—, « Présupposés et sous-entendus », *Langue française*, vol. 4/1, Persée – Portail des revues scientifiques en SHS, 1969, p. 30-43.

EFROS, Israel, « Saadia's Theory of Knowledge », *The Jewish Quarterly Review*, vol. 33/2 [University of Pennsylvania Press, Center for Advanced Judaic Studies, University of Pennsylvania], 1942, p. 133-170.

EHRENFREUND, Jacques et SCHREIBER, Jean-Philippe (éd.), *Les Marranismes : De la religiosité cachée à la société ouverte*, Paris, Demopolis, 2014.

EUCLIDE, *Les Éléments de géométrie d'Euclide*, trad. François Peyrard, François Louis et Charles Crapelet (éd.), Paris, F. Louis, 1804.

FEHLER, Yaniv, *The Jewish Imperial Imagination : Leo Baeck and German-Jewish Thought*, Cambridge, Cambridge University Press, 2023.

FENTON, Paul B., « Judaism and Sufism », in Daniel H. Frank, Oliver Leaman (éd.), *The Cambridge Companion to Medieval Jewish Philosophy*, Cambridge, Cambridge University Press, 2003, « Cambridge Companions to Philosophy », p. 201-217.

FEUERBACH, Ludwig, *L'Essence du christianisme*, trad. Jean-Pierre Osier, Paris, F. Maspéro, 1973.

FIRESTONE, Reuven, « Regards juifs sur la naissance de l'islam », in Abdelwahab Meddeb, Benjamin Stora, Sylvie Anne Goldberg (éd.), *Juifs et musulmans. Échanges et différences entre deux cultures*, Paris, Albin Michel, 2021, p. 101-108.

FLUSSER, David, *Jésus*, trad. Gabriel Raphaël Veyret, Paris, Éd. de l'Éclat, 2005.

—, « Postface », in Martin Buber. *Two types of faith*, trad. Norman P. Goldhawk et Petra Kamecke, Syracuse (NY), Syracuse University Press, 2003.

FONROBERT, Charlotte Elisheva, *Menstrual Purity : Rabbinic and Christian Reconstructions of Biblical Gender*, Stanford, Stanford University Press, 2000.

FOUCAULT, Michel, *Surveiller et punir. Naissance de la prison*, Paris, Gallimard, 1975.

FRAENKEL, Carlos, *Philosophical Religions from Plato to Spinoza : Reason, Religion, and Autonomy*, Cambridge, Cambridge University Press, 2012.

FREUD, Sigmund, *Gesammelte Werke : chronologisch geordnet*, Marie Bonaparte et Anna Freud (éd.), Francfort-sur-le-Main, S. Fischer Verlag, 1981.

—, *L'Homme Moïse et la religion monothéiste : trois études*, trad. Jean-Pierre Lefebvre, Paris, Points, 2012.

—, *Moïse et le monothéisme*, trad. Anne Berman, Paris, Gallimard, 1948.

FUNKENSTEIN, Amos, *Perceptions of Jewish History*, Berkeley, University of California Press, 1993.

GABIROL, Salomon Ibn, *Le Livre de l'amélioration des qualités de l'âme*, trad. René Gutman, Cahors, La Louve Éditions, 2022.

GAFNI, Chanan, « Hyperbolic Language in the Mishnah », *Jewish Studies, an Internet Journal*, vol. 8, 2009, p. 153-166.

GARDET, Louis, *La Cité musulmane. Vie sociale et politique*, Paris, Vrin, 1954.

—, ANAWATI, M. M. et MASSIGNON, Louis, *Introduction à la théologie musulmane : essai de théologie comparée*, Paris, Vrin, 1970.

GEIGER, Abraham, « Über die jüdische Philosophie », *Jüdische Zeitschrift für Wissenschaft und Leben*, vol. 1, 1862, p. 278-288.

GERSONIDE, *Guerres du Seigneur*, trad. David Lemler, Paris, Vrin (à paraître).

GHILES-MEILHAC, Samuel, « Les juifs français sont-ils (devenus) des Blancs comme les autres ? », in Ewa Tartakowsky, Marcelo Dimentstein (éd.), *Juifs d'Europe. Identités plurielles et mixité*, Tours, Presses universitaires François-Rabelais, 2017, p. 27-40. [En ligne : *https://books.openedition.org/pufr/16086*].

GLEI, Reinhold et REICHMUTH, Stefan, « Religion between Last Judgement, Law and Faith : Koranic *dīn* and its Rendering in Latin Translations of the Koran », *Religion*, vol. 42, 2012, p. 247-271.

GODIN, Christian, « Le tout dans la partie », *Les Cahiers de médiologie*, vol. 9/1, Paris, Gallimard, 2000, p. 179-188.

GOITEIN, Shelomo Dov, « Autographs of Yehuda Hallevi », *Tarbiz*, vol. 25/4, *1956*, p. 393-412.

GOLDSTEIN, Eric L., *The Price of Whiteness : Jews, Race, and American Identity*, Princeton, Princeton University Press, 2006.

GOTTLIEB, Michah, « Does Judaism Have Dogma ? Moses Mendelssohn and a Pivotal Nineteenth-Century Debate », in *Yearbook of the Maimonides Centre for Advanced Studies 2019*, 2020, p. 219-242.

GRÄTZ, Hirsch, *Geschichte der Juden von den ältesten Zeiten bis auf die Gegenwart*, Leipzig, Oskar Leiner, 1866, 11 vol.

—, *La Construction de l'histoire juive* ; suivi de *Gnosticisme et judaïsme*, trad. Maurice-Ruben Hayoun, Paris, Cerf, 1992.

GURFINKEL, Eli, « The Discourse on Maimonides' Principles : Between Continuity and Change », *Alei Sefer*, Bar Ilan University Press, 2011, p. 5-17.

—, « The Order and Structure of the List of the Maimonidean Principles », *Jewish Studies*, vol. 55, World Union of Jewish Studies, 2020, p. 115-182.

GUTAS, Dimitri, *Pensée grecque, culture arabe : le mouvement de traduction gréco-arabe à Bagdad et la société abbasside primitive IIe-IVe/VIIIe-Xe siècles*, trad. Abdesselam Cheddadi, Paris, Aubier, 2005.

HADASSI, Judah ben Elija, *Theological Encounters at a Crossroads : an Edition and Translation of Judah Hadassi's Eshkol ha-Kofer, First commandment, and Studies of the Book's Judaeo-Arabic and Byzantine Contexts*, Daniel J. Lasker (éd.), Johannes Niehoff-Panagiotidis et David Eric Sklare, Leyde, Brill, 2019.

HALBERTAL, Moshe, *Le Peuple du Livre. Canon, sens et autorité*, trad. Jacqueline Carnaud, Paris, In press, 2005.

—, *Maimonides : Life and Thought*, Princeton, Oxford, Princeton University Press, 2013.

HALBERTAL, Moshe et MARGALIT, Avishai, *Idolatry*, trad. Naomi Goldblum, Cambridge (Mass.), Harvard University Press, 1992.

HALEVI, « Juda », *Le Kuzari. Apologie de la religion méprisée*, trad. Charles Touati, Paris, Verdier, 1990.

—, *Sefer ha-Kuzari*, trad. Michael Schwartz, Beer-Sheva, Ben Gurion U. P., 2017.

HALKIN, Abraham S., « Saadiah (ben Joseph) Gaon », *Encyclopædia Judaica*, Macmilan Reference USA, Michael Berenbaum et Fred Skolnik (éd.), 2007, p. 606-614.

HARNACK, Adolf von, *L'Essence du christianisme*, trad. Jean-Marc Tétaz, Jean-Marc Tétaz (éd.), Genève, Labor et Fides, 2015.

—, *Marcion : l'évangile du Dieu étranger*, trad. Bernard Lauret, Paris, Cerf, 2003.

—, *Histoire des dogmes*, trad. Eugène Choisy, Paris, Cerf, 1993.

HARVEY, Warren Zeev, « Rabbinic Attitudes Toward Philosophy », in Herman J. Blumberg, *et al.* (éd.), *Open Thou Mine Eyes : Essays on Aggadah and Judaica Presented to Rabbi William G. Braude on His Eightieth Birthday and Dedicated to His Memory*, Hoboken (NJ), Ktav Publishing House, 1992, p. 83-101.

HAZIZA, David, *Mythes juifs. Le retour du sacré*, Paris, Calmann-Lévy, 2024.

HEGEL, Georg Wilhelm Friedrich, *Encyclopédie des sciences philosophiques en abrégé (1830)*, trad. Maurice de Gandillac, Friedhelm Nicolin et Otto Pöggeler (éd.), Paris, Gallimard, 1970.

—, *L'Esprit du christianisme et son destin*, précédé de *L'Esprit du judaïsme*, trad. Olivier Depré, Paris, Vrin, 2003.

—, *Leçons sur la philosophie de l'histoire*, trad. Jean Gibelin, Paris, J. Vrin, 1946.

HESCHEL, Abraham, « The Quest for Certainty in Saadia's Philosophy », *The Jewish Quarterly Review*, vol. 33/3 [University of Pennsylvania Press, Center for Advanced Judaic Studies, University of Pennsylvania], 1943, p. 265-313.

HESCHEL, Susannah, *Abraham Geiger and the Jewish Jesus*, Chicago, University of Chicago Press, 1998.

HESS, Moses, *Rome et Jérusalem*, trad. Anne-Marie Boyer-Mathia, Alain Boyer (éd.), Paris, Albin Michel, 1981.

HIRSCH, Samson Raphael, *Die Religion im Bunde mit dem Fortschritte*, Francfort-sur-le-Main, R. Baist, 1854.

HIRSCHFELD, Hartwig, « Immanuel of Rome and Other Poets on the Jewish Creed », *The Jewish Quarterly Review*, vol. 5/4, 1915, p. 529-542.

HOPKINS, Simon, *Maimonides's Commentary on Tractate Shabbat. The Draft Commentary According to Autograph Fragments from the Cairo Geniza*, Jérusalem, Ben Zvi Institute, 2001.

HUME, David, *The History of England, From the Invasion of Jules Cæsar, to the Revolution in 1688*, Tobias Smollett et T. S. Hughes (éd.), Londres, Jones, 1825, 7 vol.

JACOB BEN SALOMON IBN HABIB, *Aggadoth du Talmud de Babylone : la source du Jacob : 'Ein Yaakov*, trad. Arlette Elkaïm-Sartre, Marc-Alain Ouaknin (éd.), Lagrasse, Verdier, 1983.

JOSEPH ALBO, *Sefer ha-'Iqqarim*, Tel Aviv, Maḥbarot la-Sifrut, 1964.

JOSPE, Raphael, « Hillel's Rule », *The Jewish Quarterly Review*, vol. 81/1/2 [University of Pennsylvania Press, Center for Advanced Judaic Studies, University of Pennsylvania], 1990, p. 45-57.

KAJON, Irene, « Spirit of Sanctity and Sanctification in *Religion of Reason* (Hermann Cohen Between Maimonides and Martin Buber) », in Helmut Holzhey, Gabriel Motzkin, Hartwig Wiedebach (éd.), *« Religion der Vernunft aus den Quellen des Judentums » : Tradition und Ursprungsdenken in Hermann Cohens Spätwerk*, Hildesheim, Olms, 2000, p. 205-221.

KARSENTI, Bruno, *La Question juive des modernes. Philosophie de l'Émancipation*, Paris, PUF, 2017.

—, *Moïse et l'idée de peuple. La vérité historique selon Freud*, Paris, Cerf, 2012.

KASHER, Hannah et MALACHI, Ariel, « On the Certainty of Tradition : Maimonides versus Ibn Daud », in Yehuda Halper (éd.), *The Pursuit of Happiness in Medieval Jewish and Islamic Thought*, vol. 1, Turnhout, Brepols Publishers, 2021 (« Philosophy in the Abrahamic Traditions of the Middle Ages », 1), p. 123-148.

KASHER, Menachem (éd.), *Haggadah Shelemah*, Jérusalem, Torah Shelemah Institute, 1967.

KAUFMANN, David, « Jehuda-ha-Levi on the Dogmas of Judaism », *The Jewish Quarterly Review*, vol. 1/4 [University of Pennsylvania Press, Center for Advanced Judaic Studies, University of Pennsylvania], 1889, p. 441-442.

KAUFMANN, Yeḥezkel, *The Religion of Israel : From Its Beginnings to the End of the Second Temple* [en hébreu], Jérusalem, Mosad Bialik, 1937, 4 vol.

KELLNER, Menachem, « Maimonides and Samuel Ibn Tibbon on Jeremiah 9:22-23 and Human Perfection », in Moshe Beer (éd.), *Studies in Halakha and Jewish Thought Presented to Rabbi Professor Menahem Emanuel Rackman on His Eightieth Birthday*, Ramat-Gan, Bar-Ilan University Press, 1994, p. 49-57.

—, *Must a Jew Believe Anything ?*, Londres, Portland, Littman Library of Jewish Civilization, 1999.

—, *Dogma in Medieval Jewish Thought : From Maimonides to Abravanel*, Oxford, Oxford University Press, 1986.

KLAR, Benjamin, « Arba'ah Šemot Sefarim : Sefer ha-Emunot we-ha-De'ot », *Qiryat Sefer*, vol. 16, 1940/1939, p. 241-258.

KOHLER, George Y., « Maimonides and Ethical Monotheism : The Influence of the *Guide of the Perplexed* on German Reform Judaism in the Late Nineteenth and Early Twentieth Century », in James T. Robinson, *The Cultures of Maimonideanism : New Approaches to the History of Jewish Thought*, Leyde, Brill, 2009, p. 309-334.

—, « Moses Mendelssohn as an Influence on Hermann Cohen's "Idiosyncratic" Reading of Maimonides' Ethics », *Religions*, vol. 14/1, Multidisciplinary Digital Publishing Institute, janvier 2023, p. 65.

—, *Reading Maimonides' Philosophy in 19th Century Germany : The Guide to Religious Reform*, Dordrecht, Springer, 2012.

KOSMAN, Admiel, « Maimonides' Thirteen Principles in the Mishnah Commentary, the Yigdal and the Ani Ma'amin », in I. Warhaftig (éd.), *Minḥah le-Ish*, Jérusalem, 1991.

KREISEL, Howard, « *Imitatio Dei* in Maimonides' *Guide of the Perplexed* », *AJS Review*, vol. 19/2, 1994, p. 169-212.

KRINIS, Ehud, « God's Chosen People : Judah Halevi's "Kuzari" and the Shī'ī Imām doctrine », trad. Ann Brener et Tamar Liza Cohen, Turnhout, Brepols, 2014.

KROCHMAL, Nachman, *Moreh Nevukhei ha-Zeman*, Yehoyada Amir (éd.), Raanana, Open University of Israel, 2018.

KRYGIER Rivon, *Fondamentalisme et humanisme dans le judaïsme*, Paris, In Press, 2025.

LAPIDOT, Elad, *Jews Out of the Question. A Critique of Anti-Anti-Semitism*, Albany, SUNY Press, 2020.

LASKER, Daniel, *From Judah Hadassi to Elijah Bashyatchi : Studies in Late Medieval Karaite Philosophy*, Leyde, Brill, 2008.

—, « Averroism, the Jewish-Christian Debate, and Mass Conversions in Iberia », in *Averroes and Averroism in Medieval Jewish Thought*, Leyde, Brill, 2024, p. 185-197.

LAVEE, Moshe, *The Rabbinic Conversion of Judaism : The Unique Perspective of the Bavli on Conversion and the Construction of Jewish Identity*, Leyde, Brill, 2018.

LEBENS, Samuel, *The Principles of Judaism*, Oxford, Oxford University Press, 2020.

LEIVOVITZ, Yeruḥam, *Da'at Ḥokhmah u-Musar*, Brooklyn, Daas Chochmo Umussar Publications, 1966.

LEMLER, David, « À la lumière des temps obscurs : les Lumières juives modernes et le Moyen Âge », Collège de France, 2023. [En ligne : *https://www.college-de-france.fr/fr/agenda/colloque/lumieres-multiples/la-lumiere-des-temps-obscurs-les-lumieres-juives-modernes-et-le-moyen-age*].

—, *Création du monde et limites du langage. Sur l'art d'écrire des philosophes juifs médiévaux*, Paris, J. Vrin, 2020 (« Études de philosophie médiévale »).

—, « Justifier la théologie. Les rhétoriques de la crise de la tradition dans la pensée juive médiévale », in Olivier Boulnois, Sylvio Hermann De Franceschi, Philippe Hoffmann (éd.), *Connaître Dieu : métamorphoses de la théologie comme science dans les religions monothéistes*, Turnhout, Brepols, 2024, p. 171-191.

—, « *Mofet* : From Miracle to Scientific Proof », in Reimund Leicht, Giuseppe Veltri (éd.), *Studies in the Formation of Medieval Hebrew Philosophical Terminology*, Leyde, Brill, 2020, p. 131-150.

—, « On Consensus, Tradition and Anonymity in Maimonidean Legal and Philosophical Thought », in Andreas Speer, Thomas Jeschke (éd.), *Consensus*, Berlin, De Gruyter, 2024, p. 232-248.

—, « Plaidoyer pour l'exégèse allégorique », *Cahiers philosophiques*, 2016, p. 55-71.

—, « The Radicality of Religious Dogmatism : Medieval Jewish Philosophers and the Principles of Judaism », in Monica Brinzei, Irene Caiazzo, Christophe Grellard, Aurélien Robert (éd.), *Radical Thinking in the Middle Ages*, vol. 1, Turnhout, Brepols, 2025. 2 vol., p. 513-524.

LEVINAS, Emmanuel, *Être juif*, Paris, Payot & Rivages, 2015.

—, « L'actualité de Maïmonide », *Paix et droit*, vol. 15/4, avril 1935, p. 6-7.

LÉVY, Benny, *Être juif. Étude lévinassienne*, Paris, Librairie générale française, 2005.

—, *Le Logos et la Lettre. Philon d'Alexandrie en regard des pharisiens*, Lagrasse, Verdier, 1988.

—, « Levinas et le grec », *Cahiers d'études lévinassiennes*, hors-série « Benny Lévy », 2005, p. 195-275.

LÉVY, René, *Disgrâce du signe. Essai sur Paul de Tarse*, Paris, L'Âge d'homme, 2010.

LICARI, François-Xavier, *Le Droit talmudique*, Paris, Dalloz, 2015.

LINDENBERG, Daniel, *Destins marranes : l'identité juive en question*, Paris, Hachette littératures, 2004.

LOBEL, Diana, *A Sufi-Jewish Dialogue : Philosophy and Mysticism in Baḥya Ibn Paqūda's* Duties of the Heart, Philadelphie, University of Pennsylvania Press, 2007.

LORBERBAUM, Yair, *In God's image : Myth, Theology, and Law in Classical Judaism*, New York (N. Y.), Cambridge University Press, 2015.

LÖWITH, Karl, *Histoire et salut : les présupposés théologiques de la philosophie de l'histoire*, trad. Marie-Christine Challiol-Gillet, Sylvie Hürstel et Jean-François Kervégan, Paris, Gallimard, 2002.

LYOTARD, Jean-François, *Heidegger et « les Juifs »*, Paris, Galilée, 1988.

MAÏMONIDE, *Le Guide des égarés. Traité de théologie et de philosophie*, trad. Salomon Munk, Paris, Maisonneuve & Larose, 2003.

—, « Introduction au *Pereq Ḥeleq* », in *Mishnah ʿim Peruš ha-Rambam. Maqor we-Targum*, Yosef Kapah (éd.), vol. 1, Jérusalem, Mosad ha-Rav Kook, 1965.

—, *Mavo' le-Pereq Ḥeleq/Einleitung to Chelek*, Jochua Holzer (éd.), Berlin, M. Poppelauer's Buchhandlung, 1901.

—, Abraham, « Interpréter le Talmud », *Cahiers philosophiques*, trad. Éric Smilévitch, 2016, p. 111-125.

MANEKIN, Charles H., « Steinschneider's "Decent Burial" : A Reassessment », in Howard Kreisel (éd.), *Study and Knowledge in Jewish Thought*, vol. 1, Jérusalem, Bialik, 2006, p. 239-251.

MANSOOR, Menahem, « Arabic Sources on Ibn Pakuda's "Duties of the Heart" », *Proceedings of the World Congress of Jewish Studies*, vol. 6, World Union of Jewish Studies, 1973, p. 81-90.

MASSIGNON, Louis, « L'Umma et ses synonymes : notion de "communauté sociale" en Islam », *Revue des études islamiques*, 1947, p. 151-157.

MELAMED, Abraham, « Maimonides' Thirteen Principles : From Elite to Popular Culture », in James T. Robinson (éd.), *The Cultures of Maimonideanism : New Approaches to the History of Jewish Thought*, Leyde, Brill, 2009, p. 171-190.

—, *Dat : From Law to Religion. A History of Formative Term*, Jérusalem, Hakibbutz Hameuchad, 2014.

—, « De la loi à la religion », *Pardes*, n° 47-48, trad. Tal Aronzon, 2010, p. 61-76.

MENDELSSOHN, Moses, *Jerusalem, oder, über religiöse Macht und Judentum*, Michael Albrecht (éd.), Hambourg, Meiner, 2005 ; traduit en français sous le titre : *Jérusalem ou Pouvoir religieux et judaïsme*, Dominique Bourel (éd.), Paris, Gallimard, 2007.

—, *Commentaire sur* Terminologie logique *de Maïmonide*, Berlin, 1765.

MICHAELIS, Omer, « Crisis discourse and Framework Transition in Maimonides' *Mishneh Torah* », *Open Philosophy*, vol. 3/1, 2020, p. 664-680.

—, *Interiority and Law : Bahya ibn Paquda and the Concept of Inner Commandments*, Stanford, Stanford University Press, 2023.

MIHALY, Eugene, « Isaac Abravanel on the Principles of Faith », *Hebrew Union College Annual*, vol. 26, 1955, p. 481-502.

MILNER, Jean-Claude, *Les Penchants criminels de l'Europe démocratique*, Lagrasse, Verdier, 2003.

MISRAHI, Robert, *La Condition réflexive de l'homme juif*, Paris, René Julliard, 1963.

MOORE, George Foot, *Judaism in the First Centuries of the Christian Era : The Age of the Tannaim*, Cambridge, Harvard University Press, 1955.

MUNK, Salomon, *Palestine, description géographique, historique et archéologique*, Paris, Firmin-Didot Frères, 1845.

MÜNSTER, Reinhold, « Enlightenment Perspectives on the Middle Ages », in Albrecht Classen (éd.), *Handbook of Medieval Studies. Terms – Methods – Trends*, vol. 1, Berlin – New York, De Gruyter, 2010, p. 468-489.

NAHMANIDE, « Derašah le-Ro'š ha-Šanah », in Chaim Dov Chavel (éd.), *Kitevei ha-Ramban*, Jérusalem, Mosad ha-Rav Kook, 1963.

—, *Sefer ha-Mitswot ʿim Hassagot ha-Ramban (Critique of Maimonides'* Book of Commandments*)*, Chaim Dov Chavel (éd.), Jérusalem, Mosad ha-Rav Kook, 1981.

NANCY, Jean-Luc, *Banalité de Heidegger*, Paris, Éditions Galilée, 2015.

—, *Exclu le Juif en nous*, Paris, Galilée, 2018.

NEUMARK, David, *Toledot ha-Iqqarim be-Yiśr'ael*, Odessa, Moriah, 1919.

NEUSNER, Jacob, *Judaism and its Social Metaphors : Israel in the History of Jewish Thought*, Cambridge, Cambridge University Press, 1989.

NIRENBERG, David, *Antijudaïsme*, trad. John E. Jackson, Genève, Labor et Fides, 2023.

NISSIM DE GÉRONE, *Derašot*, A. L. Feldman (éd.), Jérusalem, Mosad ha-Rav Kook, 2016.

NISSIM DE MARSEILLE, *Ma'aseh Nissim*, Howard Kreisel (éd.), Jérusalem, Mekize Nirdamim, 2000.

NONGBRI, Brent, *Before Religion : A History of a Modern Concept*, New Haven, Yale University Press, 2013.

NORDMANN, Sophie, *Du singulier à l'universel : essai sur la philosophie religieuse de Hermann Cohen*, Paris, Vrin, 2007.

—, *Philosophie et judaïsme : H. Cohen, F. Rosenzweig, E. Levinas*, Paris, PUF, 2011.

PATTERSON, David, *Open Wounds : The Crisis of Jewish Thought in the Aftermath of the Holocaust*, Washington, University of Washington Press, 2006.

PINÈS, Shlomo, « Les sources philosophiques du *Guide des perplexes* (1963) », in *La Liberté de philosopher. De Maïmonide à Spinoza*, trad. Rémi Brague, Malakoff, Desclée de Brouwer, 1997, p. 89-233.

Pirqé de Rabbi Eliézer : leçons de Rabbi Eliézer, Éric Smilévitch (éd.), Lagrasse, Verdier, 1983.

PLATON, *La République*, trad. Georges Leroux, Paris, Flammarion, 2004.

POLLIACK, Meira (éd.), *Karaite Judaism : a Guide to its History and Literary Sources*, Leyde, Brill, 2003.

QUINE, Willard V., « On What There Is », *The Review of Metaphysics*, vol. 2/5, Philosophy Education Society Inc., 1948, p. 21-38.

RAVITZKY, Aviezer, « The Secrets of Maimonides : Between the Thirteenth and the Twentieth Centuries », in Isadore Twersky (éd.), *Studies in Maimonides*, Cambridge (Mass.), Harvard University Press, 1990, p. 159-207.

RENAN, Ernest, *De la part des peuples sémitiques dans l'histoire de la civilisation : discours d'ouverture du cours de langues hébraïque, chaldaïque et syriaque, au Collège de France*, Paris, Michel Lévy Frères, 1862.

RICE, Emanuel, *Freud and Moses : the Long Journey Home*, Albany (N. Y.), State University of New York Press, 1990.

ROGOZINSKI, Jacob, *Moïse l'insurgé*, Paris, Cerf, 2022.

RÖMER, Thomas C., *L'Invention de Dieu*, Paris, Seuil, 2014.

ROSENZWEIG, Franz, « L'essence du judaïsme », in *Confluences : politique, histoire, judaïsme*, trad. Gérard Bensussan, Marc Crépon, et Marc de Launay, Paris, Vrin, 2003, p. 155-161.

—, « Das Wesen des Judentums », in Annemarie Mayer, Reinhold Mayer (éd.), *Zweistromland : Kleinere Schriften zu Glauben und Denken*, Dordrecht, Springer Netherlands, 1984, p. 521-526.

—, « Einleitung », in Hermann Cohen. *Jüdische Schriften*, B. Strauss (éd.), vol. 1, Berlin, Schwetschke, 1924.

—, *L'Étoile de la rédemption*, trad. Alexandre Derczanski et Jean-Louis Schlegel, Paris, Seuil, 2003.

ROSS, J. J., « Saadya's Concept of Belief », *Papers of the Fourth World Congress of Jewish Studies*, vol. 2, 1968, p. 97-101.

ROUSSEAU, Jean-Jacques, *Du contrat social ou Principes du droit politique*, Paris, Librio, 2017.

RUZER, Serge, *Mapping the New Testament : Early Christian Writings as a Witness for Jewish Biblical Exegesis*, Leyde, Brill, 2007.

SAADIA GAON, *Sefer ha-Nivḥar be-Emunot we-De'ot*, New York, Yeshivah University, 1970.

SAADIAH BEN YOSEF, *Œuvres complètes de R. Saadia ben Iosef Al-Fayyoûmî*, Joseph Derenbourg (éd.), Paris, Ernest Leroux, 1893.

SADIK, Shalom, *Maimonides : A Radical Religious Philosopher*, Piscataway, NJ, UDA, Gorgias Press, 2023.

SAND, Shlomo, *Comment le peuple juif fut inventé : de la Bible au sionisme*, trad. Sivan Cohen-Wiesenfeld et Levana Frenk, Paris, Fayard, 2008.

SAPERSTEIN, Marc, *Decoding the Rabbis : A Thirteenth-Century Commentary on the Aggadah*, Cambridge (Mass.), Harvard University Press, 1980.

SATLOW, Michael, *Creating Judaism : History, Tradition, Practice*, New York, Columbia University Press, 2006.

—, « Defining Judaism : Accounting for "Religions" in the Study of Religion », *Journal of the American Academy of Religion*, vol. 74/4 [Oxford University Press, American Academy of Religion], 2006, p. 837-860.

SCHÄFER, Peter, *Anziehung und Abstossung : Juden und Christen in den ersten Jahrhunderten ihrer Begegnung*, trad. Paul Silas Peterson, Jürgen Kampmann (éd.), Tübingen, Mohr Siebeck, 2015.

—, *The Jewish Jesus : How Judaism and Christianity Shaped Each Other*, Princeton (N. J.), Princeton University Press, 2012.

—, « The Triumph of Pure Spirituality. Sigmund Freud's *Moses and Monotheism* », in Ruth Ginsburg, Ilana Pardes (éd.), *New Perspectives on Freud's « Moses and Monotheism »*, Tübingen, Niemeyer, 2006, p. 19-44.

—, *Zwei Götter im Himmel : Gottesvorstellungen in der jüdischen Antike*, Munich, C. H. Beck, 2017.

SCHOLEM, Gershom Gerhard, « La Science du judaïsme, hier et aujourd'hui », in *Le Messianisme juif. Essais sur la spiritualité du judaïsme*, Paris, Les Belles Lettres, 2016, p. 427-441.

SCHONFELD, Eli, *L'Apologie de Mendelssohn*, Lagrasse, Verdier, 2018, 123 p.

SCHWARTZ, Dov, *Contradiction and Concealment in Medieval Jewish Thought*, Ramat-Gan, Bar-Ilan University Press, 2002 (en hébreu).

SEARLE, John Rogers, *Speech Acts : an Essay in the Philosophy of Language*, Londres, Cambridge University Press, 1969.

SEGRÉ, Ivan, *La Souveraineté adamique : une mystique révolutionnaire*, Paris, Éditions Amsterdam, 2022.

SHAILAT, Itzhaq, *The Letters and Essays of Moses Maimonides*, Jérusalem, Shailat Publishing – Ma'aleh Adumim, 1995.

SHAPIRO, Marc B., *The Limits of Orthodox Theology : Maimonides' Thirteen Principles Reappraised*, Oxford, Portland, Littman Library of Jewish Civilization, 2004.

SILMAN, Yochanan, *Philosopher and Prophet : Judah Halevi, the* Kuzari, *and the Evolution of his Thought*, trad. Lenn J. Schramm, Albany, State University of New York Press, 1995.

SIMON BEN ṢEMAḤ DURAN, *Ohev Mišpaṭ*, Venise, 1590.

SIRAT, Colette et DI DONATO, Silvia, *Maïmonide et les brouillons autographes du* Dalâlat al-Ḥâ'irîn *(*Guide des égarés*)*, Paris, Vrin, 2011.

SMITH, Jonathan Z., « Religion, Religions, Religious », in Mark Taylor, (éd.), *Critical Terms for Religious Studies*, Chicago, The University of Chicago Press, 1998, p. 269-284.

SPINOZA, Baruch, *Œuvres complètes* (*Traité théologico-politique*), trad. Dan Arbib, Bernard Pautrat (éd.), Paris, Gallimard, 2022.

STANGLIN, Keith D., « The Historical Connection Between the Golden Rule and the Second Greatest Love Command », *The Journal of Religious Ethics*, vol. 33/2, 2005, p. 357-371.

STEINMETZ, Devora, « Justification by Deed : The Conclusion of "Sanhedrin-Makkot" and Paul's Rejection of Law », *Hebrew Union College Annual*, vol. 76, p. 133-187.

STRAUSS, Leo, « Cohen et Maïmonide », *Revue de métaphysique et de morale*, vol. 38/2, Corine Pelluchon (éd.), 2003, p. 233-275.

—, « Introductory Essay », in Hermann Cohen, *Religion of Reason : out of the Sources of Judaism*, Simon Kaplan (éd.), New York, F. Ungar, 1972.

—, « La loi de la Raison dans le "Kuzari" », in Arnaldo Momigliano (éd.), *La Persécution et l'Art d'écrire*, trad. Olivier Sedeyn, Paris, Gallimard, 2009, p. 140-186.

—, *Le Testament de Spinoza : écrits de Leo Strauss sur Spinoza et le judaïsme*, Gérard Almaleh (éd.), Albert Baraquin et Mireille Depadt-Ejchenbaum, Paris, Cerf, 1991.

STROUMSA, Sarah, *Beginnings of the Maimonidean Controversy in the East : Yosef ibn Shim'on's Silencing Epistle concerning the Resurrection of the Dead : Arabic and Hebrew Texts of Risālat al-iskāt fi ḥashr al-amwāt*, Jérusalem, Yad Izhak Ben-Zvi, 1999.

—, *Maimonides in His World : Portrait of a Mediterranean Thinker*, Princeton, Princeton University Press, 2009.

—, « Saadya and Jewish kalam », in Daniel Frank, Oliver Leaman (éd.), *The Cambridge Companion to Medieval Jewish Philosophy*, Cambridge, Cambridge University Press, 2003, p. 71-90.

SUTCLIFFE, Adam, « Judaism and Enlightenment », Cambridge, Cambridge University Press, 2003.

TABORY, Joseph, « The Baraita of the Four Sons », *Tarbiz*, vol. 81, 2012, p. 165-189.

TAMARI, Assaf, « Erev Rav, Erev-Rav », in Barbara Cassin (éd.), *Philosopher en langues : les intraduisibles en traduction*, trad. David Lemler, Paris, Éditions Rue d'Ulm, 2014, p. 116-147.

TANK-STORPER, Sébastien, « Judaïsme : une méta-définition », *Archives de sciences sociales des religions*, Éditions de l'École des hautes études en sciences sociales, décembre 2022, p. 41-54.

TÉTAZ, Jean-Marc, « Un mot d'adieu [à Julius Wellhausen] par Hermann Cohen », *Études théologiques et religieuses*, vol. 92/3, Montpellier, Institut protestant de théologie, 2017, p. 653-660.

THOMAS D'AQUIN, *Somme théologique*, Albert Raulin (éd.), Paris, Cerf, 2024.

TIXIER DU MESNIL, Emmanuelle, *Savoir et pouvoir en Al-Andalus au XIe siècle*, Paris, Seuil, 2022.

TOUATI, Charles, « Croyances vraies et croyances nécessaires : Platon, Averroès, philosophie juive [Maïmonide, Nissim de Marseille, Moïse Narboni] et Spinoza », in Charles Touati, Gérard Nahon (éd.), *Hommage à Georges Vajda*, Louvain, Peeters, 1980, p. 169-182.

TROM, Danny, *Persévérance du fait juif. Une théorie politique de la survie*, Paris, EHESS /Gallimard /Seuil, 2018.

URBACH, Efraim Elimelech, *Les Sages d'Israël. Conceptions et croyances des maîtres du Talmud*, trad. Marie-José Jolivet, Paris, Cerf, 1996.

VAJDA, Georges, « Autour de la théorie de la connaissance chez Saadia », *Revue des études juives*, vol. 126/2-3-4, 1967, p. 135-189 ; 375-397.

—, « Études sur Saadia », *Revue des études juives*, vol. 109/9, 1948, p. 68-102.

VIAL, Theodore M. et HADLEY, Mark A. (éd.), *Ethical Monotheism, Past and Present : Essays in Honor of Wendell S. Dietrich*, Providence (R. I.), Brown Judaic Studies, 2001.

WEIDNER, Daniel, « The Political Theology of Ethical Monotheism », in Randi Rashkover, Martin Kavka (éd.), *Judaism, Liberalism, and Political Theology*, Bloomington, Indiana University Press, 2014, p. 178-196.

WEISS, Daniel H., *Modern Jewish Philosophy and the Politics of Divine Violence*, Cambridge, Cambridge University Press, 2023.

WEIZMANN, Ilana, *Des Blancs comme les autres ? Les Juifs, angle mort de l'antiracisme*, Paris, Stock, 2022.

WOLBE, Shlomo, *Ha-Miṣwot ha-Šequlot*, Jérusalem, Beyt ha-Musar, 2013.

WOLF, Immanuel, « Comment concevoir une science du judaïsme », *Pardès*, vol. 19-20, trad. Marc de Launay, 1995, p. 33-40.

—, « Ueber den Begriff einer Wissenschaft des Judenthums », *Zeitschrift für die Wissenschaft des Judenthums*, vol. 1/1, 1823, p. 1-24.

WOLFSON, Harry A., « The Terms Taṣawwur and Taṣdīq in Arabic Philosophy and their Greek, Latin and Hebrew Equivalents », *The Muslim World*, vol. 33/2, 1943, p. 114-128.

—, *Philo : Foundations of Religious Philosophy in Judaism, Christianity and Islam*, Cambridge, Mass., Harvard University Press, 1947.

—, *The Philosophy of the Kalam*, Cambridge (Mass.) & Londres, Harvard University Press, 1976.

YERUSHALMI, Yosef Hayim, « Assimilation et antisémitisme racial : le modèle ibérique et le modèle allemand », in *Sefardica. Essais sur l'histoire des Juifs, des marranes et des nouveaux-chrétiens d'origine hispano-portugaise*, trad. Cyril Aslanov, Paul Teyssier, Jean Letrouit et Inès García, Paris, Chandeigne, 2016, p. 259-296 ; 348-365 (notes).

—, *Le Moïse de Freud : judaïsme terminable et interminable*, trad. Jacqueline Carnaud, Paris, Gallimard, 1993.

—, *Serviteurs des rois et non serviteurs des serviteurs : sur quelques aspects de l'histoire politique des Juifs*, trad. Éric Vigne, Paris, Allia, 2011.

—, *Zakhor : histoire juive et mémoire juive*, trad. Éric Vigne, Paris, Gallimard, 1991.

YOVEL, Yirmiahu, *L'Aventure marrane : judaïsme et modernité*, trad. Béatrice Bonne, Paris, Seuil, 2011.

ZAWANOWSKA, Marzena, « The Art of Ambiguity : The Karaites as Portrayed in Judah Halevi's Book of the Kuzari », *AJS Review*, vol. 45/1, 2021, p. 143-166.

Index

Table des matières

DU MÊME AUTEUR

Shem Tov Falaquera, *L'accord de la Torah et de la philosophie. L'épître de la controverse*, traduction et présentation, Hermann, 2014

André Neher, figure des études juives françaises, Hermann, 2017.

Création du monde et limites du langage. Sur l'art d'écrire des philosophes juifs médiévaux, Vrin, 2020.

Politique et sociétés au miroir de l'alimentation (dir. avec Thomas Boutonnet), Presses universitaires de Strasbourg, 2023.

Composition Nord Compo
Impression CPI Bussière en octobre 2025
Éditions Albin Michel
22, rue Huyghens, 75014 Paris
www.albin-michel.fr
ISBN : 978-2-226-65033-8
N° d'édition : 27775/01 – N° d'impression : 2086374
Dépôt légal : novembre 2025
Imprimé en France